本教材由广西壮族自治区"2012年广西高等学校特色专业（旅游管
及课程一体化建设项目（项目批准号：GXTSZY276）资助出版

东盟客源国概况

An Introduction to ASEAN Tourist-generating Areas

潘冬南　蒋露娟　主编

An Introduction to ASEAN Tourist-generating Areas

经济管理出版社
ECONOMY & MANAGEMENT PUBLISHING HOUSE

图书在版编目（CIP）数据

东盟客源国概况/潘冬南，蒋露娟主编. —北京：经济管理出版社，2015.4
ISBN 978 – 7 – 5096 – 3706 – 7

Ⅰ.①东…　Ⅱ.①潘…②蒋…　Ⅲ.①旅游客源—概况—东南亚　Ⅳ.①F593.3

中国版本图书馆 CIP 数据核字（2022.12 重印）第 071521 号

组稿编辑：王光艳
责任编辑：杨雅琳
责任印制：黄章平
责任校对：王　淼

出版发行：经济管理出版社
　　　　　（北京市海淀区北蜂窝 8 号中雅大厦 A 座 11 层 100038）
网　　　址：www. E – mp. com. cn
电　　　话：(010) 51915602
印　　　刷：北京市海淀区唐家岭福利印刷厂
经　　　销：新华书店
开　　　本：720mm × 1000mm/16
印　　　张：15. 25
字　　　数：291 千字
版　　　次：2015 年 6 月第 1 版　2022 年 12 月第 4 次印刷
书　　　号：ISBN 978 – 7 – 5096 – 3706 – 7
定　　　价：48. 00 元

前　言

在国家大力发展旅游业的利好政策下，我国的出入境旅游呈现出蓬勃发展的趋势。近几年来，我国入境旅游效益明显增强。根据中国旅游研究院的《中国入境旅游发展年度报告2014》显示，2013年，中国入境旅游市场保持平稳发展态势，综合效益稳步提升，接待入境游客12907.78万人次；市场规模总量位居世界第四，仅次于法国、美国和西班牙；入境旅游实现外汇收入516.64亿美元，同比增长3.27%，旅游外汇收入位居世界第四，仅次于美国、法国和西班牙。同时，随着我国居民生活水平的不断提高，越来越多的国民开始"走出国门，看看世界"，东盟是国人出境游最早的目的地，多年来在中国出境游市场中占有重要地位。中国旅游研究院的相关统计表明，2011年中国赴柬埔寨游客增幅高达231%，赴马来西亚、泰国游客增幅也超过50%，东盟成为中国出境游市场增幅最快的地区。马来西亚、泰国、越南、新加坡排在中国出境旅游前十位目的地国家及地区中。

同时，在中国—东盟自由贸易区的推动下，中国与东盟旅游业发展迅速，中国与东盟各国已经互为重要的旅游客源地。因此，为了顺应中国—东盟旅游合作对旅游人才的需求，我们参考了大量的国内外旅游新信息，广泛听取有关人士的意见与建议编写了这本教材，以期为旅游接待人员以及旅游管理专业学生掌握相关的知识与技能提供一定的帮助与指导。

本书内容覆盖面广，力求符合应用型旅游人才培养的需要，详细介绍了东盟十国的自然条件、发展简史、民族与宗教、政治体制、经济发展、人文习俗、主要旅游城市及其旅游景点、现代旅游业的发展状况等方面的内容，具有以下三方面的特征：一是详略得当。在东盟十个国家中，选取经济发展水平较高、旅游业较为发达、与中国开展旅游合作较为密切的部分国家进行详细的介绍，同时重点介绍这些国家的历史文化、民俗与宗教信仰、现代旅游业的发展状况。二是实用性强。在借鉴其他教材的基础上，每一章均围绕重点内容设有学习目标、本章小结、练习题等，突出旅游管理专业实践性很强的特征以及教材的"实用性"特色。三是可读性强。教材每一章的内容均用通俗、简单的语言进行阐述，方便读者阅读、理解；同时为了方便读者记忆和理解，部分知识点还配了相应的图片。

本书的编写分工如下：广西民族师范学院潘冬南负责全书的大纲设计、组织撰写、审稿、最后定稿、出版联络工作，并编写了第一章至第六章；广西民族师范学院蒋露娟编写了第七章至第十二章。

本书在编写的过程中，参考了许多专家、学者的研究成果并引用了相关的资料，经济管理出版社王光艳老师为教材的出版付出了许多辛勤的劳动，在此一并表示衷心的感谢。

由于编者在教学、研究与实践方面的水平有限，因此书中难免存在不足之处，恳请各位专家和读者不吝赐教。

编者

目　录

第一章　世界旅游业的发展

教学目标

　　了解世界旅游业、中国古代旅游与近代旅游的发展概况

　　熟悉世界六大旅游区的特点、中国现代旅游业的发展历程

　　掌握世界旅游业的发展特征、中国国际旅游市场的现状

教学重点

　　世界旅游业的发展特征

　　中国国际旅游市场的现状

教学难点

　　世界旅游业的发展特征

第一节 世界旅游业的发展

从 1845 年托马斯·库克创办世界上第一家旅行社至今，世界旅游业经历了近 170 年的发展历程，在这个过程中，世界旅游业一直长盛不衰，期间虽然也有波动，但总体上呈现出高速增长的态势。近年来，经济全球化和区域经济一体化深刻影响着世界旅游业的发展，世界旅游业进入了一个快速发展的黄金时代。

一、世界旅游业发展的概况

从全球范围来看，近代旅游业发端于 19 世纪中叶的西欧和北美，经历了起步、发展、腾飞和成熟四个阶段。1845 年世界上第一家旅行社托马斯·库克旅行社在英国成立，标志着世界旅游业的出现。现代旅游业开始于 19 世纪中期，到 20 世纪 50 年代，世界旅游业开始具有一定的规模；从 20 世纪 60 年代开始，旅游业加快了发展速度，成为世界上最重要的经济活动之一；到了 20 世纪 90 年代初，旅游业就已经发展成为超过石油工业、汽车工业的世界第一大产业。根据联合国世界旅游组织（UNWTO）的统计数据，1950 ~ 2011 年，全球国际旅游人次从 0.25 亿增加到 9.8 亿，增长了约 38 倍。

随着社会和经济的发展，旅游业已成长为世界经济中发展势头最强劲和规模最大的产业之一。据世界旅游业理事会（WTTC）预计，到 2020 年，全球国际旅游消费收入将达到 2 万亿美元；另据世界旅游协会预测，2010 ~ 2020 年，国际旅游业人数和国际旅游收入将分别以年均 4.3%、6.7% 的速度增长，高于同期世界财富年均 3% 的增长率；到 2020 年，旅游产业收入将增至 16 万亿美元，相当于全球国内生产总值（Gross Domestic Product，GDP）总量的 10%；所提供工作岗位达 3 亿个，占全球就业总量的 9.2%[①]，从而进一步巩固其作为世界第一大产业的地位。

二、世界旅游业的发展特征

综观世界旅游业发展的基本历程，其呈现出以下主要特征：

（一）世界旅游业发展迅速、持续、稳定

世界旅游业发展的步伐持续加快，这是其他行业不可比拟的。有学者研究表明，就全球旅游者的数量而言，1950 ~ 2000 年的 50 年中，基本每隔十年就会翻番，从 1950 年的 2500 万人次增加到 2000 年的 6.7 亿人次；到 2010 年达到了 9.4 亿人

---

① 中商情报网. 2012 年世界旅游行业发展概况 ［EB/OL］. http：//www. askci. com，2012 – 4 – 17.

次①。就世界旅游业收入增长速度而言，过去60年中年平均增长率为6.9%，基本每隔十年左右就会翻番。同时，世界旅游经济的增长速度将继续快于全球经济的增长速度。世界旅游组织预计，到2020年，全球将接待16亿人次国际旅游者，国际旅游消费额将高达40000亿美元，国际旅游人数年均增长率达4.35%，国际旅游消费年均增长率达6.7%，远远高于世界经济年均3%的增长率②。

（二）世界各国旅游业发展存在差异

从总体上来看，世界旅游业虽然呈现出迅速、持续、稳定的趋势，但是由于经济社会发展水平存在差异，世界各国旅游业的发展也存在差异，经济越发达、经济增长率越高，旅游业的发展规模和水平也越高。据世界旅游组织预测，欧洲经济发达，汇集了全球最多的工业化国家，旅游业经过多年的发展，市场已经非常成熟，因而仍然是全球最大的旅游市场。亚太地区各国的经济逐渐稳步提升，成为拉动世界旅游业增长的重要引擎。从国别分布来看，长期以来，传统旅游目的地和客源地大国分别是美国、德国、英国、法国、西班牙、意大利和日本，都是西方发达国家。

（三）世界旅游市场呈现出"三足鼎立"的格局

经济全球化和区域经济一体化的进程深刻地影响着世界旅游业的发展轨迹，打破了原有的旅游市场格局。东亚太经济的崛起，为世界旅游热点向亚太转移创造了经济平台。现在已经运行的中国—东盟自由贸易区，将出现一个拥有17亿消费者、近2万亿美元GDP、1.2万亿美元贸易量的经济区。东亚太地区接待国际旅游人数占世界的份额将从1995年的14.2%上升为2020年的27.3%，超过美洲（2020年为17.8%），位居世界第二③。欧洲、美洲主宰世界旅游市场的局面已被打破，全球旅游市场已形成"欧洲—亚太—美洲""三足鼎立"的新格局。

（四）旅游已经成为人们普遍的生活方式

随着经济社会的不断发展，人们可自由支配的收入不断增加，许多家庭的恩格尔系数在不断地降低；同时各国的休假制度不断得到完善，外出旅游已经成为人们的一种基本的生活方式。在美国，居民已有1/3的休闲时间，2/3的收入用于休闲，1/3的土地面积用于休闲。旅游体验成为人们旅游和娱乐的核心内容，旅游和娱乐已成为驱动休闲经济发展的"两大轮子"。中国旅游研究院发布的《2011年中国旅游经济运行分析与2012年发展预测（中国旅游经济蓝皮书No.4）》也指出，中国旅游经济已经进入常态化发展阶段，无论是从人数上还是从消费上，城镇居民旅游消费已占中国旅游收入的3/4，且城镇居民旅游花费占

---

① 刘文海. 世界旅游业的发展现状、趋势及其启示 [J]. 中国市场，2012（7）.

② 数据来源于《世界旅游业发展趋势和特点》，http：//www.doc88.com/p-0963997824359.html。

③ 魏敏. 世界旅游业发展趋势与胶东半岛旅游业发展战略定位 [J]. 山东社会科学，2010（4）.

其可支配收入的比重多年来稳定在 10% 左右，这表明了旅游已成为城镇居民的日常生活方式。

（五）休闲度假旅游呈现增长趋势

随着世界各国经济的发展和生活水平的提高，众多旅游者旅游的目的也从传统的开阔眼界、增长见识向通过旅游使身心得到放松休息、陶冶生活情趣等转变，度假旅游活动成为现代人生活的重要组成部分。随着旅游者中度假人数比例的不断增大，度假旅游已经成为重要的市场方向，世界旅游强国在很大程度上都是休闲度假旅游比较发达的国家。海岛、滨海旅游度假是旅游业的一大支柱，地中海沿岸、加勒比海地区、波罗的海及大西洋沿岸的海滨、海滩成了极负盛名的旅游度假胜地。作为中国最大的经济特区，中国唯一的热带岛屿省份——海南，其旅游业在国际上的知名度越来越高，海南的度假旅游也受到越来越多的国际、国内游客的欢迎。2011 ~ 2013 年，海南共接待过夜游客人数累计达 8909.05 万人次，旅游人数连续两年突破 3000 万人次，年均增长 13.8%；旅游业收入累计达 960.79 亿元，年均增长 21.1%①。

（六）旅游市场竞争激烈

无论是国际旅游市场还是国内旅游市场，世界旅游业都呈现出激烈的竞争局面，在争夺旅游者、旅游代理商及扩大旅游市场占有率等方面各个国家和地区都积极探寻有力的措施，以便应对竞争对手。随着我国国民收入水平的提高，国民出游意愿和消费能力不断增强，旅游目的地范围也得到广泛扩张，因此成为各国旅游客商争夺的对象。同时，为了吸引旅游者、旅游代理商，使其全面地认识和了解旅游目的地国家（地区）的旅游产品，提高旅游目的地国家（地区）的知名度与美誉度，许多国家和地区每年都定期或不定期地开展类型多样的旅游推介会、旅游博览会、国际旅游交易会等，一些国家政府在资金和政策上给予大力支持。例如，新加坡政府每年约投入 1000 万美元进行旅游宣传工作，日本政府每年的对外宣传费用高达 39 亿日元。

三、世界六大旅游区的发展概况

世界旅游组织（WTO）将世界旅游市场划分为六大旅游区域，即欧洲、美洲、东亚及太平洋、南亚、中东、非洲。在这六大旅游市场中，欧洲旅游市场与美洲旅游市场最为繁荣，东亚及太平洋地区的旅游市场发展速度最快。

（一）欧洲地区

按照柯达尔对世界文化区的划分，本大区属西方文化区。绝大多数居民为欧

---

① 汪超群，陈位权.《关于推进舟山群岛新区建设的若干意见》深度解读之二 ［N］. 舟山日报，2013 - 6 - 5.

罗巴人种（白种人），操印欧语系的日耳曼语、拉丁语和斯拉夫语，信仰天主教和基督教。本大区是资本主义经济的发祥地，人文旅游资源异常丰富，是世界上旅游业最发达的地区，也是世界最大旅游客源区，旅游业发达的国家很多，如有"旅游王国"之称的西班牙，欧洲文明古国希腊和意大利，"世界公园"瑞士，旅游业发展较早的英国、法国等。地中海沿岸是世界开发最早、旅游业最发达的海滨旅游地。1995～2020年，欧洲出境旅游将以年均3.4%的增长速度发展，到2020年，欧洲出境旅游者将达到7.71亿人次，但是其占世界旅游市场的份额将会下降到48.1%。

（二）美洲地区

美洲旅游大区包括北美旅游区（美国和加拿大）、中美旅游区（中美洲及西印度群岛的所有国家）、南美旅游区（南美洲所有国家）。本大区属西方文化区，民族构成复杂，既有原住居民——印第安人和因纽特人（爱斯基摩人），又有后来移入的白种人，操日耳曼语和拉丁语，信仰天主教和基督教。美洲是仅次于欧洲的世界旅游业发达区，世界第二大旅游客源输出国，既有资本主义大国现代科技文化，又有印第安人创造的古代文明，这里是世界著名的古玛雅文化、印加文化的发源地。加勒比海沿岸是继地中海之后新兴的海滨旅游地。1995～2020年，美洲地区的旅游业将以年均3.8%的增长速度发展，到2020年，美洲将接待2.85亿人次国际旅游者。

（三）东亚及太平洋地区

近30年来，东亚及太平洋地区的旅游市场发展速度最快，超出了世界平均速度，居世界之首。旅游业发达的国家主要有日本、新加坡、泰国等。东北亚地区主要是中国、朝鲜、韩国和日本，是世界上人口最多的地区，自然旅游资源丰富，以儒家文化为主，同时受佛教的影响比较大。东南亚地区主要是越南、泰国、新加坡、马来西亚、菲律宾、印度尼西亚、柬埔寨、老挝、缅甸、文莱，热带森林旅游景观占有优势。太平洋地区主要有澳大利亚、新西兰以及太平洋群岛国家，热带、亚热带风光占有绝对优势，多火山岛和珊瑚岛。

（四）南亚地区

南亚地区属于典型的热带季风气候以及拥有热带季风林景观，属印度文化区，是世界上人口最稠密地区之一，平均每平方公里210人。语言分属印欧和达罗毗荼两大语系，本大区是婆罗门教和佛教的发源地，婆罗门教后演化为印度教，印度河—恒河流域是世界古文明发祥地之一。由于该地区均是发展中国家，经济发展水平有限，加上部分国家政局不稳定、存在民族和宗教纷争，旅游业起步晚，发展缓慢，但是其具有巨大的发展潜力。1995～2020年，南亚地区入境旅游年均增长率可达6.1%，到2020年将达1900万人次，在世界市场中的份额将上升到1.2%。

（五）中东地区

中东是指欧洲以东，地中海东部与南部区域，传统上的"中东"一般来说包括埃及、伊朗、伊拉克、以色列、约旦、科威特、黎巴嫩、阿曼、卡塔尔、沙特阿拉伯、叙利亚、阿拉伯联合酋长国、也门、巴勒斯坦、塞浦路斯和土耳其。中东地区的气候类型主要有热带沙漠气候、地中海气候、温带大陆性气候，其中，热带沙漠气候分布最广，这是发展旅游业的一大优势。中东是当今世界政治、经济和军事最敏感的地区之一，也是旅游业发展最快的地区之一。据世界旅游组织的统计显示，1980～2010年，抵达中东地区的国际旅游者从710万人次发展到6090万人次，相当于每年平均增幅达到7.4%，远远高于4.2%的全球平均水平。据估计，中东地区的旅游业将会继续增长，到2030年时入境国际旅游者人数将突破1.49亿人次①。

（六）非洲地区

非洲地区位于东半球的西部，赤道横穿其中部，绝大部分在南、北回归线之间，高温、少雨、干燥，是人类的发源地之一，历史悠久，文化独特。非洲地区国家全部属于发展中国家，经济社会发展缓慢，旅游基础设施差。因此，非洲旅游业的发展比较落后，在过去的20年间发展速度并不快，游客人数和收入仅占世界旅游业的3%～4%。非洲北部地区拥有丰富的自然景观，如赤道附近广阔的热带雨林；还有世界上最大的沙漠——撒哈拉沙漠，面积比澳大利亚还大；另外还有世界第一长河——尼罗河，长约6852.06公里。近年来，奇特风光游、沙漠探险游、考古游和海上游等对游客具有较大的吸引力，非洲地区旅游业的发展前景十分广阔。世界旅游组织也非常支持非洲旅游业的发展，已将简化赴非洲旅游签证手续、细化非洲航空线路、降低机票价格等列为今后该组织的工作重点。到2020年，非洲接待的国际旅游者人数将达到7500万人次，出境旅游将达到6800万人次，年均增长率为5.8%。

第二节　中国旅游业的发展

中国旅游业从无到有，经过很长一段时间的发展、成熟与壮大，目前在我国经济、社会发展中的产业地位逐步提高、促进作用逐步增强，并带动了相关产业的发展，为社会提供了许多就业岗位，进一步推动了社会环境的改善与优化。旅

---

① 中商情报网. 阿联酋时隔26年重新加入世界旅游组织［EB/OL］. http：//www. askci. com/2013 - 5 - 8.

游业已经成为我国经济发展的支柱性产业之一，并呈现出蓬勃发展的趋势。

一、中国古代旅游的发展

中国是世界文明古国，也是旅游发生最早的国家之一，在先秦古书中就有关于华夏先民在遥远古代的旅游传说。在古代社会，人们外出旅游的目的不一样，主要的旅游方式有帝王巡游、官吏宦游、买卖商游、文人漫游、宗教云游等。

在原始社会末期和奴隶社会形成时期，随着商品生产和交换的发展，第三次社会大分工出现，使商业从农业和手工业中分离出来，出现专门从事商品交换的商人。他们以经商为目的四处奔走，开创了旅行的通路。文人采风、僧人出游、帝王巡游也助长了旅行活动的开展。作为旅游活动，它的历史可追溯到汉民族的始祖皇帝。

二、中国近代旅游的发展

中国近代旅游是指自 1840 年鸦片战争开始，到 1949 年新中国成立之前这段时期的旅游。中国近代旅游史在我国旅游发展史中具有重要的地位和意义，它起着承上启下的重要作用，是中国旅游发展史中不可或缺的一个重要环节。

鸦片战争之后，中国沦为半殖民地半封建社会国家，西方帝国主义列强从政治、经济和文化等方面纷纷入侵中国，与之相伴的是大批帝国主义国家的商人、传教士、学者和冒险家来到中国这片古老的土地上，从事他们的冒险活动并在北戴河、庐山、青岛等地建造房屋，以供他们生活所需。同时，在"师夷长技以制夷"等思潮的影响下，也有大批国人加入出国考察和求学的行列。此外，平民阶层也加入到旅游者队伍中来，交通条件不断得到改善，旅游活动的空间范围也逐步拓展，国际旅游交往愈加频繁；与此相适应地，为游客服务的民间旅游组织逐渐形成了一个独立的行业。1923 年陈光甫先生创办的上海商业储备银行设立旅行部，1927 年 6 月该部独立，更名为中国旅行社。中国旅行社的创建标志着中国近代旅游业的建立。

三、中国现代旅游业的发展

从新中国成立至今的 60 多年里，中国现代旅游业的发展可以分成两大时期，一是新中国成立至 1978 年改革开放之前，二是改革开放政策实施的 1979 年至今。

（一）新中国成立至改革开放之前（1949~1977 年）

从新中国成立到改革开放之前的这 30 年里，中国的旅游业主要以外事接待为主，一直为政治服务，没有形成经济产业，经历了开创、开拓和停滞三个阶段。

1. 开创阶段（1949~1957 年）

新中国旅游业的起步是以"华侨服务社"、"中国国际旅行社"这两个机构的成立为标志的。新中国成立初期，为了帮助留在厦门的华侨、港澳台同胞出境，以及接待回国探亲、观光的华侨，厦门市军管会于 1949 年 11 月 19 日接管并整顿了旧"华侨服务社"，同时于 12 月正式营业，创立了新中国第一家华侨服务社。1954 年 4 月 15 日，为了适应繁重的外事接待工作，新中国在北京成立了第一家面向外国人的旅行社——中国国际旅行社，并于 4 月 21 日正式营业，承担一切外宾、外国来华代表团、外国旅游团、外交人员在我国的参观、访问及其相关接待工作。

2. 开拓阶段（1958～1966 年）

随着国际形势的变化以及国内建设事业的不断发展，越来越多的外国人渴望了解中国。因此，为了适应这一世界形势，1964 年 6 月 5 日，国务院批准建立中国旅行游览事业管理局，全国人大常委会审议通过并批准其为国务院直属机构。同时，在这个阶段，中国的旅游客源市场也发生了新的变化，旅游者的人员构成逐渐多样化，散客增多，阶层较为广泛。

3. 停滞阶段（1966～1977 年）

1966 年开始的"文化大革命"，使国家在经济、政治及其他方面遭到了严重破坏，旅游业的一些基础设施也遭到了破坏，旅游业的发展基本处于停滞状态。

（二）改革开放后至今

改革开放之前，由于中国的旅游业主要以政治接待为主，并没有形成一个经济产业，因此，严格意义上来讲，改革开放之后，中国旅游产业才真正形成。

1. 起步阶段（1978～1989 年）

改革开放后，中国旅游业实施"积极发展入境游，适度兼顾发展国内游"的发展方针。国家高度重视旅游业的发展，采取的相关政策力度也比较大，有力地推动了当时中国旅游业的发展，使处于起步状态的中国旅游业明确了发展思路，并很快步入正轨，形成了比较强的国际旅游产业体系，促进了入境旅游人数的增加和旅游外汇收入的快速增长，在区域经济发展中作用更加突出。因此，地方政府在经济发展战略的制定和选择过程中，对旅游业的重视程度也在不断提高，进一步促进了当地旅游业的良性发展。

2. 持续高速成长阶段（1990～2000 年）

步入 20 世纪 90 年代，旅游业获得了全方位的发展，在国民经济中的作用进一步凸显。为了形成全面的旅游产业体系和完善发展模式，政府在旅游产业发展方面实施了一系列的方针和政策。旅游业经历了从产业地位确立到培育新的增长点的过程，进一步强调了旅游业在经济、社会发展中的重要性。

同时，国家颁布了 16 项旅游标准，标准的实施也取得了明显的效果，对服务标准化工作起到了带动促进作用。政府除了以往大力发展入境游的方针政策外，还提出了积极发展国内游以及出台了组织中国公民出境旅游的办法。在国家旅游局提出的"大力发展入境游，积极发展国内游，适度发展出境游"总体方针的指导下，中国旅游市场打破了以往以入境旅游为主的单一格局，出现了入境游、国内游、出境游三大市场，形成了入境游和国内游并进的新格局。

3. 走向成熟、迈向旅游强国阶段（2001年至今）

为了进一步加快旅游业的发展，提高产业素质，使中国由旅游大国走向旅游强国，中央政府采取了一系列的政策、方针，出台了不少政策（如2002年旅游工作会议提出的加快西部地区和西藏地区旅游业发展的步伐，2009年末国务院出台《关于加快发展旅游业的意见》等支持政策），并且从旅游业发展最为重要的环节（旅游基础设施）入手，总体上加强财政性资金和人力投入。地方政府也不遗余力地推动和支持，许多旅游城市的定位更加清晰明确，发展速度非常快，涌现出一批如三亚、丽江、张家界等特色旅游城市。

旅游业由培育新的增长点到培育增长新亮点的过程；旅游发展模式进一步完善，基本形成以国内旅游为基础、以入境旅游为主导、以出境旅游为补充的发展模式格局，特别是国内旅游被提高到重要位置，突出了国内游在总体旅游发展中的地位和作用，出境旅游人数稳步快速增长。2014年，国内旅游人数36.3亿人次，同比增长11.4%，出境旅游人数1.16亿人次，同比增长18.2%[①]。此外，我国旅游产品体系也日益完善，并逐步走向系统化、专业化、规范化。

四、中国的国际旅游市场

中国的国际旅游市场分为入境旅游市场和出境旅游市场，两大市场的发展呈现出不同的特征，并取得了显著的成绩，呈现出蓬勃发展的趋势。近年来，出境旅游市场发展迅速，同时中国也已经成为亚洲第一大客源输出国和全球出境旅游市场增幅最快的国家之一。

（一）中国入境旅游市场的现状

新中国成立至改革开放之前，中国的入境旅游市场初具雏形，但还没有形成产业。1978年以后，在改革开放政策的推动下中国的入境旅游业发展迅速，主要呈现出以下主要特征：

1. 形成"三主三辅"的海外客源市场格局

从总体上来看，当前我国入境旅游发展态势良好，客源全球化进程加快，形成比较稳定的"三主三辅"海外客源市场格局：以亚太客源市场为主，欧美客源市场为辅；以港澳台同胞和侨胞为主，外国旅游者为辅；外汇收入以欧美发达

---

① 郝迎灿. 期待更多希望变成生活现实［N］. 人民日报，2015 - 1 - 1.

国家为主，周边发展中国家为辅。港澳台地区基础市场增长日趋稳定，已经逐步进入稳定增长期；外国旅华市场持续增长，增长态势日益明显，正进入快速发展期。日本、韩国、东南亚等传统市场稳定增长，欧洲、北美、俄罗斯、印度等新兴市场加快成长，南美、中东、非洲等潜在市场日见端倪。

2. 入境旅游市场发展强劲

自 20 世纪 80 年代以来，中国的入境旅游得到了快速发展，我国已经从旅游资源大国发展成为世界旅游大国，越来越多的海外游客渴望了解中国，入境旅游市场发展强劲。改革开放以来，中国入境旅游人次增长了 68 倍。2010 年，中国已成为世界第三大入境旅游目的地国和出境旅游消费国。中国旅游研究院《中国入境旅游发展年度报告 2014》的统计显示：2013 年我国接待入境游客 12907.78 万人次，市场规模总量位居世界第四，仅次于法国、美国和西班牙。入境旅游实现外汇收入 516.64 亿美元，同比增长 3.27%，旅游外汇收入也位居世界第四，仅次于美国、法国和西班牙。入境旅游前十大客源国为韩国、日本、俄罗斯、美国、越南、马来西亚、蒙古、菲律宾、新加坡和澳大利亚。入境旅游发展已经成为中国建设世界旅游强国的强大支撑。

3. 旅游者以了解中国文化特色为主

海外旅游者来华旅游以了解中国特色文化为主，主要游览项目集中在山水风光（50.6%）、文物古迹（39.6%）和民俗风情（27%）；其次是饮食烹饪（19.2%）、旅游购物（18.7%）和文化艺术（18.1%）。北京、西安、上海、桂林、广州、华东、华北、长江三峡等传统旅游目的地仍然是入境旅游市场的主体。

（二）中国出境旅游市场的现状

随着我国经济的不断发展，城市居民的生活水平在不断提高，居民出境旅游的需求越来越旺盛，出境旅游市场规模增速明显，因私出境旅游人群成为主体，境外消费多样化。

1. 出境旅游市场规模不断扩大

1997 年 3 月，国家旅游局、公安局颁布了《中国公民自费出国旅游管理暂行办法》，这标志着中国出境旅游市场的形成。随着中国经济、社会的快速发展以及人民生活水平的不断提高，中国出境游市场规模正在迅速扩大，并成为全球旅游业增长的新机遇。2012 年，我国全年出境旅游人数 8200 万人次，同比增长 16.7%，在欧洲各国、美国、日本等国出境旅游持续萎靡情况下，出境游以高增长率成为全球跨境旅游的领跑者①。2013 年中国出境旅游人数达到 9730 万人次，

---

① 数据来源于《2012 年中国旅游市场深度分析报告》，http://www.askci.com/news/201303/15/151555129169.shtml。

同比增长 18%；未来 5 年，中国出境旅游人数预计将达 5 亿人次①。

2. 出境旅游目的地国家不断增多

中国公民出境旅游的目的地国家范围在不断地扩大。1997 年国家开始批准出境旅游，审批新加坡、马来西亚、泰国、菲律宾 4 个东盟国家。自 2003 年开始，国务院先后批准了 22 个省（市）的 49 个城市试办内地居民赴港澳地区"个人游"，覆盖约 2.5 亿人。2008 年 7 月启动了大陆居民赴台旅游业务。截至 2011 年 12 月，中国已批准了 140 个国家和地区为中国公民出境旅游目的地，实施 111 个，除了一些中东和西亚国家之外，几乎包括了亚洲、大洋洲和欧洲的所有主权国家和地区。

3. 出境旅游者的消费结构发生变化

随着人民生活水平的提高和消费观念的转变，从 2000 年起，我国居民因私出境游人数超过了因公出境游人数，并成为出境旅游的主体，休闲度假已经成为我国居民出境旅游的一种重要方式。同时，中国居民出境游不仅仅是观光旅游和休闲，以出境购物消费为目的的比重也在逐渐提升。尤其是中国商品与一些国外商品，在同品类、同品牌上存在较大的价差，也使很多国人出境是为了购物。2012 年中国出境旅游花费 980 亿美元，同比增长 35.2%；2013 年出境旅游花费 1200 亿美元，同比增长 20%②。另外，2013 年中国出境游人数及旅游消费，均居全球第一。

※本章小结

本章介绍了世界旅游业和中国旅游业的产生、发展及其各自的主要特征。分析了我国入境旅游、出境旅游市场的发展现状，指出了我国入境旅游具有广阔的发展前景，休闲度假已经成为我国居民出境旅游的重要方式。

★复习思考题

1. 简述中国现代旅游业的发展历程。
2. 世界旅游业的发展具有哪些方面的特征？
3. 简述中国现代旅游业发展的历程。
4. 简述中国入境旅游市场的基本情况。

① 陈菲菲. 中国出境旅游同比增长 18% 市场规模逐渐扩大 [EB/OL]. http：//www. qianzhan. com/qzdata/detail/149/141128 - 0d46283c. html.

② 数据来源于《2012 ~ 2013 年国内出境游发展状况分析》，http：//www. chyxx. com/industry/201309/219189. html.

第二章　东盟国家概况

教学目标

　　理解东盟成立的背景，熟悉其组织机构

　　了解中国与东盟关系、中国—东盟自由贸易区的发展历程

　　理解中国—东盟自由贸易区建立的背景

　　掌握中国—东盟自由贸易区的发展前景

教学重点

　　中国—东盟自由贸易区的发展前景

教学难点

　　东盟成立、中国—东盟自由贸易区建立的背景

第一节　东盟的基本情况

东盟自成立之后就提倡以平等及合作精神共同努力，促进东南亚地区的经济成长，社会进步与文化发展。近年来，东盟在国际政治、经济事务中的地位和作用得到不断加强。

一、东盟的由来

东盟，其全称是东南亚国家联盟（Association of Southeast Asian Nations，ASEAN），前身是由马来西亚、菲律宾和泰国3国于1961年7月31日在曼谷成立的东南亚联盟。

由于战略地位、资源禀赋等因素，东南亚国家在16世纪后就成为列强侵略的主要对象。相继独立后的东南亚国家在国际局势的影响下就达成了必须加强彼此合作以维护区域稳定、促进共同发展的共识，东盟正是在这样的背景下成立的。

（一）东盟历来都是列强的必争之地

东盟是亚洲和大洋洲的结合部，具有十分重要的战略地位。同时，东盟幅员辽阔，石油、橡胶、木材等战略资源十分丰富，因而成为西方殖民主义者侵略的主要对象。16世纪以后，西方殖民主义者就相继来到东南亚；19世纪末，除了泰国之外，其余的国家均沦为殖民地，直到第二次世界大战之后，东盟国家才相继独立，最迟独立的是文莱，于1888年沦为英国的保护国，直到1984年1月才宣布独立。

（二）国际形势的变化促成了东盟的成立

1960年至东盟成立前夕，许多获得独立的殖民地国家纷纷成立国际经济合作组织，加强合作，以抵抗帝国主义和超级大国的控制、剥削和掠夺，如拉丁美洲国家石油互助协会、非洲国家咖啡组织等。同时，在这个时期，苏联实施称霸全球战略，直接与美国对抗，1965年美国直接插手印度支那战争，东南亚动荡不安。为此，东南亚国家意识到必须加强彼此之间的合作，才能与世界大国相抗衡，才能维护本地区的政局稳定，促进地区经济和社会的发展。因此，1967年8月8日，印度尼西亚、泰国、新加坡、菲律宾4国外交部长和马来西亚副总理在曼谷举行会议，发表了《东南亚国家联盟成立宣言》，即《曼谷宣言》，正式宣告东盟成立。该宣言确定了东盟的宗旨和目标：以平等与协作精神，共同努力促进本地区的经济增长、社会进步和文化发展；遵循正义、国家关系准则和《联合国宪章》，促进本地区的和平与稳定；促进经济、社会、文化、技术及行政训练和研究设施方面的互相支援；在充分利用农业和工业、扩大贸易、改善交通运输、提高人民生活水平方面进行更有效的合作；促进对东南亚问题的研究；同具有相似宗旨和目标的国际和地区组织保持紧密和互利的合作，探寻更紧密的合作途径。

二、东盟的成员国

在东盟成立之初，其成员国并未包含所有的东南亚国家，之后随着部分国家的独立以及经济、社会发展的需要，成员国逐渐扩大到东南亚 10 国。同时，东盟还设立了观察员国。

（一）成员国由 5 国扩大到 10 国

20 世纪 80~90 年代，文莱（1984 年）、越南（1995 年）、老挝（1997 年）、缅甸（1997 年）和柬埔寨（1999 年）5 国先后加入东盟，使得东盟由最初成立时的 5 个成员国扩大到 10 个成员国。东盟 10 国总面积 444 万平方公里，人口 5.76 亿，GDP 达 15062 亿美元，是一个具有相当影响力的国际区域性组织。

（二）设立观察员国

巴布亚新几内亚是东盟观察员国。观察员国主要是指在一些国际政治经济体或国际民间团体参与国际组织时列席的国家。观察员国中的"观察"是双向的：一方面，观察员可以观察它所参与的国际组织，以决定是否加入该组织；另一方面，国际组织也会观察它的观察员，以决定是否批准其加入。

资料 2 - 1

观察员国

大多数国际组织允许接纳非成员国、民族解放组织、政府间组织、非政府间组织甚至个人作为观察员出席其有关的会议。观察员国的任务是向本国政府或派出组织汇报派往组织的活动情况，或尽量将本国政府、派出组织或个人意见提供给派往组织参考。一般是每次会议临时邀请的，但也有的国际组织接纳常驻观察员代表团。

观察员国在国际组织的有关会议上通常既无发言权也无表决权，不能参与实质性的讨论。不过，观察员国可以获得会议的所有资料，并且有时还可提出正式的建议。观察员国只享有某些利益和便利，只承担较小义务，没有会员国的法律地位。通常，成为国际组织的观察员国，即向成为该国际组织的成员国迈出了第一步。

三、东盟的组织机构

东盟自成立以来，根据自身经济、社会发展的需要不断地设立了相应的组织机构。目前东盟的主要组织机构包括如下几项：

（一）首脑会议

首脑会议是东盟的最高权力机构，主要讨论和确定东盟的基本方针，由东盟各国轮流担任主席国，负责召集。缅甸是 2014 年轮值主席国。东盟第一次首脑会议于 1976 年在印度尼西亚的巴厘岛举行，会议签署了《东南亚友好合作条约》和《东南亚国家联盟协调一致宣言》。联合国大会于 1992 年 12 月通过决议，认可《东南亚友好合作条约》的宗旨和原则。第 20 次东盟首脑会议于 2012 年 4 月在柬埔寨首都金边举行，会议通过了一系列重要成果文件，包括第 20 届东盟峰会《主席声明》、《金边宣言》、《金边议程》、《2015 年建立东盟无毒品区宣言》和《"全球温和派行动组织"概念文件》等，与会各国领导人也就继续推进东盟一体化建设和解决东盟发展过程中面临的问题等达成了重要共识。

此外，东盟还不定期地举行东盟首脑非正式会议。第一届东盟非正式首脑会议于 1996 年 11 月在印度尼西亚雅加达举行，会议的中心议题是大东盟的建设问题，宣布将于适当时间同时吸引柬埔寨、老挝和缅甸三国入盟，并发表了 16 点声明。会议还就加速湄公河流域开发问题交换了意见，责成外交部长会议制定"东盟 2000 年远景目标"。

（二）秘书处

秘书处为东盟的行政总部，设在印度尼西亚首都雅加达，是常设机构。东盟秘书长是东盟首席行政官，向东盟首脑会议负责，由东盟各国轮流推荐资深人士担任，任期 5 年，主要负责协调各成员国秘书处和主持召开秘书长会议等日常工作。

（三）外交部长会议

外交部长会议是东盟重要的磋商和决策机构，由东盟成员国的外交部长组成，每年轮流在成员国举行年度会议。东盟外交部长会议还定期举行非正式会议。到 2003 年为止，已举行了 36 届会议。中国从 1991 年起参加东盟外交部长会议。

（四）常务委员会

常务委员会由当年主持外交部长会议的东道国外交部长任主席，委员由其他成员国驻该国的大使组成，负责筹备和主持召开外交部长会议，会议后负责督促执行外交部长会议的决议，并有权代表东盟发表声明。

（五）东盟与对话伙伴国会议

东盟与对话伙伴国会议成立于 1999 年，是作为与"对话伙伴国"讨论政治、安全问题以及东盟与对话国合作的一个论坛。它由东盟的 10 个成员国和 10 个对话伙伴国组成。10 个对话伙伴国分别是澳大利亚、加拿大、中国、日本、欧盟、印度、新西兰、俄罗斯、韩国和美国。中国于 1996 年成为东盟全面对话伙伴国。

（六）东盟经济部长会议

实现东盟经济一体化、建设东盟共同体离不开各成员国的共同努力。东盟经济部长会议由各成员国的经济部长组成，主要讨论经济形势和东盟经济合作等问题。1975 年 11 月在印度尼西亚首都雅加达举行首次东盟经济部长会议，此后每年定期举行一次。2012 年第 44 届东盟经济部长会议在柬埔寨著名旅游城市暹粒开幕，本次议题包括：更加全面的区域、国际合作框架协议；减少贫困；促进东盟内部基础设施互联互通；促进东盟粮食出口合作；对中国香港地区申请加入中国—东盟自贸区进行有关评估等。

四、东盟自由贸易区

东盟自由贸易区（ASEAN Free Trade Area，AFTA）于 1992 年提出，现包括原东盟 6 国（印度尼西亚、马来西亚、菲律宾、新加坡、泰国、文莱）和 4 个新成员国（越南、老挝、缅甸、柬埔寨），共 10 个国家，陆地总面积为 450 万平方公里。

（一）东盟自由贸易区设立的主要目的

设立东盟自由贸易区的主要目的在于增强东盟地区作为单一生产单位的竞争优势；通过减少成员国之间的关税和非关税壁垒，期待创造出更大的经济效益、生产率和竞争力；加强东盟区域一体化和促进盟区内贸易与投资。

1992 年 1 月在新加坡举行了由印度尼西亚、马来西亚、菲律宾、新加坡、泰国、文莱东盟六国参加的东盟贸易部长会议，会议签署了设立"东盟自由贸易区"的协议。本次会议随即签署了代表发展东盟自由贸易区重要标志的纲领性文件，即《东盟自由贸易区共同有效普惠关税方案协议》，英文为"Agreement on the Common Effective Prefe – Rential Tariff Scheme for AFTA"，简称"CEPT"。会议确定在未来 15 年内，即在 2008 年前实现成立东盟自由贸易区。1995 年召开的东盟首脑会议决定加速东盟自由贸易区成立的时间表，即将原定的 15 年时间计划缩短为 10 年，即在 2003 年前成立东盟自由贸易区。2002 年初，东盟 6 个老成员国率先启动东盟自由贸易区。

（二）东盟自由贸易区的最终目标

1999 年 9 月，在第 13 次东盟自由贸易区理事会上，各成员国确定东盟自由贸易区的最终目标为零关税，东盟 6 个老成员国（印度尼西亚、泰国、新加坡、菲律宾、马来西亚、文莱）实现"零关税"的最后期限为 2015 年，新成员国（越南、老挝、缅甸和柬埔寨）的最后期限为 2018 年。作为过渡措施，各成员国要在 2003 年之前把 60%的产品关税降为零。1999 年 11 月举行的第 3 次东盟非正式首脑会议把最后期限再次提前，即 6 个老成员国在 2010 年实现"零关税"，而新成员国则于 2015 年实现这一目标。

第二节　中国与东盟的关系

中国与东盟山水相连，资源禀赋具有明显的互补优势，在经济全球化与区域经济一体化的推动下，中国与东盟各国无论是在经济还是在文化等方面的合作都取得了显著的成绩，双方的合作具有广阔的发展前景。

一、中国与东盟关系的发展

中国与东盟山水相连，是好邻居、好伙伴。同时，中国和东盟都是发展中国家，长期以来，双方在政治、经济、社会文化等领域的合作不断深化和拓展，在国际事务中相互支持、密切配合。

（一）中国成为东盟的全面对话国

1991 年，中国与东盟开始正式对话。当年 7 月，中国外交部长钱其琛出席了第 24 届东盟外交部长会议开幕式，标志着中国开始成为东盟的磋商伙伴。随着政治交往的不断发展，中国于 1996 年 3 月明确提出希望成为东盟全面对话国。中国的倡议得到东盟各国的积极响应。同年 7 月，东盟各国外交部长一致同意中国为东盟的全面对话伙伴国，中国首次出席了当月举行的东盟与对话伙伴国会议。

（二）政治交往密切

中国政府坚定不移地奉行"与邻为善、以邻为伴"的周边外交方针和"睦邻、安邻、富邻"的周边外交政策，愿与东盟建设更加强劲的战略伙伴关系。中国已与东盟 10 国分别签署着眼于双方 21 世纪关系发展的政治文件。中国于 2003 年作为域外大国率先加入《东南亚友好合作条约》，与东盟建立了面向和平与繁荣的战略伙伴关系。双方建立了较为完善的对话合作机制，主要包括领导人会议、9 个部长级会议机制和 5 个工作层对话合作机制。

（三）经贸合作成绩显著

在经贸方面，中国与东盟在农业、人力资源开发、相互投资、湄公河流域开发、交通、能源、文化、旅游和公共卫生等 10 大领域开展了重点合作，签署了农业、信息通信、非传统安全领域、大湄公河次区域信息高速公路、交通、文化 6 个领域的合作谅解备忘录。同时，双方还设立了中国—东盟合作基金和中国—东盟卫生合作基金等，用于支持中国—东盟领域合作。近年来，双边贸易额大幅增长。2002 年，中国—东盟贸易总额为 547.67 亿美元，东盟为中国第五大贸易伙伴，中国为东盟第三大贸易伙伴。2003 年，中国与东盟贸易额为 782 亿美元；2004 年提前 1 年实现 1000 亿美元贸易额目标；2007 年提前 3 年实现 2000 亿美元贸易额目标；到了 2012 年，双边贸易额已达 4001 亿美元，年均增长 22%，是 2002 年的 7.3 倍，仅上半年双边贸易额就达到 2105.6 亿美元，同比增长 12.2%，高于全国外贸增速 3.6%①。此外，双向旅游规模快速扩大，东盟 10 国均已成为中国公民出国旅游目的地，双方互为主要旅游客源对象。2012 年，我国赴东盟游客 732 万人次，较 10 年前增长了 2.6 倍，仅次于欧盟为东盟第二大游客来源地；东盟游客来华已达 589 万人次，为我国主要的游客来源地之一。

二、中国—东盟自由贸易区

中国—东盟自由贸易区（China – ASEAN Free Trade Area，CAFTA），是中国与东盟 10 国组建的自由贸易区，于 2010 年 1 月 1 日正式建成。中国—东盟自由贸易区涵盖 19 亿人口、国民生产总值达 6 万亿美元、贸易额达 4.5 万亿美元，是中国对外商谈的第一个自由贸易区，也是发展中国家间最大的自由贸易区。

（一）中国—东盟自由贸易区建设的背景

在经济全球化与区域经济一体化的推动下，中国和东盟各国都意识到必须充分发挥双方资源的优势，加强双方贸易的往来，提高本区域的经济和社会发展的竞争力。而中国—东盟自由贸易区正是在这样的背景下成立的。

1. 经济全球化与区域经济一体化的发展需要

经济全球化与区域经济一体化是当今世界经济的两大显著特点。经济全球化以市场经济为基础，以先进科技和生产力为手段，以发达国家为主导，以最大利润和经济效益为目标，通过分工、贸易、投资、跨国公司和要素流动等，实现各国市场分工与协作并相互融合的过程。区域经济一体化已经成为国际经济关系中最引人注目的趋势之一，是伙伴国家之间市场一体化的过程。中国和东盟成员国都是发展中国家，经济实力有限，全球经济的变动会对其经济产生重大影响。因此，为了应对经济全球化中的负面影响以及区域经济一体化的快速发展，中国—东盟自由贸易区应运而生。

2. 中国与东盟关系密切发展的需要

中国与东盟国家拥有建立自由贸易区的良好基础。中国与东盟山水相连、息息相关，有着悠久的传统友谊和相似的历史遭遇；资源禀赋各具优势，互补性强，产业结构各有特点，合作潜力大。同时，中国与东盟成员国都是发展中国

---

① 王可. 中国商务部官员：中国—东盟十年合作成绩显著 ［EB/OL］. http：//xue163.com/254/10027/2546459.html.

家，在国际事务上具有共同的利益和共同的语言。

3. 1997 年金融危机的促使

1997 年金融危机使东盟各国遭受重创，经济普遍陷入低迷。中国在此期间坚持人民币不贬值政策，帮助东南亚国家对华出口猛增并实现了经济复苏。经历金融危机后，东盟更加明确了地区需要加快经济一体化，以建立有效的合作机制来防止危机的再次发生和冲击，选择和中国建立区域经济合作机制。因此，2000年，中国—东盟领导人第四次会议上，中国领导人提出的建立中国—东盟自由贸易区的建议得到了东盟各国的大力支持。

（二）中国—东盟自由贸易区的目标和措施

中国—东盟自由贸易区是中国与东南亚国家构建新型合作关系的一个伟大创举，是推动整个东亚区域经济合作的重要举措。双方在合作框架协议上明确了自贸区的建设目标，并围绕该目标制定了实现中国与东盟全面经济合作的具体措施。

1. 目标

2002 年 11 月 4 日，第六次东盟与中国领导人会议在柬埔寨首都金边举行。时任中国国务院总理朱镕基出席会议并在讲话中提出启动中国与东盟自由贸易区进程的建议。朱镕基总理和东盟 10 国领导人签署了《中国与东盟全面经济合作框架协议》，提出了中国与东盟全面经济合作的目标是：加强和增进各缔约方之间的经济、贸易和投资合作；促进货物和服务贸易，逐步实现货物和服务贸易自由化，并创造透明、自由和便利的投资机制；为各缔约方之间更紧密的经济合作开辟新领域，制定适当的措施；为东盟新成员国更有效地参与经济一体化提供便利，缩小各缔约方发展水平的差距。

2. 措施

实现中国与东盟全面经济合作的措施，是要在 10 年内建立中国—东盟自由贸易区。其具体措施包括以下几项：逐步取消所有货物贸易的关税与非关税壁垒；逐步实现涵盖众多部门的服务贸易自由化；建立开放和竞争的投资机制，便利和促进中国—东盟自由贸易区内的投资；对东盟新成员国提供特殊待遇和差别待遇，同时待遇还具有灵活性；在中国—东盟自由贸易区谈判中，给各缔约方提供灵活性，以解决它们各自在货物、服务和投资方面的敏感领域问题；建立有效的贸易与投资便利化措施；在各缔约方相互同意的、对深化各缔约方贸易和投资联系有补充作用的领域扩大经济合作等；建立适当的机制以有效地执行该协议。

（三）中国—东盟自由贸易区建设的历程

在中国与东盟及其成员国的共同推动下，中国—东盟自由贸易区的建设进程令世人瞩目，具体可以分为三个阶段：

1. 启动并大幅下调关税阶段（2002～2010 年）

2002 年 11 月签署的《中国与东盟全面经济合作框架协议》，决定到 2010 年建成中国—东盟自由贸易区。根据协议，2003 年开始就有关关税、服务贸易以及投资等方面的内容进行谈判；从 2003 年 7 月 1 日起取消大部分货物关税和非关税贸易障碍；2004 年完成关税谈判。2009 年 8 月 15 日第八次中国—东盟经贸部长会议在泰国首都曼谷举行，中国商务部长陈德铭与东盟 10 国经贸部长共同签署了中国—东盟自由贸易区《投资协议》，这标志着双方成功完成了中国—东盟自由贸易区协议的主要谈判，中国—东盟自由贸易区将如期在 2010 年全面建成。

2010 年 1 月 1 日，中国—东盟自由贸易区全面启动，标志着由中国和东盟 10 国组成、接近 6 万亿美元国民生产总值、4.5 万亿美元贸易额的区域开始步入"零关税时代"。中国与文莱、菲律宾、印度尼西亚、马来西亚、泰国、新加坡 6 个东盟成员国间，有超过 90% 的产品实行零关税，中国对东盟的平均关税将从之前的 9.8% 降至 0.1%，上述东盟成员国对中国的平均关税将从 12.8% 降至 0.6%。关税水平的大幅降低有力地推动了双边贸易快速增长。

2. 自由贸易区全面建成阶段（2011～2015 年）

中国—东盟自由贸易区启动之后，中国与东盟各国贸易投资增长、经济融合加深，企业和人民都广泛受益，实现了互利共赢、共同发展的目标。中国和东盟双边贸易总量快速增长。2012 年，中国与东盟贸易额超过 4000 亿美元，前 8 个月，双边贸易额已达 2843 亿美元，同比增长 12.5%。目前，中国是东盟第一大贸易伙伴，东盟则是中国第三大贸易伙伴，双方实现了更广泛、更深入的开放服务贸易市场和投资市场。

同时，根据《中国与东盟全面经济合作框架协议》，东盟 4 个新成员越南、老挝、柬埔寨和缅甸于 2015 年实现 90% 零关税的目标，中国—东盟自由贸易区全面建成。

3. 自由贸易区巩固完善阶段（2016 年之后）

2015 年中国—东盟自由贸易区全面建成之后，中国与东盟国家在经贸方面的合作将会得到进一步的发展，双方的关系将会得到进一步的巩固，自由贸易区发展中存在的各种问题将会逐渐得到妥善解决。

（四）中国—东盟自由贸易区的发展前景

中国—东盟自由贸易区具有广阔的发展前景。今后自由贸易区的发展将会随着区域经济一体化的不断深入、中国与东盟各国双边关系的不断深化呈现出以下主要特征：

1. 贸易规模将会进一步扩大

中国与东盟的进出口总额将持续增长。这种增长源自中国向东盟出口具有比较优势的产品，以及中国进口东盟具有比较优势的产品。中国庞大的市场和不同的消费层次将随自由贸易区的建设而与东盟企业分享开发空间。

2. 相互直接投资进一步扩大

2009年签署的中国—东盟自由贸易区《投资协议》，通过双方相互给予投资者国民待遇、最惠国待遇和投资公平公正待遇，提高投资相关法律法规的透明度，为双方投资者创造一个自由、便利、透明和公平的投资环境，并为双方投资者提供充分的法律保护，从而进一步促进双方投资便利化和逐步自由化。东盟将是中国实施"走出去"战略的主要阵地。中国政府积极支持中国企业到东盟国家投资兴业，积极推动中国企业在泰国、越南、柬埔寨、印度尼西亚等国建立境外经贸合作区，也为各类企业在东盟国家开展各类集群式生产性投资创建平台。

3. 经济合作将会更加丰富

中国与东盟的经济合作将进入一个全面、深化发展的新阶段，服务贸易的比重将进一步加大，投资合作方式也将更加多元化，尤其在金融、保险、电信、旅游、建筑等领域的合作将得到更大规模的展开。商品的自由流动必将带来货币、人员的自由流动，人民币将由区域化走向国际化。

4. 政治关系将进一步巩固

中国与东盟在经济领域合作的不断全面和深化，有利于双方政治关系的巩固和发展，影响双边关系的问题将会逐渐得到解决，在重大的国际和地区问题上，双方将会有更多共同的语言和更多一致的立场，双方的战略伙伴关系将会进入一个全新的阶段。

※本章小结

本章介绍了东盟成立的背景、成员国情况以及东盟自由贸易区建立的目标。介绍了中国与东盟关系的发展历程，分析了中国—东盟自由贸易区建立的历程、目标与主要措施、未来的发展前景。我们完全有理由相信：中国与东盟将进一步加快在各领域的全面发展合作，双方关系将更加富有活力，双方合作前景将更加广阔。

★复习思考题

1. 简述东盟成立的背景。
2. 中国—东盟自由贸易区经历了哪几个发展历程？
3. 简述中国—东盟自由贸易区的发展前景。

第三章　越　南

教学目标

    了解越南的基本概况

    掌握越南的人文习俗、著名的旅游城市和旅游景点

教学重点

    越南的礼仪习俗、著名旅游城市和旅游景点

教学难点

    越南的禁忌与习俗

第一节 越南的基本国情

越南位于东南亚中南半岛东部，地形独特，拥有丰富的自然资源。同时越南是社会主义国家，属于经济不发达国家之一，经济、社会发展水平比较落后。

一、自然条件

独特的地理位置使得越南全年高温多雨，地形独特，同时也赋予了越南许多丰富的自然资源。

（一）地理位置

越南，全称越南社会主义共和国，是亚洲的一个社会主义国家，位于东南亚中南半岛东部，北与中国接壤，西与老挝、柬埔寨交界，东面和南面濒临南海，国土形状狭长，面积约33万平方公里，海岸线长3260多公里，是以京族为主体的多民族国家。

（二）气候

越南全国地处北回归线以南，属热带季风气候，主要特点是高温多雨，年平均气温24℃左右，北部多数地区为23~25℃；南部多数地区为26~27℃。干、雨季分明，11月至次年4月为干季，气候干燥多雾，北方1~3月常小雨连绵。干季还可以分为热季和凉季，一般11月至次年2月为凉季，3~4月为热季。大部分地区5~10月为雨季，雨季多有大雨和暴雨，气温高，湿度大。雨量充沛，年均降水量1800~2000毫米。此外，越南是多雾的国家，河内雾日80多天，海防121天，西原地区终年多雾，每月有雾日10~20天。全境年平均日照1200~1900小时。

（三）地形

越南地势西高东低，地形包括丘陵和森林，平地面积不超过20%，山地面积占40%，丘陵占40%，森林占75%。北部地区由高原和红河三角洲组成，东部分割成沿海低地、长山山脉及高地以及湄公河三角洲，红河和湄公河三角洲地区为平原。

资料3-1

湄公河

湄公河是东南亚最长的河流，总长约4880公里，流域总面积为81.1万平方公里，是世界第六大河、亚洲第三长河、东南亚第一大河。上游在中国境内，称为澜沧江，下游三角洲在越南境内；发源于中国青海省，流经西藏自治区与云南省，此后成为缅甸与老挝之间以及老挝与泰国之间的部分国际边界，还流经老挝、柬埔寨与越南，然后在胡志明市（西贡）南面注入南海。

（四）自然资源

越南森林面积约 1000 万公顷，有 6845 种海洋生物，其中鱼类 2000 余种、蟹类 300 余种、贝类 300 余种，虾类 70 余种。同时，越南的矿产资源丰富，种类多样，主要有油气、煤、铁、钛、锰、铬、铝、锡、磷等，其中煤、铁、铝储量较大。

二、发展简史

历史上越南长期是中国的领土，公园 10 世纪脱离中国独立，建立过多个封建王朝，19 世纪中叶以后逐渐沦为法国殖民地。

秦时，秦始皇派军队征服百越，越南置于象郡辖下。秦末农民战争时，秦龙川县尉赵佗（河北正定人）起兵割据岭南，建立南越国，首都南海（今广州），这是越南认为的历史上第一个独立王朝，但在相当长的时间内，南越国仍是中国汉朝的封国。

公元前 111 年，汉撤销南越国。自此，越南置于中国封建王朝直接统治长达十多个世纪。公元 10 世纪，五代十国时，越南人民终于结束了北方封建朝代的统治，建立了独立的国家，名为大越国。主要独立朝代为李朝（1010～1225 年）、陈朝（1225～1400 年）、黎朝（1428～1527 年）、西山朝（1778～1802 年）、阮朝（1802～1945 年）。

1858 年法国势力侵入。1874 年越王室和法国签订和约，把南部割让给法国。1884 年法国侵略军占领全越南领土，越南沦为法国殖民地。1930 年胡志明创立了印度支那共产党。第二次世界大战越南中又被日本侵占。1945 年越南共产党领导八月革命成功，9 月 2 日，胡志明主席发表《独立宣言》，宣告越南民主共和国诞生。同年 9 月，法国再次入侵越南，越南人民进行了历时 9 年的抗法战争。1954 年 5 月"奠边府大捷"后，签订关于恢复印度支那和平的《日内瓦协定》，越南北方获得解放；南方仍由法国统治，之后美国在南越扶植亲美伪政权。1960 年越南南方民族解放阵线成立。1961 年起，越南展开抗美救国战争。1973 年 1 月，越美签订关于结束战争、恢复和平的《巴黎协定》，同年 3 月美军从越南南方撤走。1975 年春，越南军民发起"胡志明战役"，4 月 30 日解放西贡，5 月越南南方全部解放，抗美救国战争赢得彻底胜利。1976 年 4 月举行全国普选，7 月宣布全国统一，定国名为越南社会主义共和国，越南共产党是该国唯一合法的政党。

三、人口和居民

越南是一个以京族为主体的多民族国家，居住着京族、华族、泰族、高棉族等民族，不同的少数民族具有不同的语言、风俗习惯、文化传统和经济发展特征。

（一）人口数量

2014 年越南人口约为 9000 万，男性占 50.2%，女性占 49.8%。城市人口占 33%，农村人口占 67%。越南有 54 个民族，京族占总人口的 87%；少数民族有岱依族、泰族、芒族、高棉族、赫蒙族、侬族、华族等。2009 年越南人口普查数据显示，华族为 823071 人（占越南总人口的 0.96%），是越南第八大民族。

（二）语言

越南的主要语言为越南语（官方语言、通用语言、主要民族语言均为越南语）。

（三）民族、宗教

越南是一个多民族的国家，共有 54 个民族，语言分属南亚语系、汉藏语系和南岛语系三个语系，各语系又包括不同的语族。同时，越南也是一个多宗教国家，不同的宗教对越南政治、经济、社会发展产生不同的影响。

1. 民族

越南的民族以京族即越族为主体，同时还有一些跨境而居的少数民族。

（1）京族。京族即越族，是越南的主体民族，占越南总人口近 90%，全国各地均有分布，但以红河三角洲、湄公河三角洲和沿海地区最为密集，讲越南语。京族作为越南的主体民族，在越南文化进程中占据着重要的地位。在古代，京族一直采用汉字，后来在汉字的基础上创立了喃字。16 世纪初，西方殖民者侵入越南后才创立了现在的越南文字。京族是以稻谷生产为主的农业民族，渔业也是越族重要的生产部门；手工业比较发达，历史上他们产的"安南绸"闻名于世。

京族人的姓名格式与中国汉族相同。姓（约 400 多个）是不能改的，世代相袭，以阮、范、陈、吴、黎姓最多。男子姓名一般都是三个字，如阮志清。姓和名字中间的一个字称为垫字。男子的垫字多种多样，女子的垫字多用"氏"来表示，如阮氏和平。槟榔是京族人最普遍但又是最珍贵的礼品，待客、婚礼、葬礼、祭祀等都少不了槟榔。

（2）跨境而居的民族。除此之外，越南还有 9 个民族属于与中国跨境而居的同一民族，即岱依族、侬族、泰族、苗（赫蒙）族、瑶族、俅俅族、哈尼族、拉祜族和布依族，他们的基本情况如下：

1）岱依族和侬族。越南的岱依族和侬族与中国的壮族有着密切的亲缘关系，虽然现在已逐渐分化并有了不同的族称，但他们在语言、风俗习惯、文化传统等方面仍保持着共同的特征，总的来说，共同性多于差异性，可以视为一个跨境民族。岱依族和侬族约有 200 万人，主要居住在与中国交界的高平、谅山、广宁、河江、宣光、老街等省的平坝丘陵地带，主要种植稻谷和玉米，家庭手工业和饲养业较发达。岱依族迁入越南的时间较早，受越族的影响较深；侬族迁入越南的时间较晚，有的至今不过八九代人，约二三百年的历史，与中国壮族的共同性更多一些。

2）泰族。越南泰族有 110 万人，是越南第二大少数民族，主要分布在莱州、山罗、河山平等省，内部又分为黑泰、白泰、红泰三大支系。越南泰族系从中国云南迁入，与中国傣族同源并有着相近的民族特征。其中白泰人迁入越南的历史最早，黑泰人则是在 10 世纪后从云南西双版纳迁入红河三角洲，红泰人是后来黑泰人和白泰人中的一部分融合而成的。泰族多居住在肥沃的河谷平坝，以种植水稻为生。

3）苗族。越南苗族有 56 万人，又称赫蒙族，分布在河江、宣光、高平、老街、莱州、山罗、北太等省的山区。越南苗族系从中国的云南、广西迁入，时间距今仅二三百年。内部分为白苗、黑苗、红苗、花苗和汉苗等支系。主要以耕种山地为生，其中刀耕火种的轮荒地占绝大部分。其语言和风俗习惯与中国苗族基本相同，系跨境而居的同一民族。

4）瑶族。越南瑶族有 48 万人，分布地域较广，沿越中、越老边界一直延伸到北部沿海的一些省份。他们系明代以来从中国两广和贵州、云南迁入，至今还流传着许多关于这一迁徙过程的传说和民间文献记载。内部根据服饰特点又分为红瑶、白裤瑶、蓝靛瑶等支系，其语言、风俗习惯与中国瑶族大体相同。以山地农业为生，大部分仍处于游耕游居状态。

5）俅俅族。越南俅俅族有 3100 人，居住在河江省的同文县和高平省的保乐县。他们系 16 世纪后从中国云南迁入，与中国彝族有亲缘关系。俅俅族从事山地农业，但已定耕定居，其语言和习俗与中国彝族大体相同。

6）哈尼族。越南哈尼族有 12500 人，主要聚居于莱州省孟碟县和老街省的巴沙县，莱州省的封土县也有少量分布。他们系 300 多年前从中国云南省金平、绿春两县迁入，语言和风俗习惯与中国哈尼族相同。其耕地分为山地和梯田两种，以擅长筑梯田而闻名。

7）拉祜族。越南拉祜族有 5300 人，聚居于莱州省孟碟县的巴维苏、巴乌、哥朗、布得等乡。其祖先系从中国云南省的金平、绿春两县迁入，距今不过二三百年。内部分为黄拉祜、黑拉祜、白拉祜三个支系，主要从事山地农业，并辅以采集和狩猎。

8）布依族。越南布依族有 1400 人，分为布依、都依两个支系，居住在河江省官坝县和老街省的孟康县。其祖先系 19 世纪从中国贵州省经云南省迁入，由于人数较少和居住分散，已逐渐融合于其他民族，并成为新的民族。如越南热依族就是从布依族中分化出来，融合其他民族而形成的。

中越两国的跨界民族是在历史上经过长期的迁徙和融合而形成的。虽然他们居住在不同的国家，但分布地域基本上连成一片，语言、宗教、风俗习惯大体相似，直至今天，相互之间仍然保持着密切的联系，探亲访友、通婚互市、节日聚会等从未间断。

2. 宗教

越南是一个多宗教的国家，主要宗教既包含传入宗教，如佛教、天主教、基督教、儒教、道教、伊斯兰教等，还包括本土宗教，即和好教和高台教。其中，佛教和天主教的影响最大，分别于公元 2 世纪末和 14 世纪传入越南；高台教与和好教是在越南本土诞生的宗教，分别创立于 1926 年和 1939 年。

（1）佛教。从公元前 111 年中国的西汉时代起，儒教、佛教、道教开始从中国传入越南，对越南人的意识形态产生了很大的影响。信教的越南人中，信仰佛教的比例最大，因而佛教是越南最大的宗教，各地寺庙不少。越南佛教最开始是从印度传入，大约在 1 世纪初，印度商人已经经由海路进入越南了，其中有许多信仰佛教的商人。东汉末年，大乘佛教从中国传入越南，越南人称为"北宗"，10 世纪后，被尊为国教。此外还有部分越南人信仰从泰国和柬埔寨传入的小乘佛教，并称之为"南宗"。佛教徒忌杀生，讲因果报应。重大节日、个人生日一般都要到佛寺去拜佛、献礼，听和尚诵经。截至 2013 年全国佛教徒约 5000 万人。其中又以信大乘佛教者居多。

（2）天主教。天主教传入越南约有 500 多年历史。1533 年罗马传教士曾到越南传教，但未成功，遭到了官方的禁止。最早到越南传教的是奥德雷科·巴德诺和弗朗西斯·沙维尔两位法国传教十。16 世纪末葡萄牙、西班牙等国传教士再次来传教，并通过贿赂统治阶级的政策最终将天主教传入越南，之后得到了迅速的发展。法国统治时期，天主教在越南取得了合法地位，并迅速发展。到了1966 年，越南南北两地已有教区 11 处，天主教信徒 300 万人。南方的同奈省是越南天主教友最多的地区，教堂林立。

（3）基督教。作为天主教分裂出来的新教派，基督教在越南也有不少信徒，主要分布在河内、海防、河西、承天、广南岘港、波莱古、平顺等地。基督教传入越南只不过近百年的历史，在越南称为"福音"。1893 年基督教牧师大卫·罗拉汉到西贡传教，随后陆续有牧师到越南传教，但遭法国殖民当局的禁止；直到 1920 年，基督教才在越南立住脚跟。

（4）高台教。高台教是各种宗教的一种综合体，它将在越南盛行的东西方各种宗教如佛教、天主教、基督教、道教、儒教全部糅合在一起，主张"万教大同"，诸神共处。高台教全称为"大道三期普渡高台教"，这是因为该教教义认为人类的历史分为三个"天启"阶段。在大地混沌之初，"高台神"这位唯一崇高的造物者透过佛、道、儒启示人类，其后神以耶稣为神人沟通的桥梁，但由于两次的天启未能达至完美，故高台教自视为世界最后一个接受"天启"的中介。在高台教内，有"三教"、"五道"的说法。所谓"三教"是指佛教、圣教和仙教；"五道"则是指人道（孔子）、神道（姜太公）、圣道（耶稣）、仙道（老子）和佛道（释迦牟尼）。越南南部的西宁、迪石等地的京族农民大部分信仰高台教，每日 6 点、12 点、18 点、24 点要焚香诵经，其中以中午 12 时举行的最隆重。拜颂时各祭司分别穿着代表儒教的红袍（代表权威）、代表佛教的黄袍（代表德行）、代表道教的蓝袍（代表宽容），而信徒则身穿白袍。脱鞋进入庙宇后，在主持人的带领下，面朝神坛，念经颂唱。

（5）和好教。和好教是越南的新兴宗教，也是越南土生土长的宗教，有教徒 150 万。和好教是小乘佛教的变体，主要分布在西南五省，由越南人黄富楚于 1939 年创立，因黄富楚居住的村子名为"和好村"，故以此取名，其含义为孝和交好。该教的信徒多为农民，又被称为"农民佛教"，强调农民的俭朴和与世无争；也设僧侣，但不接受佛礼和佛道修炼，不建寺庙，而是用一块红布代替神佛的图像。信徒早晚供佛两次，供品为鲜花和清水，鲜花代表坚贞，清水代表纯洁。同时，和好教与高台教一样也具有浓厚的政治色彩，1974 年春在反对美伪统治的斗争中，大批僧侣被捕，有的惨死狱中。1975 年 2 月，和好教军队奋起还击，并配合越南人民军推翻了西贡的伪政权。

四、国旗、国徽、国歌、国花、国鸟

国旗是一个国家的主权意识不断增强后的必然产物，越南的国旗具有自身的特色；国徽是越南国家主权的象征和标志，也是民族的标志；国歌是体现越南民族精神的歌曲。国花、国鸟是国家和民族精神的象征，是越南人民所喜爱的，或珍贵稀有的花卉和鸟类。

（一）国旗

越南国旗为长方形，红底中间有五角金星，即通常说的金星红旗，长宽比例为 3:2。国旗自 1955 年 11 月 30 日开始采用。国旗旗地为红色，旗中心为一枚五角金星（见附图 1）。红色象征革命和胜利，五角金星象征越南共产党对国家的领导，五星的五个角分别代表工人、农民、士兵、知识分子和青年。

（二）国徽

越南国徽的中间是一个大五角星，代表越南共产党，国徽四周是稻穗和金色齿轮，代表工人阶级及农民阶级。金色齿轮下方为写着越南语 "Cộng Hòa Xã hội Chúnghĩa Việt Nam"，意为 "越南社会主义共和国" 的红底金字绶带（见附图 2）。它的设计跟中华人民共和国国徽比较相似。

（三）国歌

越南的国歌为《进军歌》，由阮文高（1923～1995 年）作曲及填词，1945年 8 月革命前产生于越北解放区；1976 年 7 月 2 日，统一的越南国会通过决议，确定《进军歌》为全国统一后的越南社会主义共和国国歌。

（四）国花

越南民间把莲花作为国花，作为力量、吉祥、平安、光明的象征，还把莲花比喻为英雄和神佛。总之，一切美好的理想皆以莲花表示。

（五）国鸟

越南的国鸟为橙胸叶鹎，属于和平鸟科叶鹎属，色彩美丽，还有 "彩绿"、"七彩路" 等俗称，身上主要有 6 种色彩，眼睛乌黑明亮，胸部呈现明显的橙色（见图 3－1），故名橙胸叶鹎。后背是绿色。此鸟的羽毛在阳光的折射下发出金属光泽，很美丽。

图 3－1 橙胸叶鹎

图片来源：http://www.dcfever.com/photosharing/index.php.

五、首都

越南的首都是河内。河内从公元 11 世纪起就是越南的政治、经济和文化中心，历史文物丰富，名胜古迹遍布，享有 "千年文物之地" 的美称。

六、政治体制

政治体制是国家的政治、统治形态，即国家政治体系运作的形式，是一个国家政府的组织结构和管理体制。越南是社会主义国家，国家政权属于人民，主席是国家元首，国会是最高权力机关。

（一）宪法

越南是社会主义国家，《社会主义共和国宪法》（越南语：Hiến pháp nóc Cộ

ng hòa Xã hội chúnghĪa Việt Nam）是越南国家的根本大法。从 1945 年 9 月越南民主共和国诞生到 1992 年越南第四部宪法的颁布，越南先后颁布了 4 部宪法，即《1946 年宪法》、《1959 年宪法》、《1980 年宪法》和《1992 年宪法》。现行的宪法（1992 年版本，2001 年做部分修订）肯定了越南国家的本质是一个由越南共产党（越南语：Đáng Cộng sán Việt Nam）领导的属于人民、依靠人民、服务人民的社会主义法治国家；国家权利是统一的，在实施立法、行政和司法权的过程中各机构间要相互分工、配合及监督；肯定越南共产党是工人阶级同时也是越南劳动人民和越南民族的先锋队；越南共产党同时也是坚持马列主义、胡志明思想的越南民族和人民权益的忠实代表，是国家和社会的领导力量。

（二）国家元首

国家主席是越南国家元首。国家主席由国会投票选举产生，任期与国会每届任期相同，均为 5 年，国家主席兼任武装部队司令和国防与安全委员会主席，统率全国武装力量，其他主要职权包括以下几项：颁布宪法和各项法律；建议国会选举或罢免国家副主席、政府总理、最高人民法院院长和最高人民检察院检察长；根据国会的决议，决定大赦或特赦等。

（三）国会

国会是越南的最高权力机关，也是全国唯一的立法机构，任期 5 年，通常每年举行两次例会。国会代表以普选制投票产生，国务委员会是国会的最高常设机关，任期与国会相同。主要职权包括以下几项：制定和修改宪法及其他法律并实施监督；制订国家经济计划；审定国家财政预算和决算；规定国会、部长会议、法院、检察院等国家机构的组织形式，任免国务委员会和部长会议主席、副主席和其他成员以及最高人民法院院长、最高人民检察院检察长；决定成立或撤销国家各部委；审议国务委员会、部长会议、最高人民法院院长和最高人民检察院检察长的工作报告；决定各省、中央直辖市和同等级别行政单位的地界划分；规定、修改或废止各种税收；决定大赦及战争与和平问题等。

（四）行政机构

中央政府为国家最高权力机关的执行机关和越南国家最高行政机关，向国会负责，在国会闭会期间向国会常务委员会负责。地方政权机构包括省、县、乡、村在内的各级地方政权机构是各级人民议会和各级行政委员会，各级人民议会是地方权力机关，由地方人民普选产生，向地方人民负责。省、中央直辖市和同级的人民议会任期 4 年，其他各级人民议会的任期 2 年。各级行政委员会是各级人民议会的执行机关和地方行政机构，由本级人民议会选出，任期与同期人民议会相同。

七、经济状况

越南是发展中国家，实行革新开放 20 多年来，国家对外开放水平不断提高，经济总量不断增加，工农业、服务业、对外贸易等方面都取得了明显的发展成就。

（一）经济发展成就

1986 年，越南开始实行革新开放，1996 年"越共八大"提出要大力推进国家工业化、现代化；2001 年"越共九大"确定建立社会主义定向的市场经济体制，并确定了三大经济战略重点，即以工业化和现代化为中心，发展多种经济成分、发挥国有经济的主导地位、建立市场经济的配套管理体制。实行革新开放的20 多年来，越南经济保持了较快的增长速度，经济总量不断扩大，三大产业结构趋向协调，对外开放水平不断提高，基本形成了以国有经济为主导、多种经济成分共同发展的格局。2006 年，越南正式加入世界贸易组织（WTO），并成功举办 APEC 领导人非正式会议。2013 年越南 GDP 增长 5.42%，同比增长 5.25%；人均 GDP 为 1705 美元，世界排名为第 136 位。其中，农、林、水产业增长2.67%，与 2012 年持平，占 GDP 增幅的比重为 0.48%；工业和建设业增长5.43%，低于 2012 年的 5.75%，占 2.09%；服务业增长 6.56%，同比增长5.9%，占 2.85%[1]。

越南的货币名称为越南盾（见图 3－2）。

图 3－2 越南盾

图片来源：http：//clubicoin. cn/bbs/read. aspx？id＝68353.

汇率：

1 人民币＝3474.9098 越南盾 1 越南盾＝0.0002 人民币（2014 年 12 月 3 日）

（二）工农业与服务业

越南是个经济不发达的国家，经济以农业为主；工业的发展步伐在不断加快。服务业近年来的发展步伐比较平稳，在国民经济发展中的地位和作用逐步得到增强。

---

① 数据来源于《2013 年越南 GDP 增长 5.42%》，http：//world. xinhua08. com/a/20131225/1288614. shtml。

1. 工业

近年来，越南工业发展的步伐在不断地加快，并取得了较好的发展成绩。2012 年，越南工业生产指数增长 4.8%，其中采矿业增长 3.5%，对 GDP 的贡献率为 0.7%；加工制造业增长 4.5%，对 GDP 的贡献率为 0.7%；电力、燃气及水的生产和供应业增长 12.3%，对 GDP 的贡献率为 0.8%；供水和污水、垃圾管理及处理增长 8.4%，对 GDP 的贡献率为 0.1%。按行业分析，利润最高的是通信业、化工业、机械制造业，其中，通信业利润率高达 46%，化工业利润率为 37%，机械制造业约高于 2.7%；电力行业则为负利润。越南企业 500 强主要集中在河内市和胡志明市，其中，河内市企业占 46.5%，胡志明市企业占 27.7%。另外，据《越南经济时报》报道，2014 年前 10 个月，越南全国工业产值增长 6.9%。从各经济部门看，前 10 个月，加工制造业产值增长 8.4%；电力产销行业增长 11.5%；供水和处理废物废水行业增长 6.4%；矿产开发行业继续保持 0.7% 的低增长。

2. 农业

越南是一个农业大国，全国有 3/4 的人口属于农业人口，耕地及林地占总面积的 60%，拥有非常多的劳动力，气候也非常适合农业发展，发展潜力非常大。据越南统计总局统计，2012 年越南农、林、渔业产值约为 255.2 万亿越南盾，同比增长 3.4%。其中，农业 183.6 万亿越南盾，增长 2.8%；林业 8.3 万亿越南盾，增长 6.4%；渔业 63.3 万亿越南盾，增长 4.5%。粮食产量约达 4850 万吨，增长 2.6%。其中，稻谷 4370 万吨，增产 130 万吨；玉米 480 万吨。

（1）种植业。越南农业以种植业为主，主要种植水稻、玉米、高粱、豆类、木薯等粮食作物。稻谷是其主要粮食作物，主要分布在红河三角洲、湄公河三角洲及沿海平原地区。经济作物主要有橡胶、咖啡、茶叶等，其中橡胶主要分布在西原地区，茶叶的主要产地是富寿、河江、宜光和莱州。甘蔗、椰子分布较广，全国各省均有种植。近年来，越南在橡胶、咖啡、腰果和茶叶的生产和出口方面有了长足的发展。热带水果种类繁多，主要有香蕉、菠萝、柠檬、芒果、龙眼、荔枝、槟榔等。

（2）渔业。越南拥有漫长的海岸线，沿海海水较浅，鱼类近 1000 种。沿海盛产鱿鱼、沙丁鱼和鲍鱼等，还盛产玳瑁、珍珠蚌、虾、墨鱼等珍贵的海产。同时，越南内地河网密布，池塘和湖泊点缀其间，是水产养殖的理想场所。

（3）林业。越南林业资源丰富，其中有热带原始森林，还有大量亚热带落叶林和温带森林，森林中植物品种接近 7000 种；主要生产铁松、玉桂、花梨、红木等近 20 种贵重木材。同时，越南还有近 50 万公顷的沿海水上森林，明海省所拥有的水上森林面积位居世界第二。此外，藤竹及药材资源都很丰富。

3. 服务业

近年来，服务业在越南国民生产总值中所占比例为38%～42%，发展步伐非常稳健，在国民生产总值中所占比例仅稍次于工业发展。从服务贸易进出口情况来看，越南服务业为越南的进出口贸易做出了巨大的贡献。2006年，越南制定了2006～2020年服务业发展规划，并提出了具体的目标：2006～2010年，服务业年均增长9.7%，占GDP的比重为42%，至2020年年均增长9.6%，占GDP的比重升至48%。2006～2010年越南服务业将重点发展通信、教育—培训、金融财政、医疗卫生、旅游等行业。2010～2020年将重点发展软件、办公自动化及高科技等领域。从上述目标可以看出，越南要努力把服务业打造成为该国的支柱产业。近年来越南服务业保持较快增长，根据《越南经济时报》的报道，2013年越南服务业增长6.56%，高于2012年的5.9%，占2.85%。

（三）交通运输业

越南是发展中国家，交通基础设施比较落后，但是近年来也加大了投资力度，基础设施也在逐渐完善，并取得了较好的经济效益。2010年越南客运量为24.6亿人次，比2009年增长13.5%，货运量7.148亿吨，比2009年增长12.4%。

1. 航空

越南河内市和胡志明市的国际机场是主要的对外航空交通枢纽，已与世界上20个国家和地区通航。此外，还有多条航线直飞亚洲等其他地区的著名旅游胜地，行程便捷。在中国，北京、南宁等城市有飞往河内的国际航班，航空客运量的成绩非常显著。2013年，越南国内、国际航线客运量达2950万人，比2012年增长16.7%；货运量达63万吨，同比增长19.6%。

2. 水路

越南的水上交通非常便利，沿海主要航线约4200公里，有11个国际港口及80个一般港口，其中有四大国际贸易港口：胡志明港为越南最大港口；海防港为北部最大港口；岘港为中部第一大港；头顿港为胡志明市的外港。全国通航河道达1万多公里，以湄公河及红河为主，有23个主要装卸码头和若干小码头，70%的物资通过海上和内河运输。

3. 铁路和公路

越南城市之间的交通有铁路、公路干线贯通南北，并形成了以河内和胡志明市为中心的南北交通网。北部有铁路、公路与中国相连，西部、南部与老挝、柬埔寨有公路相通。越南城市交通线路总长3000多公里。其中，河内交通线总长1427公里，胡志明市主要公路总长1284公里。

（四）对外贸易

越南和世界上150多个国家和地区有贸易关系。2013年以来越南对外贸易保持高速增长，对拉动经济发展起到了重要作用。2010年货物进出口贸易总额约为1556亿美元，贸易逆差124亿美元，其中出口716亿美元，增长25.5%，进口840亿美元，增长20.1%。服务贸易进出口总额为157.8亿美元。

越南主要贸易对象为美国、欧盟、东盟、日本以及中国。2009年，越南10亿美元以上的主要出口商品有9种，分别为纺织品、石油、水产品、鞋类、大米、木材及木制品、咖啡、煤炭、橡胶。4种传统出口商品石油、纺织品、水产品、鞋类均在40亿美元以上，其中纺织品为90亿美元。主要出口市场为欧盟、美国、日本、中国。主要进口商品有机械设备及零件、成品油、钢材、纺织原料、皮革、布匹。主要进口市场为中国、中国台湾地区、新加坡、日本、韩国。

八、对外政策

越南奉行全方位、多样化的独立自主外交政策，重视发展同周边国家和大国的关系，积极参与地区和国际事务。其对外工作重点是"融入国际社会、搞好周边关系、妥善处理大国关系"。2006年积极开展对外交往，地区和国际地位日益提高。越南成功举办APEC领导人非正式会议，被世界贸易组织接纳为第150个成员，被亚洲国家推举为2008~2009年任期联合国安理会非常任理事国亚洲唯一候选国。目前，越南与169个国家建交，并同20个国际组织及480多个非政府组织建立合作关系。

越南与中国1950年1月18日建交。在长期的革命斗争中，中国政府和人民全力支持越南抗法、抗美战争，向越南提供了巨大的军事、经济援助；20世纪70年代后期，中越关系恶化。1991年11月，两党和两国关系实现了正常化。

第二节 越南的人文习俗

越南与中国山水相连，因而在民族传统节日、饮食文化、礼仪习俗与禁忌等方面具有许多共同之处。

一、教育

越南目前的教育已经形成了比较完善的体系，学历文凭结构完整。为适应国家经济、社会、文化发展的需要，越南还设立了国家级的研究单位。

（一）教育体系

越南的教育体系比较完整，包括托儿所（3个月~3岁）、幼稚园（3~6岁）、小学（5年制）、初中（4年制）、高中（3年制）、大学（4~6年，包括本科和专科）、硕士教育（2 年，包括学历教育和硕士课程教育）、博士教育（4年）。

目前，小学毕业生的去向主要是升入更高一级学校（普通中学和 1~3 年制职业中学）和直接流向社会（部分参加了少于一年的短期职业培训）。初中毕业生毕业时，部分通过高中入学考试，进入普通高中；部分进入学制 3~4 年的中等专业学校；未能进入高一级学校的学生直接流向社会或通过一些社会上的非正式培训班培训后流向社会。普通高中毕业生毕业后，通过各大学或中专组织的入学考试，部分进入大学（专科和本科），部分进入同级的中等专业学校，还有部分通过社会非正规培训或不经培训直接成为社会劳动力。同级的中等专业学校毕业生在毕业时可报名参加各大学组织的入学考试，通过考试进入大学学习。大学专科学生毕业时可选择进入社会或进入本科大学学习。对于大学毕业生，可选择进入社会或继续接受硕士或博士教育。

其他从幼稚园、小学、中学毕业后没能进入高一级学校学习的学生，经自学或社会非正规教育，可直接参加高一级学校的入学考试而获得接受更高一级教育的机会。但报考硕士和博士的考生必须是大学本科毕业生。

（二）学历文凭

越南的学历文凭系统分为小学毕业、初中毕业（中专毕业）、高中毕业、大学毕业、硕士和博士毕业。学位系统包括秀才（高中毕业）、举人（学士）、硕士、进士（博士）四个等级，本科、硕士、博士生通过由国家学位委员会确认的学位授予单位组织的论文答辩后，获得由其颁发的学位证书。

（三）国家级的研究单位

越南国家级的研究单位如越南社会科学院、越南自然科学院、文化艺术研究院等也是越南国家教育系统的组成部分，承担培养硕士以上高级人才的职能。其中，越南社会科学院是越南国家政策的重要咨询机构和社会科学研究机构，直属越南政府，主要从事越南社会科学基础研究、社科领域研究生的培养和国家发展政策咨询等。该院下设 32 个研究所（院），包括汉喃研究院、历史研究所、文学研究所、考古学研究所、心理学研究所、国家和法律研究所、哲学研究所、宗教研究所、人类文化研究所、环境和可持续发展研究所、世界经济和政治研究所、中国研究所、美国研究所、欧洲研究所、越南人类文化学博物馆、分析和预测中心等，并设有附属的社科出版社（社会科学出版社、百科事典出版社）和社科图书馆。

二、习俗礼仪

了解越南的习俗礼仪，可以从这个国家的节日庆典、饮食习俗、社交礼仪、禁忌这几个方面做全面而深入的认识。

（一）节日庆典

从总体上来看，越南的节日可以分为重要的国家节日和民族传统节日。国家节日是越南各族人民共同的节日，主要是庆祝国家和民族的独立与解放。民族传统节日，跟中国的传统节日具有很大的相似性。

1. 重要的国家节日

越南重要的国家节日有国庆日（独立日，9月2日）、西贡解放日（4月30日）、越南共产党成立日（2月3日）及胡志明诞辰日（5月19日）。

2. 民族传统节日

越南也使用阳历与阴历，民族传统节日与中国一样，主要有清明节、端午节、中元节、中秋节、重阳节、春节等。

（1）春节。与中国人一样，阴历的春节是一年之中最盛大的节日。越南有一句民谣——"肥肉姜葱红对联，幡旗爆竹大粽粑"，意思是，春节到了，要为过节准备丰盛的肉菜，包好粽粑，门口贴上大红对联，高高的幡旗随风飘扬，爆竹鸣响。从这句民谣中，可见越南人对春节的重视程度。

过春节最值得一提的是除夕。这时，在外地工作的人们，都已千方百计赶回家来团聚。全家围坐在桌旁，吃上一餐丰盛的团圆饭，祝愿来年财源广进、万事如意，按照越南习惯的说法，叫作祝愿"安康兴旺"。在这一餐团圆饭中，有一样必不可少的食品就是粽子。越南的粽子呈方形（取中国道教文化的"天圆地方"之意），最大的有两三斤重，用一种特殊的粽叶包捆，粽子的主要成分是糯米，里面用猪肉、大油、绿豆沙做馅，放在锅里要煮上七八个钟头，吃起来清香可口，别具风味。可以说，粽子是越南春节的代表食品，人们往往把粽子作为礼品互相赠送。

（2）中秋节。中秋节是越南人较为重视的节日。中秋节的晚上，越南人除了吃月饼、赏月、观花灯、舞狮子外，在农村，青年男女还举行对歌，越南人称为"唱军鼓调"。军鼓调多以情歌对唱为主，也是日常生活内容。相传在古代时，越南军队常以击军鼓对歌供士兵娱乐，后传入民间。所谓的军鼓实际上是一只木桶或洋铁桶，在村头立两根柱子，用麻绳或钢丝绳将桶绷紧后固定在柱子上，用棍子敲打绳子使其发出咚咚的响声，男女双方各站一边，边敲边对歌，笑语欢歌汇集在一起，气氛欢快热烈。一些青年男女通过对歌建立感情，确立恋爱关系。

（二）饮食习俗

越南的饮食文化受到中国、法国的影响和交融，并逐渐形成了属于自己的、丰富多彩的饮食文化。

1. 以稻米为主食

越南人以稻米为主食，喜欢吃糯米。饮食以生、酸、辣和清淡为主要特色。越南人生吃青菜，爱饮酒，尤其是米酒，也喜欢喝茶，最喜爱的是荷花茶。

2. 烹调重清爽、原味

越南菜烹调最重清爽、原味，只放少许香料，鱼露、香花菜和青柠檬等是其中必不可少的佐料，以蒸煮、烧烤、熬焖、凉拌为主，热油锅炒者较少。即使是一些被认为较"上火"的油炸或烧烤菜肴，也多会配上新鲜生菜、薄荷菜、九层塔、小黄瓜等可生吃的菜一同食用，以达到"去油下火"的功效。

3. 春卷是有名的特色菜

越南春卷是深受越南人欢迎的一道小吃，其知名度不亚于日本的寿司，因为它营养全面，口味清爽，是非常健康的美食。越南春卷的做法和种类很多，多为冷食，外脆内香，特别适合在夏天作为便当。

（三）社交礼仪

越南人讲究礼仪，并且注重以礼待人的种种具体细节。一般情况下，他们跟客人相见时多以握手为礼。路遇亲朋好友，则通常要主动热情地上前向对方打一个招呼，至少也要向对方点头致意。有些少数民族的人，在与外人会面时，往往还会采用其本民族的传统礼节。例如，苗人、瑶人大都会行抱拳作揖礼，而高棉人则一般会行双手合十礼。在公众场合，越南人对长辈表现得尊重有加。与长辈一同出行时，他们必然会请其先行在前。万一要超过长辈走在前面时，则需先向对方打个招呼。与熟人相见时，越南人都会向对方致以亲切的问候。在越南，人们最常用的问候语是"你的身体好吗"。

（四）禁忌

越南人禁忌很多。年初、月初不说可能带来坏运气的词如猴、死等；钓鱼忌讳说猫；不要随意摸别人的头部，包括小孩；当村寨路口悬挂有绿色树枝时，是禁入的标志，外人不得进入；南部高棉人忌用左手行礼、进食、送物和接物；越南人忌讳三人合影，不能用一根火柴或打火机连续给三个人点烟，认为不吉利；寺庙、教堂、宫殿、高级娱乐场所被公认为正式场合，进入时，衣着须端庄整洁，不可袒胸、露背，不可穿拖鞋、短裤、迷你裙、无袖上衣或其他不适宜的衣服。

资料 3－2

越南的特色民俗文化

"四苗条"：国土苗条、道路苗条、房子苗条、姑娘苗条。越南最大特点是国土形状非常狭长，南北长约1650公里，东西最窄处仅50公里，全国地形呈"S"形。越南的道路也和越南国土一样，细细长长。越南的房子"横

向发展"的很少,即开间很小,而多呈"纵向发展"趋势,一般为3~4层,这也就是"房子苗条"的缘由。越南的主体民族是京族(也称越族)。京族姑娘身材苗条,其头戴斗笠,妩媚多姿的倩影是越南观光机构对外宣传越南旅游业的"形象使者"。

"四怪":男人绿帽头上戴,女人手帕往脸盖,人力车子倒着踩,花钱要用大麻袋。越南的大部分男人由于"军人情结",都喜戴绿色的帽子。这种帽子十分受用,平时可遮风避雨,战时可充当装物盛水的器皿,因此深受喜爱。至于越南的妇女将手帕盖在脸上,主要也是为了起到挡风防沙的作用。越南的人力车(即我们常说的三轮车),是乘客在前,车夫在后,据说这是根据当时法国殖民者的意图设计的。因为车夫在前,用力踩车,身上臭汗淋漓,微风一吹,乘客难免闻到,于是改成现在的结构,既可避免闻到车夫的臭汗,又可在观景中视线不受妨碍,真可谓两全其美。至于在越南花钱,由于一万越南盾仅仅相当于7元人民币,当然"花钱要用大麻袋"。

染齿:染齿是越南古人流传下来的遗俗。染齿者多为妇女,为了染齿,越南人还要忍受疼痛。由于用于染齿的物质都是一些含有热力的辣质,所以导致唇、舌发肿;染齿后,必须半个月内禁食米饭和硬食,只能吃一些粥类的软食或不用咀嚼的、容易吞咽的食物,如米粉之类。古时认为牙齿洁白象征作风不正派,有"白齿如犬齿"的说法,谁要保留白齿将被天下耻笑,人不论多么美丽漂亮,齿不乌黑发亮,姿色就会大打折扣。过去,越南人无论男女,到了十六七岁都要染齿。虽然现在染齿者已大为减少,但在农村中年以上的妇女中,仍可常见到有一口黑亮的牙齿者。

嚼槟榔:越南的京族、岱族和泰族人嗜好嚼槟榔。因其味先苦后甜,回味悠长,故易成瘾。槟榔汁有提神、生津、利尿、消暑等功能,有刺激性,可使人兴奋,脸颊潮红。嚼槟榔果时,把一种叫"蒌"的藤类植物叶子和蚌灰一起放在嘴里,嚼到三种东西起化学反应,变成血红色汁后,再把渣子吐出来。这三种东西的结合,象征着骨肉之间的团结和睦,久食牙齿和双唇会变成黑红色,被视为传统美的标志。

第三节 越南旅游业的发展

越南拥有丰富的旅游资源,目前旅游业也成为该国的重要支柱产业,是外汇收入的重要来源之一。越南与中国相邻,旅游资源具有较强的差异性与互补性,双方的旅游合作取得了显著的成绩。

一、主要旅游城市和旅游景点

越南丰富的旅游资源广泛分布在该国许多主要的旅游城市。各个城市具有不同的地理位置、发展历史和文化内涵，因而旅游资源和旅游业的发展也各具特色。

（一）河内

河内是越南首都、历史名城，拥有1000多年的历史，是中央直辖市，也是全国第二大城市，市内拥有许多著名的旅游景区、景点，是游客到越南旅游必去的城市之一。

1. 概况

河内面积为921平方千米，人口为400万，地处红河三角洲西北部，红河与墩河汇流处，四周分别与河北省、北太省、永富省、河西省接壤，红河从市区旁边缓缓流过。河内始建于公元621年，为中国唐朝交州总管府（后为安南都护府）辖下的宋平县，是当时越南北部的政治、经济、文化中心，别名"紫城"，后又改称"罗城"、"大罗"。

2. 主要的旅游景点

河内地处亚热带，临近海洋，气候宜人，四季如春，降雨丰富，花木繁茂，百花盛开，素有"百花春城"之称。河内的名胜古迹较多，著名的旅游景点有胡志明陵、巴亭广场、主席府、胡志明故居、还剑湖、西湖、独柱寺、军事博物馆、文庙等。宽阔的巴亭广场是越南人民崇敬的领袖胡志明主席宣读《独立宣言》，宣布越南民主共和国成立的地方。胡志明主席的陵墓就在巴亭广场。此外，位于市中心的还剑湖碧波荡漾，风光秀丽，是河内第一风景区。

（二）胡志明市

胡志明市旧称西贡市，位于湄公河三角洲地区，越南直辖市，为越南最大的城市，也是越南的五个中央直辖市之一，也是前越南共和国的首都。

1. 概况

1975年4月30日，越南民主共和国（北越）统一全国后，为纪念越南共产党的主要创立者胡志明，便将西贡改名为"胡志明市"。胡志明市是越南最大的城市、经济中心、全国最大的港口和交通枢纽，工业总产值约占全国工业总产值的1/4，也是东南亚最大的米市之一，每年的大米出口约占越南大米总出口的1/4。美丽的西贡河绕城而过，景色迷人，乘游船泛舟西贡河，欣赏两岸景色，别有一番情趣。

2. 主要的旅游景点

胡志明市旅游业发展迅速，已成为本地区最具吸引力的旅游目的地之一。主

要的旅游景点有以下几个:

（1）圣母大教堂。圣母大教堂又称红教堂，是胡志明市最著名的地标。它建于 1877 年，为殖民时期所建的古罗马式风格的建筑。

（2）总统府。总统府位于市中心西贡区，原建造于 1868 年，是一座法国古典主义建筑，起初作为西贡印度支那总督府，后改名为独立宫，使用总面积达 13 万平方米的四层白色建筑，是当时最大的建筑群。

（3）版敦驯象中心。版敦风光绮丽，重峦叠嶂，有各种珍禽异兽，是越南的孔雀故乡，而最吸引人的是这里有很多珍贵的野象。这里建有民间艺术宫、野生动物保护区和水库，游人可欣赏到西原各族人民的传统艺术，西原风情的芦笙"丁南"、号角"奇巴"以及西原地区的锣鼓演奏，还可以在野生动物保护区观看不时出没的野牛和成群结队的野象。

（三）海防市

海防市是越南北方的直辖市，规模仅次于河内和胡志明市，是越南第三大城市。

1. 概况

海防市市区面积为 180 平方千米，人口约为 145 万，原为小渔村，1874 年建为海港，海防由此得名。海防市是越南北方的工业城市，工业有水泥加工、机械加工、造船、化工、搪瓷加工、碾米、罐头加工、玻璃加工等。

2. 主要旅游景点

海防市拥有越南北方最大的港口，因而拥有许多丰富而独具特色的海岛旅游资源。

（1）吉婆岛。吉婆岛也称婆湾岛，是北部湾的一颗明珠，也是越南北方一个大的渔业中心；是海防市所辖的海岛中最大的岛，面积为 146 平方公里，岛上大部分为石山，群山起伏，周围是曲折的海岸线和一个个波平浪静的海湾，在海滨石山之间，有不少天然海滨浴场，每年夏天，这里便成为人们欢乐的天堂（见图 3 - 3）。

（2）涂山半岛。涂山半岛位于海防市的东南部郊区，距海防市区约 26 公里，是越南著名的避暑胜地，与著名的吉婆岛隔海相望。涂山半岛分成三个区，其中一区、二区海水混浊，含盐量高；三区海水洁净，沙滩细软，风平浪静，是理想的海滨浴场。

图 3 - 3 吉婆岛

图片来源: www. guolv. com/yuenan/gonglue/7280. html.

每年夏天都有大批国内外游客来到涂山游览度假，在海滨浴场尽情地畅游，享受着涂山丰富的美味佳肴，欣赏涂山迷人的山水风光。

（四）下龙市

下龙市，旧称鸿基市，是越南广宁省的省会所在地，位于越南东海岸，因靠近越南最著名的旅游风景区——下龙湾而得名。

1. 概况

下龙市的气候为受海洋调节的热带季风型，境内矿藏丰富，其中尤以煤炭为最，是越南的"煤都"，所产的煤炭以低灰、无烟、热值高而享誉世界，出口欧洲、亚洲许多国家。下龙市煤田埋藏很浅，开采十分便利，煤矿多为露天矿。而且，这里的煤石还可以用作雕刻材料，用煤石加工成的工艺品，深受国内外旅游者的欢迎。

2. 主要的旅游景点

下龙市旅游业比较发达，宾馆设施良好，中央政府部门在此兴办的疗养院、招待所等也多对外营业。著名的旅游景点当属被列入《世界自然遗产名录》、"世界八大自然景观"之一的下龙湾。

下龙湾，越南最著名的风景区，被联合国科教文组织授予的"世界八大自然文化遗产"之一，有"海上桂林"的美称；吸引着世界各地的旅游者，是越南旅游的必游之地，欧美游客也随处可见（见图3-4）。

下龙湾（意为"龙下海之处"），位于越南东北部，被广宁省下龙市和海防市吉海县所夹的海湾，面积为1500平方公里，包含约3000个岩石岛屿和土岛，典型的形式为伸出

图3-4 下龙湾

图片来源：http://meitu.sg.com.cn/1109/2616.

海面的锯齿状石灰岩柱，还有一些洞穴和洞窟，共同形成一幅异国风情的如画景致。水域和热带森林中可见各种不同的海生及陆生哺乳动物、鳄鱼、鱼类和鸟类。

（五）芽庄市

芽庄市是越南中部的一座海滨城市，有"小马尔代夫"的美称。芽庄的沙滩洁白如银，长7公里多，形状酷似一弯新月，海湾呈流线形，海水清澈，棕榈树与椰子树沿着海岸一路延伸，呈现出一派靓丽的南国风光。芽庄最著名的特产是"风"。这里的海风与别处的风不一样，这是一种温和的轻风，含有丰富的

溴、碘，能促进机体血液循环，从而使人心旷神怡，流连忘返。芽庄的外海还有不少小岛，这些小岛离海岸不远，有着浓郁的乡村气息，颇受游客喜爱。

二、现代旅游业的发展

越南旅游业起步比较晚，主要旅游城市和景点集中在河内、胡志明市和下龙湾等，文化、体育和旅游部下设的国家旅游总局是旅游业管理机构。近年来，中越边境旅游发展迅速，中国和越南互为重要的旅游客源国。

（一）加强行业管理

目前，越南全国有 230 家国际旅行社，1680 多家国内旅行社。为了加强对旅行社的管理，提高旅游服务质量，越南前不久又出台了两项重要政策：一是整顿国有旅游公司，包括推行股份制；二是扩大国有、集体、私人、合资企业和外国独资企业等多种经济成分参与旅游业经营和开发的范围。这两项政策的实施将有助于创造良好的竞争环境，促使旅行社在竞争中加强管理，向游客提供优质服务，从而使越南旅游业的竞争力得到进一步提高。

（二）重视旅游人才的培训与培养

为全面改善旅游服务，越南积极谋求国际合作，加强对旅游从业人员的培训。在加强对旅行社和导游规范管理的同时，越南旅游总局积极谋求来自国外的援助，加快旅游人才培养，为旅游业的快速发展提供必备人才。越南与欧盟达成了一项旅游人才培训计划。这项为期 5 年的计划已经于 2003 年 10 月正式启动，欧盟为此提供了 1200 万欧元的援助，为越南培养了 3975 名高级导游、高级厨师及旅游管理人才。

（三）加强旅游市场环境的整治

越南十分重视保持旅游服务设施的多样性，形成具有特色的旅游环境。越南政府强调，虽然政府不对各地宾馆和饭店的设计、建设及内部装饰作强制性规定，但这并不意味着对旅游设施的建设放任不管，有关部门应根据实际情况进行宏观控制。例如，越南中部广南省的会安市市政当局为了保留会安市这座古城的风韵，要求市内旅馆的建筑高度不得超过 5 层。

同时，取消旅游设施消费内外有别的做法，这是越南为建设国际化旅游消费市场而采取的重要步骤。越南政府意识到，旅游设施门票一票两价不利于建设越南旅游的良好形象，反而容易引起国外游客的反感。为此，越南财政部宣布取消各地旅游消费设施对外国游客收取高价的做法，并规定了旅游景点的最高门票限价。

（四）中越旅游关系日益密切

自 1991 年中越两国关系恢复正常以来，两国的旅游合作发展迅速，势头良好。

（1）签署一系列协议，确保合作的顺利开展。1994 年 8 月，中越签署了《中越旅游合作协议》，为双方的旅游合作奠定了基础。之后又签署了一系列促进双方开展旅游合作的协议，如《1999～2000 中越双边旅游合作协议》、《中国公民自费赴越南旅游备忘录》、2010 年的《中国国家旅游局与越南社会主义共和国文化、体育与旅游部 2010～2013 年旅游合作协议》等，为深化双方的旅游合作提供了有力的政策保障。

（2）合作内容进一步扩大和深化。随着中国—东盟博览会的定期举办，中国—东盟自由贸易区的建成，中越之间的旅游合作进一步加强，在交换旅游信息，加强旅游宣传推广合作，促进旅游投资，培训中、越文导游和提高旅游服务质量等，双方合作的内容得到了进一步扩大和深化。作为自贸区合作框架中的重要部分，中越两国正在积极打造国际旅游合作区，合作区建成后，中国各地的游客到合作区游览，都可以实现"免签"的跨境旅游。包括越南在内的东盟国家的游客，亦可以通过该合作区进入中国游览参观。

（3）双方互为重要旅游客源国。越南历来重视中国市场，自 2004 年起中国公民就可持身份证办理通行证游览越南全境，近年来越南旅游总局还先后与四川、上海、浙江、江苏等多省旅游局签订合作协议，中国已连续多年成为越南最大的旅游客源国。数据显示，1995 年，到越南尤其是到越南东北部地区的中国游客总数因受交通设施和移民问题的影响，只有 6.22 万人次（占国外游客的4.5%）。到了 2006 年，到越南的中国游客超过 78 万人次，增长十分迅速。2013年中国赴越南观光旅游人数达 190 万，为越南带来了可观的外汇收入，当年的旅游业收入占越南 GDP 的 25%[①]。同时，近几年越南来华旅游人数的增长在不断加快，国家旅游局官网的数据显示，2010～2014 年，其同期（1～11 月）累计增长率分别为 10.49%、9.62%、11.94%、19.46% 和 22.2%。

资料 3 - 3

中越国际旅游合作区

　　2009 年发布的《国务院关于进一步促进广西经济社会发展的若干意见》提出："依托崇左大新跨国瀑布景区和凭祥友谊关景区设立中越国际旅游合作区。"设立中越国际旅游合作区将进一步加强中国和东盟各国之间的旅游交流。在中国—东盟自由贸易区正式建成后，中越国际旅游合作区将建立中国与

---

① 徐雅平. 越南提出"越南人在越南旅游"计划促进经济增长［EB/OL］. http：//gb. cri. cn/45731/2014/07/08/7493S4607166. html.

东盟通关便利化试点，争取实现中国和东盟旅游互免签证。专家提出，中越两国除了在广西崇左市大新县跨国瀑布景区和广西凭祥市友谊关景区建设国际旅游合作区外，合作区的范围应该涵盖东兴北仑河景区在内的中越两国提出的"两廊一圈"范围。

※ 本章小结

本章主要介绍了越南的基本国情、经济发展情况、人文习俗、主要旅游城市及著名旅游景点、中越旅游关系等信息。随着中国—东盟自由贸易区的建成，越南与中国之间的旅游合作将会更加瞩目，上述知识对于从事相关旅游工作的人员来说是必不可少的。

★ 复习思考题

1. 越南近年来经济发展状况如何？
2. 河内市、胡志明市、海防市三个城市的旅游资源有何不同？
3. 分析中越两国旅游合作发展的前景。

第四章　泰　国

教学目标

了解泰国的基本概况

掌握泰国的人文习俗、著名的旅游城市和旅游景点

教学重点

泰国的礼仪习俗、著名旅游城市和旅游景点

教学难点

泰国的禁忌与习俗

第一节 泰国的基本国情

泰国拥有良好的自然环境和地理环境，宗教文化独具特色，这些都赋予了泰国丰富多彩的旅游资源，旅游业比较发达。由于历史的渊源，泰国人的风俗习惯与我国南方的一些省份具有较大的相似性。

一、自然条件

独特的地理位置使得泰国终年高温，地形多变，也赋予了泰国丰富的矿产资源，以及橡胶、水果、油料等经济作物种植林。

（一）地理位置

泰国（Thailand），全称泰王国，位于东南亚中南半岛中部，东南临泰国湾（太平洋），西南濒安达曼海（印度洋），东北边是老挝，东南边是柬埔寨，南边狭长的半岛与马来西亚相连，其狭窄部分居印度洋与太平洋之间。泰国旧名暹罗，1949 年 5 月 11 日，泰国人用自己民族的名称，把"暹罗"改为"泰"，主要是取其"自由"之意。从地形上划分为四个自然区域，即北部山区丛林、中部平原的广阔稻田、东北部高原的半干旱农田以及南部半岛的热带岛屿和较长的海岸线。

（二）气候

泰国属于热带季风气候，终年高温。一年三季，分别是热季（2 月中旬至 5 月中旬）、雨季（5 月下旬至 10 月中旬）和凉季（11 月至次年 2 月中旬），常年温度不低于 18℃，温差在 19～38℃，平均气温为 28℃左右，平均年降水量约1000 毫米，湿度在 66%～82.8%。以曼谷为例，4 月炎热时气温可高达 37℃，甚至有超过 40℃的情形出现。同时，年降水量大，干湿季明显，降水集中在夏季。夏季在赤道海洋气团控制下，多对流雨，再加上热带气旋过境带来大量降水，因此造成比热带干湿季气候更多的夏雨；在一些迎风海岸，因地形作用，夏季降水甚至超过赤道多雨气候区。年降水量一般在 1500～2000 毫米以上。冬季在干燥的东北季风控制下，降水稀少。

（三）地形

泰国的地形多变，可分为西部、中部、东部、南部四个部分。西部为山区，是以喜马拉雅山脉的延伸——他念他翁山脉为主的山地，一直由北向南走向。位于清迈府的因他暖山（海拔 2576 米）是泰国的最高峰。东北部是呵叻高原，这里夏季极干旱，雨季非常泥泞，不宜耕作。中部是昭披耶河（即湄南河）平原。

由曼谷向北，地势逐步缓升，湄南河沿岸土地丰饶，是泰国主要农产地。曼谷以南为暹罗湾红树林地域，涨潮时没入水中，退潮后成为红树林沼泽地。南部是西部山脉的延续，山脉再向南形成马来半岛，最狭处称为克拉地峡。

（四）自然资源

泰国种植橡胶、水果、油料等经济林，盛产柚木。同时，矿产资源丰富，主要有钾盐、锡、褐煤、油页岩、天然气，还有锌、铅、钨、铁、锑、铬、重晶石、宝石和石油等。其中钾盐储量为4367万吨，居世界前列（第一为加拿大），锡储量约为120万吨，占世界总储量的12%。油页岩储量达187万吨，褐煤储量约为20亿吨，天然气储量约为16.4万亿立方英尺，石油储量为1500万吨。

二、发展简史

泰国是一个拥有700多年历史和文化的国家，原名暹罗。公元1238年建立了素可泰王朝之后开始形成较为统一的国家，并经历了素可泰王朝、大城王朝、吞武里王朝和曼谷王朝。从16世纪起，先后遭到葡萄牙、荷兰、英国和法国等殖民主义者的入侵。19世纪末，曼谷王朝五世王吸收西方国家的经验进行社会改革。1896年，英、法签订条约，规定暹罗为英属缅甸和法属印度支那之间的缓冲国，从而使暹罗成为东南亚唯一没有沦为殖民地的国家。1925～1935年，泰国从君主专制政体转变为君主立宪政体。

1938年銮披汶执政，1939年6月国家由暹罗更名为泰国，意为"自由之地"。上台后的銮披汶政府推行"大泰族主义政策"，对内造成民族压迫，对外被日本帝国主义所利用，在日本威胁利诱下签订了《攻守同盟条约》。1942年1月25日又向英、美宣战，正式参加轴心国一方投入第二次世界大战。1949年改名泰国。战后的泰国长期实行军政府独裁统治，銮披汶·颂堪、沙立·他那叻、他侬·吉滴卡宗、江萨·差玛南及炳·廷素拉暖等先后掌权。

第二次世界大战后泰国成为美国在东南亚的主要军事盟国。在东南亚地区，泰国亦是一个举足轻重的国家；首都曼谷是该区域中国际化程度很高的大都会区。另外，泰国是东盟始创国之一，积极参加东南亚地区内的各项事务。

1991年泰国军事政变，军方推翻差猜·春哈旺、宪法和国会。其后泰国人民上街游行，抗议军方统治。军方血腥镇压，迫使泰王介入。总理苏钦达和示威人士领袖双双跪在泰王面前，承诺平息风波，示威始告结束，选举和宪法也得到恢复，泰国开始民主化。

三、人口和居民

泰国是一个由30多个民族组成的多民族国家，其中泰族是主体民族，此外，还有苗族、瑶族、高棉族、掸族等山地民族。

（一）人口数量

泰国人口为 6783 万（2012 年），其中约 84% 的人口居住在农村，10% 的人口居住在曼谷，6% 的人口居住在其他城市（镇）。

（二）语言

泰国的官方语言是泰语，使用泰语字母，当中约 5000 万人视其为母语。少数民族有他们各自的方言。

（三）民族、宗教

泰国是一个多民族国家，有由泰族和老族构成的主体民族，以及由华人、马来人、高棉人、孟人、山地民族构成的非主体民族。

1. 民族

泰国是一个多民族的国家，其中泰族约占 40%，老族占 35%，华人占 14%，马来族占 3.5%，高棉族占 2%，此外还有苗族、瑶族、桂族、汶族、克伦族、掸族等山地民族，这些人口大约为 78 万。

（1）主体民族。泰国的主体民族主要由泰族和老族构成，统称为"泰人"，旧称"暹罗人"，属汉藏语系泰语族民族，与中国的傣族、壮族族源相近，与古代的百越人有密切的渊源关系。西方一些学者认为泰人源自中国南部的傣族，在南迁的过程中，他们散居在从缅甸到越南的中南半岛大部分区域。泰人在全国都有分布，占全国人口的 75%。根据其分布地区和方言，可分为中部泰人、东北部泰人、北部泰人和南部泰人。虽然中部泰人在政治、社会和文化方面拥有较大影响力，但人口数量并不占优势。

（2）非主体民族。泰国有 30 多个少数民族，其中由于华人在泰国有相当大的人口比例（泰国是东南亚地区华人数量最多的国家），因此也被视为一个少数民族。

1）华人。在泰华人约有 900 万，占全国人口的 14%，是泰人之外最大的族群。华人大批移居泰国主要集中在 19 世纪下半叶到 20 世纪 30 年代。历史上，华人的主要职业是充当中介，他们的足迹遍布泰国各个乡镇。现在，华人的主要居住地是曼谷和马来半岛的中部地区。华人的同化程度非常高，由于 20 世纪之前移居泰国的华人和华泰混血大多已经完全融入当地社会，因此并不被计算在华人人口之中。

2）马来人。在泰马来人约有 200 万，其中 100 万聚居在泰国最南端的四府：北大年、也拉、陶公和沙敦（约占当地人口的 70%）。泰国的马来人信奉伊斯兰教，日常生活都遵循伊斯兰教规和习惯法行事。特别是在北大年、也拉、陶公三府的马来人，大多不会讲泰语，保持着传统的马来文化。

3）高棉人。泰国境内的高棉人可分为两类：古老居民和新近移民。主要分布在与老挝和柬埔寨接壤的泰国东北部和东南部几府。15世纪时，高棉王国西部的大部分地区属于阿瑜陀耶王朝，当此地并入泰国版图后，许多高棉人依然居住在那里。他们的同化程度也非常高，主要讲泰语，或将泰语作为第一语言。宗教信仰几乎与泰人相同。20世纪70年代，由于柬埔寨爆发旷日持久的内战，几十万高棉人越过泰柬边界进入泰国。这些新移民仍保留着自己的语言和文化。

4）孟人。孟人是东南亚地区最早皈依小乘佛教的民族，现在泰国约有10万人。公元3~5世纪、6~7世纪及12世纪，孟人在今天的泰国境内陆续建立了一些小国。孟人在泰人文化发展史上留有深刻的烙印。16~18世纪，缅甸境内的孟人大批移入泰国。据传，蒙固国王有关宗教改革的许多思想都是受到孟人宗教纪律的启发。现聚居在泰国北部和中部平原的孟人大多以农为生，且精通陶艺。他们的社会组织与泰人相近。总体而言，在泰国所有非主体民族中，孟人的融合程度最高。

5）山地民族。山地民族指居住在泰国北部和西北部山区的各少数民族。按照语言，他们大致可分成三类：藏缅语族（克伦人、阿卡人、拉祜人、傈僳人、克钦人）、孟高棉语族（高棉人、黄叶人、拉瓦人等）和苗瑶语族（苗人和瑶人）。

2. 宗教

佛教是泰国的国教，90%以上的居民信仰佛教，马来族信仰伊斯兰教，还有少数人信奉基督教新教、天主教、印度教和锡克教。

（1）佛教。泰国是世界上的佛教强国之一，佛教徒占全国人口的95%以上。宪法虽未规定佛教是国教，但佛教实际上享有国教的地位与尊荣，对当地政治、经济、社会生活和文化艺术等领域有重大影响，比如广泛采用佛历的纪年方式，比公元纪年要早543年；不少法定假日是遵循佛教传统而设的。长老非常受人们尊敬，因此，无论在城市还是在乡村，寺庙都是社会生活和宗教生活的中心。"禅"是佛教最普及的方面之一，有无数泰国人定期坐禅以提升内心的平静和愉快感。游客也可以在曼谷的几个中心或者国家的其他地方学习坐禅的基本原则。

资料 4 - 1

黄袍佛国

泰国素有"黄袍佛国"的称号，全国有90%以上的人口信仰佛教。它的首都是曼谷，为世界上佛寺最多的地方，有大小总共400多个佛教寺院。漫步城市中，映入眼帘的是巍峨的佛塔，红顶的寺院，红、绿、黄三种颜色相间的泰式鱼脊形屋顶的庙宇，到处充满了神秘的东方情调。每天早上，全城中香烟袅袅，钟声悠悠，磬声清脆而动听，诵经之声也不绝于耳。寺庙中的僧、尼也在街上慢慢行走，逐家化缘，成了曼谷街头独特的景观。同时，信仰佛教的男性年龄超过21岁者，在其一生中，须接受剃度一次，以践行僧侣生活，短则五天，长则三个月，连王室成员和贵族都不能例外，有"不当僧侣不算男子汉"的说法。此外，佛教也为泰国人塑造了道德标准，使之形成了崇尚忍让、安宁和爱好和平的精神风貌。政府重要活动以及民间婚丧嫁娶等一般都举行宗教仪式，由僧侣主持诵经祈福。

（2）伊斯兰教。伊斯兰教是泰国第二大宗教，主要信仰者为马来族，聚居在泰国南部马来半岛中部地带。此外，暹罗湾沿海地区，中部、北部城镇也有不少穆斯林定居。泰国穆斯林大多属于逊尼派，极少数为什叶派。全国有清真寺约3千多座，最大的清真寺为北大年府的中心清真寺和曼谷的清真大寺；较大的清真寺还设有经学院、阿语学校、讲习所等。全国有穆斯林的各级学校200余所，最高学府是曼谷的泰国穆斯林学院，对穆斯林青少年进行宗教基础知识及道德传统的教育，教习阿拉伯语《古兰经》、圣训、教法等课程，培养专业宗教人员。伊斯兰组织有24个，1954年成立的"泰国穆斯林全国委员会"为全国最高组织，下设各府委员会，指导全国的伊斯兰教工作。此外，还有"改革维新协会"、"圣道辅士会"、"善功之家清真寺联会"、"曼谷伊斯兰中心"等。穆斯林的宗教生活和宗教教育受到泰国宪法的保护。

（3）基督教。16～17世纪，葡萄牙和西班牙道明会及其他教派的传教士将基督教带入暹罗。1518年，葡萄牙使者到达阿瑜陀耶城，与阿瑜陀耶王朝签订条约，获得在泰国自由传教的权力。西方传教士在泰国开办医院，甚至建立了一些私立小学和中学。1688年，阿瑜陀耶王朝统治者对天主教采取限制，抑制了基督教的传播。目前，泰国的基督教徒人数较少，只有30万左右，约占全国总人口的0.47%，这一比例在亚洲国家中是最低的。泰国的基督教徒有一半以上居住在中部地区，其他居住在北部和东北部，信教者以华人居多。其中，50%以上的教徒信奉罗马天主教。20世纪30年代，一些新教组织联合组成了"泰国基督教会"，全国300多个新教团体中有一半以上隶属于该教会。

（4）印度教。公元8世纪时传入，信仰者多为印度侨民，主要集中在首都曼谷。印度教的教会中心设在曼谷毗湿奴神庙的"印度达摩大会"。此外，还有一个印度教改革派"印度教平等"组织，成员有数百人，教会机构为"印度教徒平等协会"，主张取消种姓歧视，反对偶像崇拜。印度教的主要活动是兴办印度教子弟学校、图书馆等。

四、国旗、国徽、国歌、国花、国兽

泰国的国旗、国徽是国家和民族的象征与标志,国歌是民族精神的象征。国花、国兽是泰国人民喜爱的、具有吉祥寓意的花卉和动物,分别是睡莲和大象。

(一) 国旗

泰国国旗是一面三色旗,呈长方形,长与宽之比为3:2。由红—白—蓝—白—红五条横带组成,蓝带比红白带宽一倍。上、下方为红色,蓝色居中,蓝色上、下方为白色(见附图3)。蓝色宽度相等于两个红色或两个白色长方形的宽度。红色代表民族和象征各族人民的力量与献身精神。泰国以佛教为国教,白色代表宗教,象征宗教的纯洁。泰国是君主立宪政体国家,国王是至高无上的,蓝色代表王室。蓝色居中象征王室在各族人民和纯洁的宗教之中的地位。

(二) 国徽

泰国国徽是一个极富宗教神秘色彩的图腾图案。深红色的"大鹏"是泰国民间传说中鹰面人身的神灵,它头顶金色宝塔,裸露的颈部、手臂和手腕都戴着光彩夺目的金色饰品,两臂弯向头部,手指内侧,翩翩起舞(见附图4),构成泰国民间舞蹈舞姿的经典造型,展现出浓郁的泰国民族特色。大鹏身披深红色双翼和尾巴,戴着金色的盔甲,两只利爪雄健有力,令人顿生虔诚和敬意。

(三) 国歌

泰国国歌为《泰王国歌》,长66分钟。每天8:00与18:00,在泰国所有公园、学校、电台都要播放《泰王国歌》,从无例外。听到国歌响起,每个人都必须立即面向国旗肃立,并摘下帽子以示敬意。

(四) 国花

泰国国花是睡莲。睡莲又名子午莲,属睡莲科,多年生水生花卉。睡莲的花和叶,其形状因品种的不同而异。叶子有的像马蹄,有的似圆盘,直径小的只有五厘米,而大的却有六十厘米。花色有白、黄、紫、青、红等。有的花朵浮于水上,有的高高伸出水面。开花时,有的朝开暮落,有的午闭夜开,开而又合,合而又开,持续三四日。

(五) 国兽

泰国国兽是亚洲象。泰国有"大象之邦"的盛誉。腿粗如柱,身似城墙的庞然大象,在泰国人民的心目中是吉祥的象征,被视为象征国运昌盛的国宝。

五、首都

泰国的首都是曼谷。曼谷是东南亚第二大城市,是全国最大的工商业城市,也是世界知名的城市。

六、政治体制

泰国实行以国王为元首的民主政治制度；国王为国家元首和王家武装部队最高统帅，神圣不可冒犯，任何人不得指责或控告国王。国王通过国会、内阁和法院分别行使立法、行政和司法权。

（一）宪法

泰国现行的宪法于 2007 年 8 月 24 日经普密蓬国王御准生效，分为总章、国王、公民权利、自由与义务、基本国策、议会、内阁、法院、权力监督、地方行政等 15 章共 309 款。

（二）议会

国会是泰国的最高立法机构，为两院制，分上院、下院，均由直选产生，立法、审议政府施政方针、国家预算和对政府工作进行监督为其主要职能。政府总理来自下议院，由不少于 2/5 的下议员提名，经下议院表决并获半数以上票数通过，由国会主席呈国王任命。总理在解散议会前需得到内阁批准并报国王审批；在不信任案辩论期间不得解散议会。

（三）内阁

泰国内阁成员共 36 人，下议员担任内阁职务须辞去议员资格，阁员上任、卸任须申报并公布个人财产。上议员不得隶属任何政党，不得担任阁员。

（四）司法制度

泰国的司法系统由宪法法院、司法法院、行政法院和军事法院构成。

（1）宪法法院的主要职能是对议员或总理质疑违宪，但已经国会审议的法案及政治家涉嫌隐瞒资产等案件进行终审裁定，以简单多数裁决。由 1 名院长及 14 名法官组成，院长和法官由上议长提名呈国王批准，任期 9 年。

（2）行政法院主要审理涉及国家机关、国有企业及地方政府间或公务员与私企间的诉讼纠纷。行政法院分为最高行政法院和初级行政法院两级，并设有由最高行政法院院长和 9 名专家组成的行政司法委员会。最高行政法院院长任命须经行政司法委员会及上议院同意，由总理提名呈国王批准。

（3）军事法院主要审理军事犯罪和法律规定的其他案件。

（4）司法法院主要审理不属于宪法法院、行政法院和军事法院审理的所有案件，分最高法院（大理院）、上诉法院和初审法院三级，并设有专门的从政人员刑事厅。另设有司法委员会，由大理院院长和 12 名分别来自三级法院的法官代表组成，负责各级法官任免、晋升、加薪和惩戒等事项。司法法院下设秘书处，负责处理日常行政事务。

七、经济状况

泰国实行自由经济政策，属于外向型经济，依赖美国、日本、欧洲等外部市场，农产品在全世界具有较高的知名度和美誉度，工业、服务业尤其是旅游业发展迅速，整个国家的经济、社会发展水平在不断提高。

（一）经济发展成就

泰国也是传统农业国，农产品是外汇收入的主要来源之一，是世界上稻谷和天然橡胶最大出口国。20 世纪 80 年代，泰国的电子工业等制造业发展迅速，产业结构变化明显，经济持续高速增长，人民生活水平相应提高，工人最低工资和公务员薪资多次上调，居民教育、卫生、社会福利状况不断改善；1996 年被列为中等收入国家；1997 年亚洲金融危机后陷入衰退。1999 年经济开始复苏；2003 年 7 月提前两年还清金融危机期间向国际货币基金组织借贷的 172 亿美元贷款。

1963 年起泰国实施国家经济和社会发展"五年计划"。2012 年开始第十一个"五年计划"，经济和社会呈现出了良好的发展势头。2010 年泰国全年国内生产总值增长 7.8%，总额 10.1 万亿泰铢（约 3182 亿美元）；失业率、通胀率也分别维持在 1.1% 和 3.3% 的较低水平[①]。2013 年人均 GDP 为 6572 美元，排名世界第 87 位。

泰国的货币名称为泰铢（见图 4 - 1）。

图 4 - 1　泰铢

图片来源：http：//www./63668.cn/Product.Detail.asp? id＝6546.

汇率：

1 泰铢＝0.1873 人民币　　　　1 人民币＝5.3400 泰铢（2014 年 12 月 3 日）

---

① 朱卫卫. 持续增长的泰王国经济 ［J］. 赢周刊，2011（1822）.

（二）工农业与服务业

泰国工业的发展模式是以农业资源为基础的发展模式，制造业成为比重最大的产业。农产品出口量排名世界前列，现代服务业发展迅速，旅游餐饮业成为最具前景和发展潜力的产业，推动泰国经济、社会不断发展。

1. 工业

泰国现代工业在 20 世纪 60 年代早期才开始起步；工业化进程的一大特征是充分利用其丰富的农产品资源发展食品加工及其相关的制造业，这种以农业资源为基础的工业发展模式在过去 20 多年取得了显著成就，并将在今后发挥更大的作用。自 1960 年起，泰国经济以每年 10% 的速度增长，工业在国内生产总值中的比重不断上升。泰国的工业属于出口导向型工业，主要门类有采矿、纺织、电子、塑料、食品加工、玩具、汽车装配、建材、石油化工、软件、轮胎、家具等。制造业已成为泰国比重最大的产业，也是主要出口产业之一。在制造业出口商品方面，泰国的自动数据处理机和集成电路最为重要，这两项商品的出口占出口总额的 19%。出口增长最快的商品为汽车及零配件，增长率达到 44.3%，目前泰国已成为东南亚汽车制造中心和东盟最大的汽车市场；拥有十多条汽车生产线，包括日本的丰田、铃木、尼桑、三菱、本田、马自达等以及欧美的奔驰、宝马、福特、通用、沃尔沃等。同时，国内超过 1000 家的汽车零配件厂保证了汽车生产规模不断扩大。

2. 农业

泰国是传统的农业国家，耕地面积占土地总面积的 38%，全国有 80% 的人口从事农业生产，占总劳动力人口的 45%，享有"东南亚粮仓"的美名，是亚洲唯一的粮食净出口国和世界上主要粮食出口国之一。

（1）农产品出口情况。泰国的农作物包括水稻、橡胶、玉米。泰国的大米出口量在世界上已居第一位，木薯输出位居全球之冠，橡胶名列世界第三，玉米排名第四，鱼产品出口在亚洲仅次于日本。在泰国的 10 大出口商品中，农产品占 6 个，占出口总值的 40%。

（2）新的产业支柱。新开发的水产品、畜产品、水果、蔬菜及花卉植物等已日益成为泰国农业的重要支柱。目前，泰国已成为亚洲第三大海洋捕鱼国，渔业产品跃居泰国农业产品出口的第四位。在饲养业方面，鸡、鸭、肉、蛋等畜禽产品不仅能满足国内市场需求，而且出口量越来越大。泰国冻鸡、鸡蛋、冻虾等冷冻制品的出口已跻身于世界 10 大出口国之一。水果罐头和蔬菜市场中也取得了令人瞩目的成就，泰国菠萝罐头已占据当今世界市场的 35%。

3. 服务业

泰国重视现代服务业的发展，2012 年制订《泰国服务业整体发展规划方案》，对教育、医院、酒店、游乐场所至娱乐服务业等各个环节进行统筹计划，以迎接 2015 年东盟经济共同体（AEC）大市场开放的竞争，并确定泰国在东盟市场的中心地位。目前文化旅游、餐饮、传媒娱乐和商务服务四大服务业是泰国最具前景和潜力的四大产业。

文化旅游业和餐饮业的发展前景广阔，泰国旅游与体育部的统计数据显示，2012 年，到访泰国的外国游客数达 2230 万人次，比 2011 年增长 16%，创历史新高。旅游收入总额为 9650 亿泰铢，同比增长 24%。同时，泰国传媒娱乐业和商务服务业发展空间巨大，是泰国新兴服务业中最具发展空间的两大产业。此外，包括设计业、软件业、建筑业、广告业、时尚业和印刷业等商务服务行业，也可通过业务承包和外包等途径，提高竞争力和产业附加值。

（三）交通运输业

泰国的交通运输以公路和航空运输为主。主要情况如下：

1. 航空

泰国的民航业十分发达，各大中城市都有机场。其中，曼谷（两个）、苏梅岛、普吉岛、合艾、清迈、素可泰 7 个机场是国际机场，新建成的曼谷苏旺那普（Suvarnabhumi）国际机场是东南亚主要航空中心之一，泰国的大多数国际航班在这里起飞、降落。从泰国可以直飞亚洲、欧洲、美洲及大洋洲 30 多个城市。中国的香港、北京、上海、广州、昆明、成都、汕头、南宁每周都有航班飞往曼谷。泰国是中国公民热门出境游目的地之一，所以飞往泰国的机票淡旺季节价格相差较大。国际航班须另付 700 泰铢的离境税。

2. 水路

泰国拥有 3219 公里长的海岸线以及 4000 公里内陆水路，其水路运输和海港的基础设施都对全国运输和贸易起着至关重要的作用。湄公河和湄南河为泰国两大水路运输干线；全国共有 47 个港口，其中海湾 26 个，国际港口 21 个，曼谷是最重要的港口，承担全国 95% 的出口商品和几乎全部进口商品的吞吐。海运线可达中国、日本、美国、欧洲和新加坡。

3. 铁路

泰国铁路已经有 114 年的历史，使用中的 200 多个机车和大部分车厢车龄均在 20 年左右；第一条铁路的历史可以追溯到 1893 年，这条铁路是一家名叫"北榄铁路公司"的私营公司修筑的，全长仅 20 多公里，它把首都曼谷和著名的海滨避暑胜地北榄连接起来，是一条专供旅游的铁路。目前泰国有 4 条主要铁路干线，从曼谷向北部、东部、南部及东北部延伸，火车时速只有 60 公里。为了进一步提高铁路运输能力，泰国政府制订了《2010～2015 年铁路发展规划》，计划投资 1700 亿泰铢，在 5 年内将机车、车厢、配套设备更新 25% 左右，并改造部分线路。

4. 公路

泰国被公认拥有最广泛的公路运输网络，超过 25 万公里的公路，40% 以上的公路均为具有国际标准的可通往各个省份的高速公路，各府、县都有公路相连，四通八达。泰国在 2004 年 4 月 26 日在上海签署了《亚洲公路网政府间协议》，该公路网连接亚洲各国首都、工业中心、重要港口、旅游及商业重镇，覆盖除西亚外的几乎整个亚洲地区，增强了泰国与欧洲和亚洲 32 个国家陆上贸易和运输的联系。2013 年 6 月 10 日全面完工并投入使用的昆曼公路，全长 1800 多公里，起于昆明市，途经玉溪、思茅、西双版纳进入老挝境内南塔、波乔省，之后进入泰国清孔，在泰国境内经清莱、清迈最后抵达首都曼谷。中国境内 688 公里、老挝境内 229 公里、泰国境内约 890 公里，是中国陆路连接东南亚国家的一条重要交通大动脉。

（四）对外贸易

对外贸易在泰国国民经济中具有重要地位。早在 20 世纪 70 年代初期泰国政府就制定了一些奖励出口的措施和办法，但执行不力；到了 80 年代初，政府才开始重视在政策和服务上为促进对外贸易创造条件，主要通过以下措施促进外贸的发展：一是财政措施，即采取压低出口税的办法促进出口，并配合实施一些货币政策。二是简化海关手续。三是严格检验制度。四是加强出口服务。五是改善信息传播和其他基础设施，为对外贸易提供信息、通信和运输条件。六是调整关税税率。

20 世纪 90 年代以来，泰国外贸进出口市场结构日益向多元化发展，形成了以美国、日本、欧盟国家为核心的贸易伙伴，以邻近国家为贸易重点，向中东、非洲、俄罗斯和东欧地区、拉丁美洲发展的贸易格局。如今，泰国已经和世界150 多个国家和地区建立了经贸关系，中国、东盟、日本、美国、欧盟等都是泰国重要贸易伙伴，出口商品主要有大米、海鲜、橡胶、电子产品、纺织品、珠宝等。据泰国海关统计，2013 年泰国货物进出口额为 4734.2 亿美元，比 2012 年下降 1.3%；其中，出口 2251.8 亿美元，下降 1.3%；进口 2482.4 亿美元，下降 1.4%；贸易逆差 230.6 亿美元，下降 2.3%[①]。

八、对外政策

泰国奉行独立自主的外交政策和全方位的外交方针，把进一步加强同东盟各国的政治、经济关系作为外交基石。尤其重视发展与亚洲邻国的友好关系。重视美、中、日等大国在地区和国际事务中的作用，加强与东盟成员国在政治、经济、安全等各个领域的全方位合作。此外，重视国际和区域合作，积极参加亚太

---

① 数据来源：泰国海关。

经济合作组织（APEC）、亚欧会议（ASEM）、世界贸易组织（WTO）、东盟地区论坛（ARF）和博鳌亚洲论坛（BFA）等国际组织的活动，积极支持东盟自由贸易区（AFTA）和中国—东盟自贸区计划（CAFTA），发起并积极推动建立亚洲合作对话（ACD）机制。重视经济外交，强调外交政策要与国际经济形势相适应并服务于国内经济建设。反对发达国家的贸易保护主义，主张建立平等互利的经济新秩序。

1975 年 7 月 1 日中泰建交后，两国在各个领域的友好合作关系得到全面、顺利发展，并取得显著成果。

第二节　泰国的人文习俗

泰国是世界著名的"微笑国度"，该国国民的微笑、彬彬有礼给世界游客留下了深刻印象。由于泰国的农业发达，因而饮食习俗方面独具特色，同时拥有众多的地方节庆活动。

一、教育

泰国拥有完善的教育体制，国家设置了专门的教育行政管理机构，但是由于不同区域的经济发展水平不同，因此，区域教育发展水平不平衡。

（一）教育体系

泰国的教育体制比较完善，形成了学前教育、小学、中学、大学完善的教育系统。中小学教育为 12 年制，即小学 6 年、初中 3 年、高中 3 年。中等专科职业学校为 3 年制，大学一般为 4 年制，医科大学为 5 年制。著名高等院校有朱拉隆功大学、法政大学、农业大学、清迈大学、孔敬大学、宋卡王子大学、玛希敦大学、诗纳卡琳威洛大学、易三仓大学、曼谷大学和亚洲理工学院等。此外，还有兰甘亨大学和素可泰大学等开放大学。

（二）教育行政管理

根据 1977 年修订后公布的《教育发展规划》的精神，为适应现代社会发展的需要，泰国政府高度重视现代教育的发展，设置了相应的教育行政管理机构，主要有以下几个：

（1）全国教育委员会，主管教育规划、教育研究与教育评价。

（2）教育部，主管全国教育发展、国际教育活动、文化事务与宗教团体教育机构。1964 年以前，教育部只主管师范教育机构而不管大学。1965 年初，初等教育机构由内政部及府级教育行政部门直接管辖，教育部也不再管理。

（3）高等教育办公室，负责全国各类型的高等教育事业的改革与发展。就中央与地方的行政权力划分看，实行地方分权制。教育行政部门调拨教育经费给各级各类教育机构与学校单位。大部分教育经费出自国家的预算开支。不论是公立学校或私立学校均得到政府的资助，但政府拨给公立学校的教育经费较多。

（三）区域教育发展水平

从总体上来看，泰国可以划分为泰北教育区、泰东北教育区、泰中部教育区、泰南部教育区四个教育行政区。由于各区域的国民经济发展水平不同，各区域之间的教育水平相差较大。中部地区人口占全国总人口的1/5，人口也比较集中，教育发达，适龄儿童入学率最高，它是泰国政治、经济和文化教育的中心。泰北区主要为山地，所以教育比较落后。

二、习俗礼仪

泰国被誉为"微笑的国度"，泰国人以礼仪、互助、宽容和谦让为荣。我们可以从节日庆典、饮食习俗、社交礼仪、禁忌几方面对该国的习俗礼仪做全面的认识。

（一）节日庆典

泰国有很多节日，有全国法定节假日，还有两个最著名的传统节日即宋干节（也就是泰国的泼水节）和水灯节。此外，泰国各地都有自己独具魅力的节日。

1. 法定节假日

泰国的法定节假日包括新年（1月1日）、劳动节（5月1日）、加冕纪念日（5月5日）、朱拉隆功纪念日（10月23日）、国王诞辰纪念日（12月5日）、行宪纪念日（12月10日）。

泰国国王普密蓬·阿杜德（Bhumibol Adulyadej）是世界上在位时间最长的君主，深受泰国人民的爱戴。每年12月5日，值国王生日之际，全国各界都会通过各种方式表达对国王的尊敬。各地张灯结彩，热闹异常。

2. 全国性节日

泰国的全国性节日主要有泼水节和水灯节，在节日举办期间，全国各地都有丰富多彩的庆祝活动。

（1）泼水节。泰国泼水节又称"宋干节"，在每年的4月13日开始，于4月15日结束，历时3天，是泰国的重要节日。泰国泼水节代表着清除所有的邪恶、不幸和罪恶，并怀着一切美好和纯净开始新的一年；同时该节日也带动了泰国旅游业的蓬勃发展。一年一度的泼水节就像中国新年一样热闹，泰国各个地方都会举行宗教庆典及各项庆祝活动。

（2）水灯节。水灯节是泰国民间最富有意义，且多含神话的传统节日，在每年泰历 12 月 15 日晚间举行（公历 11 月），这是一个充分体现泰国青年男女旖旎恋情的节日。每逢水灯节的夜晚，无论是城市还是村镇，只要是濒临河港或湖边的地方，水面上都会漂满水灯。水灯节的庆祝仪式主要有祭祀、燃放孔明灯、花车游行、放水灯等。

3. 地方节庆

泰国的各大城市由于地方经济发展、民族文化的不同，因此各地也有一些反映地方特有文化的节庆活动。

（1）博桑伞节。在泰国第二大城市清迈毗邻的小镇博桑，每年的 1 月都会举行 3 天的"博桑伞节"。博桑雨伞以其制作精美而闻名，颇受旅游者的青睐。一年一度的"博桑伞节"不仅呈现出制伞的传统艺术，出售手工艺品，还举办各种展览以及"博桑小姐"的选美活动。

（2）清迈鲜花节。清迈被称作"北方玫瑰"。2 月是泰国北部清迈地区百花盛开的时节，为期 3 天的鲜花节不仅展出各种花卉，还有许多表演项目，如花车游行和选美比赛等，吸引众多游客前往观赏。

（3）守夏节

每年 7 月 24～25 日的守夏节期间，泰国东北部乌汶府当地技艺高超的民间艺术家会用蜜蜡制成各种形状的作品，并将这些作品摆放置花车上沿着城市游行展出，之后再送抵当地寺庙内放置。

（二）饮食习俗

泰国的饮食在保持传统民族风格的基础上，又明显受到中国、印度、印度尼西亚、马来西亚甚至葡萄牙等外来饮食文化的影响。

1. 主食以稻米为主，爱辛辣

泰国盛产大米、绿色蔬菜、甘蔗、椰子，同时渔业资源也很丰富，因此，泰国菜用料以海鲜、水果、蔬菜为主。泰国人的主食是大米，副食是鱼和蔬菜。正餐大都以一大碗米饭为主食，佐以一道或两道咖喱料理、一条鱼、一份汤以及一份沙拉（生菜类）。泰国人的口味特点是：爱辛辣，鱼露和辣椒是最好的调味品；喜欢在菜肴里放鱼露和味精，但不喜欢酱油，不爱吃红烧食物，也不爱在菜肴里放糖。民族风味是"咖喱饭"，用大米、肉片（或鱼片）和青菜调以辣椒油做成。

2. 不同地区有不同的菜肴

泰国不同地区有不同的菜肴，如东北部人爱吃的是糯米饭配烤鸡，以及辣味木瓜沙律，这种沙律混合了木瓜丝、虾米、柠檬汁、鱼露、大蒜和随意掺杂的碎辣椒。北方人偏爱当地特有的酸肉。南方的食物则深受马来西亚回教式风味的影响，且有各种生猛海鲜供搭配。国内普受欢迎的有柠檬虾汤、脆米粉（一种用虾、猪肉、蛋及酸甜酱合炒的米粉）、泰式咖喱鸡、椰汁鸡与辣牛肉沙律。

3. 饮食文化深受别国的影响

泰国的饮食文化深受中国、印度、印度尼西亚、马来西亚甚至葡萄牙的影响，但又掺杂着奇特的风格，独树一帜，吃起来别有风味。如中国炒锅大火快炒，这是一种近似广东菜的做法，新鲜的蔬菜，佐以泰式调料，可以炒出一道道口感极其新鲜的菜，主要代表作有米粉（用虾、猪肉、鸡蛋及酸甜酱合炒的米粉）、泰国咖喱鸡、椰汁鸡（鸡汁加柠檬加椰奶）与牛肉沙拉。

4. 调料独特

泰国菜的调料很独特，有很多调料是东南亚甚至是泰国特有的。最常用的有以下几种调料：一是泰国柠檬。泰国柠檬个头小、味酸、香味浓郁，它可以用来做柠檬汁饮品、啤酒香剂，最主要是用来做泰国菜的调料。泰国人几乎在每一道菜都会挤上柠檬汁，可以说是食可无鱼，但不能没有柠檬。二是鱼露。鱼露是一种典型的泰国南部调料，是像酱油一样的调味品，用一些小鱼、小虾发酵而成。三是泰国朝天椒。泰国朝天椒是一种极小但极辣的辣椒，广泛应用于泰国人的烹调艺术中。四是咖喱酱。咖喱酱以椰乳为基本作料，还有许多调味料包括柠檬草、虾酱、鱼酱以及十几种本地种植的香料、辣椒等，由温和到极辣都有，可随意选择。

（三）社交礼仪

泰国是举世皆知的礼仪之邦，人称"微笑的国度"，对人总是面含微笑，交谈时细声低语。与人见面和分手时，通常施"合十礼"，双手合十，稍稍低头，互相问好，但因辈分不同，手的高度不同，双手举得越高越表示尊敬对方。官员、学者、知识分子也握手，但男女之间不握手。特殊情况，平民拜见国王施跪拜礼；若有位尊者或长者在座，其他人应坐地上或蹲下、跪下，头部不得超过尊、长者头部，否则是极大的失礼。

（四）禁忌

泰国宪法规定：国王神圣不可侵犯，任何人不得对其进行指责和控告。泰王深受人民的尊敬与爱戴。在正式集会时，必须率先演奏歌颂国王的颂歌；全场必须肃立，不得走动或交谈，不然必受严惩。尽管泰国实行言论自由，但是对泰王和王室的其他成员，则绝对不允许任意评说。

与泰国人交往时、千万不要非议佛教，或对佛门弟子有失敬意，特别是切勿对佛祖释迦牟尼表示不恭。进入佛寺时，除了进门前要脱鞋之外，还要摘下帽子和墨镜。在佛寺内，切勿高声喧哗，随意摄影摄像。切记不要爬到佛像上去进行拍照，不要抚摸佛像。妇女不能去接触僧侣。

在泰国民间，狗的图案是禁止使用的。向僧侣送现金，被视为一种侮辱。泰国人家里大都不种茉莉花，因为，在泰语里，它的发音与"伤心"一词相似。

不要对军人进行议论，军人的地位很高，并深受尊重。对于"暹罗"这一泰国旧称，泰国人普遍不感兴趣。与泰国人交谈时，切勿卖弄学问，将泰国称为"暹罗"，将泰国人叫作"暹罗人"。

泰国人比较忌讳褐色。通常他们还忌讳用红色的笔签字，或是用红色刻字，因为，他们视之为死人所受的待遇。

"重头轻脚"。所谓"重头"，即泰国人的头部，尤其是孩子的头部，一般绝对不准触摸。拿着东西从泰国人头上通过，被视为一种侮辱。在睡觉时，他们忌讳"头朝西，脚向东"，因为这是尸体停放的姿势。所谓"轻脚"，即泰国人认为，脚除了走路外，别无所长。因此，他们不准用脚来指示方向，不准脚尖朝着别人，不准用脚踏门，或是踩门槛。在外人面前席地而坐时，不准盘足或是双腿叉开。跟泰国人接触时，千万不要动手拍打对方，或用左手接触对方。

第三节　泰国旅游业的发展

泰国的旅游业发展迅速，已经成为泰国经济新的支柱产业，旅游业的创汇收入在东南亚国家中位居第一，在亚太地区中也居于前列。泰国已成为世界十大旅游市场之一。

一、主要旅游城市和旅游景点

泰国旅游资源丰富，全国共有500多个景点，分布在全国不同的城市中，主要旅游点有曼谷、普吉岛、芭提雅、清迈等。

（一）曼谷

曼谷原译"天使之城"，有"佛庙之都"之誉，是泰国政治、经济、文化和交通中心。

1. 概况

曼谷位于湄南河畔，距暹罗湾4公里，离入海口15公里，全市面积为1568平方公里，是东南亚第二大城市，也是全国最大的工商业城市，世界著名的米市。市内河道纵横，货运频繁，因而又有"东方威尼斯"之称。

2. 主要的旅游景点

曼谷是世界知名的旅游城市，是世界上佛寺最多的城市，被誉为"佛教之都"，有400多个寺院，其中玉佛寺、卧佛寺和金佛寺最有名，是泰国的三大国宝。

（1）玉佛寺。玉佛寺位于曼谷大王宫的东北角，是泰国最著名的佛寺，始建于 1784 年，面积约占大王宫的 1/4。玉佛寺是泰国王族供奉玉佛像和举行宗教仪式的场所，因寺内供奉着玉佛而得名。寺内有玉佛殿、先王殿、佛骨殿、藏经阁、钟楼和金塔（见图 4-2、图 4-3）。玉佛殿是玉佛寺的主体建筑，大殿正中的神龛里供奉着被泰国视为国宝的玉佛像。玉佛高 66 厘米，宽 48 厘米，是由一整块碧玉雕刻而成。每当换季时节，泰国国王都亲自为玉佛更衣，以保国泰民安。每当泰国内阁更迭之际，新政府的全体阁员都要在玉佛寺向国王宣誓就职。每年 5 月农耕节时，国王还要在这里举行宗教仪式，祈祷丰收。

图 4-2　玉佛寺

图片来源：http：//www.nipic.com/show/1/73/6429122k31614d4b.html.

图 4-3　玉佛寺

图片来源：http：//www.wangchao.net.cn/lvyou/hydetail-376336.html.

图 4-4　卧佛寺

图片来源：http：//app.travel.fashion.ifeng.com/scenery-detail-17447.html.

（2）卧佛寺。卧佛寺又名越菩寺，是曼谷最古老也是最大的寺院，也是传统泰式按摩的起源地。寺内有一尊大佛卧于神坛之上，为世界最大卧佛之一，全长 46 米，身高 15 米，为铁铸，包金，镶有宝石。卧佛寺建于 16 世纪大城王朝，修建于 18 世纪末拉玛一世时期。寺庙占地 8 万平方米，分为佛堂、僧舍和佛塔几部分（见图 4-4），规模及佛塔、佛像数量均居曼谷佛寺之冠，有"万佛寺"

之称。佛祖侧卧,右手托头,是涅槃时刻之状。卧佛两只脚特别大,每只脚底长
5.8 米,刻有 108 个如来佛像图案(见图 4 – 5),是曼谷市最大的一尊卧佛,也
是泰国三大卧佛之一。

图 4 – 5 卧佛

图片来源:http://www.5iucn.com/view.asp?key = 7376.

卧佛寺也是拉玛王国第一所公共教育中心,大殿和其他各殿的柱子和墙壁上
刻有很多碑文,内容是建寺的历史、佛教史、药方和卫生知识等,是一座传统泰
式按摩教育和认证中心。

(3)金佛寺。金佛寺又称黄金佛寺,位于华南蓬火车站西南面热闹的唐人街一
带,曼谷火车总站附近,为泰国著名寺庙,据说这座寺院由三位华人集资建成,故又
称"三华寺"或"三友寺"。金佛寺因供奉一尊世界最大金佛而闻名。一尊用纯金铸
成的如来佛像,重 5.5 吨,高近 4 米,盘坐的双膝相距 3 米有余,金光灿烂(见图
4 – 6),庄严肃穆,是泰国素可泰时代的艺术品,也是泰国和佛教的无价之宝。

图 4 – 6 金佛寺

图片来源:http://bbs.fengniao.com/forum/3193025.html.

（二）芭提雅

芭提雅是世界著名的新兴海滨旅游度假胜地，以阳光、沙滩、海鲜名闻天下，被誉为"东方夏威夷"，是东南亚近年来热度极高的海滩度假胜地。

1. 概况

芭提雅位于泰国首都曼谷东南 154 公里，隶属于泰国纯武里府，市区面积为 20 多平方公里。芭提雅属于热带季风气候，但是由于地处海滨，因而气候宜人，风光旖旎，终年温差不大，大部分季节几乎"恒温"，平均气温 20℃ 左右。每年接待游客 100 多万人次，是泰国旅游业的重要支柱之一。

2. 主要的旅游景点

由于芭提雅地处海滨，因此拥有优美的海岛风光和海滩风光。著名的水上市场更是别具一格，游客不仅可以欣赏到当地浓郁的风土人情，还可以尽情地享受当地的美食。

（1）珊瑚岛。珊瑚岛又称兰岛，由芭提雅码头搭乘大船，45~60 分钟即可到达。珊瑚岛拥有优美的岛屿风光和海滩风光，已经成为泰国人以及外国游客来到芭提雅旅游的一个必经之地。珊瑚岛沙滩上的沙粒洁白松软，特别清洁、美丽，周围海域水质洁净，可透视水深达数米之下的海底生物世界。离珊瑚岛西岸不远的海底，有大片美丽的珊瑚，可乘玻璃底观光小船饱览海底奇景，也可以潜入水中更近距离地观赏。

（2）水上市场。水上市场位于芭提雅市中心沿素坤逸干道往东方向约 5 公里处，因其融汇了泰国东部、西部、东北部及南部四个区域水上市场的特色而得名。水上市场里水路纵横，水面上的木楼别具风格。在水上市场里既可以吃到泰国各地的风味小吃，也可以买到产自于泰国各地方的特产以及工艺品，更可以搭乘小木舟，在湖里荡漾，穿梭于桥亭之间，或是跑到湖中心最高处，坐上索道，飞驰下来，体验双脚掠过水面的刺激与凉意（见图 4-7）。由徐静蕾主演的电影《杜拉拉升职记》就曾在这里拍摄，这也使得它为更多人所了解。

资料 4-2

泰国人妖

泰国的人妖，主要集中在曼谷和芭提雅，而尤以芭提雅为多，该城有两个著名的人妖歌舞艺术团，可观看到最高水准的人妖艺术表演。在泰国，人妖一般都来自生计艰难的贫苦家庭，可以说，几乎没有富家子弟愿意做人妖，在泰国，有专门培养人妖的学校，一般是从小孩两三岁时开始培养，培养的方式是以女性化为标准，女式衣着、打扮，女性行为方式，女性的爱好。

图 4 - 7　水上市场

图片来源：http：//www. earsgo. com/main/spotview. jsp？ id =14922.

（三）清迈

清迈是泰国北部第一大城，清迈府首府，曾长期作为泰王国的首都，至今仍保留着很多珍贵的历史和文化遗迹。

1. 概况

清迈位于泰国北部海拔 305 米的山谷中，有"北方玫瑰"之称，以"美女和玫瑰"享誉天下，手工艺品名闻全国，有珠宝首饰、银器、陶器、木雕、丝绸等，远销国外。同时，清迈也是泰国北部政治、经济、文化教育中心，四周群山环抱，气候凉爽，景色旖旎，古迹众多，商业繁荣，是东南亚著名的避暑旅游胜地。

2. 主要的旅游景点

（1）帕烘寺。帕烘寺是一座典型的兰那式的僧院，该僧院的重要景点就是圆锥形 7 层塔，1517 年建造，塔上有 52 个佛龛，里面坐着冥想佛。

（2）普拉辛寺。普拉辛寺又译帕辛寺，别名双龙寺或舍利子佛寺，是泰国著名的旅游景点，清迈规模最大的佛寺，与契迪龙寺同为清迈地位最崇高的寺庙。该寺位于旧市街西端、海拔 1000 多米的市内最高峰——素贴山上，由孟莱王初建于 1345 年，后经多次扩建才形成现有规模。寺内供奉的帕辛佛像，据说是 600 多年前从锡兰传入的。

（3）素贴山。素贴山位于清迈以西 16 公里处，是清迈市的标志。山坡上开满五色玫瑰，山顶白云缭绕，风光秀丽。登临山顶，清迈市全景尽收眼底，因山上有著名的素贴寺而闻名。

（四）普吉岛

普吉岛位于印度洋安达曼海东北部，离首都曼谷867公里，是泰国境内唯一受封为省级地位的岛屿，是泰国最小的一个府。普吉岛是泰国最大的海岛，以其迷人的风光和丰富的旅游资源被称为"安达曼海上的一颗明珠"；自然资源十分丰富，有"珍宝岛"、"金银岛"的美称。

旅游业是普吉岛的第一收入来源，主要农产品有橡胶、椰子、腰果和菠萝，此外在普吉岛的东面和南岸有养虾场和人工珍珠养殖场。

二、现代旅游业的发展

泰国旅游业近年来的迅速发展，既与多年来泰国整体经济的持续繁荣和其丰富多彩的自然、人文旅游资源紧密相关，同时也与泰国政府高度重视旅游业发展，制定和实施正确的旅游发展规划是分不开的。

（一）旅游业发展迅速，带动相关行业的发展

泰国拥有丰富的旅游资源，环境优美，近年来旅游业发展迅猛，旅游业、对外贸易和外商投资一起成为泰国经济新的三大支柱产业，从 1982 年开始，旅游业的外汇收入第一次超过了居十大出口产品之首的大米出口值，成为泰国创汇最多的经济部门。同时，泰国也成为世界十大旅游市场之一，旅游创汇收入位居东南亚国家第一，亚太地区前列。泰国旅游与体育部的统计数据显示，2012 年，到访泰国的外国游客数达 2230 万人次，比 2011 年增长 16%，创历史新高，旅游收入总额 9650 亿泰铢，同比增长 24%；2015 年旅游收入力争翻倍，达 2 万亿泰铢①。此外，旅游业的迅猛发展也带动了建筑业、建筑材料业、水电安装业、园艺业、饮食业、制造业、交通运输业和通信业的发展。

（二）政府高度重视旅游业的发展，制定和实施正确的发展策略

泰国政府十分重视旅游业的发展，并提出了"旅游立国"的发展战略，通过在制定规划、加强领导、增加投资和扩大宣传等途径加快旅游业发展，并努力把泰国建成亚洲和世界的重要旅游市场。

1. 成立旅游管理机构

除了拥有丰富的资源基础之外，泰国旅游业的迅速发展也主要得益于政府的高度重视。在 20 世纪 70 年代，泰国政府就明确提出要走"旅游立国"的发展道路，成立旅游管理局，专门负责旅游推广的政府组织，主要为公众提供与旅游相关的信息和数据，宣传泰国以鼓励游客来观光旅游，制定旅游发展规划，并对与旅游相关的产品和从业人员的发展提供有力支持。同时，在总理府下设立旅游委员会，旅游、艺术、交通、航空、警察、饭店协会等都参加该委员会；委员会每月召开一次例会，研究解决如旅游规划、法规制定、重点开发等重大问题，旅游

---

① 数据来源：泰国旅游与体育部。

局在旅游委员会领导下具体负责全国旅游业的促进、发展和服务工作。

2. 重视旅游宣传，努力提高服务质量

做好旅游宣传，广辟客源，也是泰国发展旅游业的一大措施。政府每年投巨资用于旅游宣传，除了常用的广告、报刊、电影、录像等宣传手段，在世界各大都市设立专门的旅游办事机构，邀请其他国家的政府领导人、国际知名专家、学者、大企业家到泰国参观、考察旅游业。另外，泰国十分重视提高旅游服务质量。大量增加投资，把旅游交通、通信建设放在优先地位，以方便、快捷的条件吸引游客。加快宾馆、旅店的建设，招聘旅游工作人员时坚持高标准，严格业务训练和进修，提供较高的薪酬待遇，并实施严格的惩罚制度，出了严重差错者立即解雇。

（三）中泰旅游关系日益密切，合作范围不断扩大

随着 2010 年中国—东盟自由贸易区的建成，中国与泰国之间的旅游合作不断深化，合作发展前景良好。

1. 旅游合作内容不断扩大

中泰双方政府高度重视旅游业的合作，近年来，双方在签证、旅游交通、旅游线路整合、人才培养等各方面的合作均有了很大的进展。签证方面，2013 年李克强总理在泰国国会发表演讲时表示，中方愿与泰方商谈互免两国持普通护照人员签证，泰国是第一个与中国商谈此类互免签证的东盟国家，目前该项工作正在进一步协商中，互免签证的实施将会进一步推进两国之间的游客互送、客源共享。交通方面，2013 年 10 月 12 日，国务院总理李克强访问泰国期间，中泰两国签订《关于深化铁路合作的谅解备忘录》，中泰深化铁路合作，为区域经济一体化注入新动力，高铁拉近了两国游客的距离；昆明到曼谷的昆曼公路开通之后，2013 年昆明就有旅行社推出了自驾车走昆曼线的旅游产品。旅游线路方面，为了改变强迫购物、强迫参加自费活动等游客出游泰国受到的伤害，2012 年中泰旅行社合作推行品质路线，满足游客的个性化需求，进一步提高游客的满意度。

2. 双方互为重要的旅游客源国

随着中国—东盟自由贸易区的建成，中国与泰国之间的旅游合作不断深化，中国与泰国互为重要的旅游客源地。泰国旅游与休育部的统计数据显示，2012年，到访泰国的外国游客数达 2230 万人次，比 2011 年增长 16%，创历史新高；旅游收入总额 9650 亿泰铢，同比增长 24%；其中，到访泰国最多的是中国游客，达 270 万人次[①]。2013 年一季度来自中国的游客数量达 112 万人次，比 2012 年同期增长了 93%，中国成为泰国首个在 3 个月中入境游客数量超过 100 万的游客来

---

① 王英斌．泰国计划 2015 年旅游收入倍增［EB/OL］．http：//www.traveldaily.cn/article/6967.

源国。由于中国游客的大幅增长，泰国第一季度外国游客数量增长 18.94%，达到创纪录的 682.87 万人次。同时，国家旅游局发布的统计资料显示，泰国是中国重要的旅游客源地，旅华游客人数占其每年出境游客人数的 1 成以上。2013 年，泰国来华总人数达到创纪录的 65.2 万人次①。

※本章小结

泰国旅游产业发展迅速，是世界知名的旅游大国。本章主要介绍了泰国的地理位置、民族与宗教、礼俗与禁忌、著名旅游城市及其主要景点、旅游业发展状况等知识，这些都是国民出境旅游以及一名合格的导游人员应该掌握的知识。

★复习思考题

1. 阐述泰国的航空交通条件。
2. 泰国旅游产业迅速发展的主要原因有哪些？
3. 泰国应该如何保护它的宗教文化旅游资源？

---

① 于景浩. 一季度赴泰中国游客突破百万［N］. 人民日报，2013－4－30.

第五章　新加坡

教学目标

　　了解新加坡的基本概况

　　掌握新加坡的人文习俗、著名的旅游城市和旅游景点

教学重点

　　新加坡的礼仪习俗、著名旅游城市和旅游景点

教学难点

　　新加坡的禁忌与习俗

第一节　新加坡的基本国情

新加坡是一个城邦国家，是"亚洲四小龙"之一，又称"狮城"，地理位置优越，拥有丰富的自然资源。新加坡人民勤劳勇敢，创造出了许多世界奇迹，经济发展水平高，是世界上最富裕的国家之一，成为亚洲乃至世界的航运中心，也是世界上最大的港口城市之一。

一、自然条件

新加坡地理位置优越，国土除了本岛之外，还包括周围数岛。全年气候湿热，地势起伏缓和，自然资源丰富。

（一）地理位置

新加坡毗邻马六甲海峡南口，北隔狭窄的柔佛海峡与马来西亚紧邻，并有两条长堤相通，南隔新加坡海峡与印尼廖内群岛有轮渡联系；国土面积为716.1平方公里，海岸线总长200余公里，由新加坡本岛、圣约翰岛、龟屿等60余座岛屿组成，最大的三个外岛是裕廊岛、德光岛和乌敏岛。

资料5-1

"狮城"的来历

新加坡是一个城市国家，原意为"狮城"。据马来史籍记载，公元1324年左右，苏门答腊的室利佛逝王国王子乘船到达此岛，在现今的新加坡河口无意中发现一头动物形如狮子，于是把这座小岛取名"Singapura"。"Singa"就是狮子的意思，而"Pura"则代表城市，而狮子具有勇猛、雄健的特征，故以此作为地名，这就是"狮城"的来历。

（二）气候

新加坡地处热带雨林气候区，全年气候湿热，昼夜温差小，可以用"常年是夏，一雨成秋"来概况其天气特征；年平均温度在23～34℃，年均降雨量在2400毫米左右，湿度介于65%～90%。每年11月底至次年2～3月为雨季，因为有较潮湿的东北风，所以下午通常会有雷阵雨，平均低温在24～25℃；6～9月则吹西南风，最为干燥。

4～5月、10～11月为季候风交替月，地面风弱多变，阳光酷热，岛内的最高温度可以达到35℃。

（三）地形

新加坡的地势起伏缓和，西部和中部地区是丘陵，东部以及沿海地带是平原，地理最高点为武吉知马，高 163 米。同时，新加坡约有 23% 的国土属于森林或自然保护区，主要分布于中部、西部地段和多个外岛；共有 32 条主要河流，最长的河道是加冷河，由于地形所限，这些河流均较为短小，而且现已经改造为蓄水池，为居民提供饮用水。

（四）自然资源

新加坡的自然资源十分丰富，从沿海树林到高地原始森林，热带植物品种多达 2000 种以上。橡胶、椰子、油棕等有较高经济价值；观赏花卉兰花品种众多，四季开放，大量销往欧洲美国、日本、澳大利亚和中国香港等国家和地区，成为重要出口创汇产品。

二、发展简史

从公元前 2000 年至公元前 1000 年间，就有原始的马来人在新加坡、马来西亚半岛一带生活。他们的后裔史书称为"海人"。在 7～8 世纪时，"海人"曾建立一个包括今柔佛州和新加坡在内的罗越国，成为东西交往的重要港口。12 世纪，新加坡建立古国"单马锡"，13 世纪中叶改为新加坡。15 世纪，这里又建立起一个强大的马六甲王国，再次成为国际贸易枢纽。16 世纪，新加坡成为廖内柔佛王国的一个地区。18～19 世纪属于马来西亚柔佛王国，1824 年新加坡沦为英国殖民地，第二次世界大战期间被日本占领，1945 年日本投降后，英国恢复对新加坡的殖民统治。1959 年新加坡实现自治，并于 1963 年 9 月并入马来西亚联邦；1965 年 8 月 9 日脱离马来西亚，成立新加坡共和国；同年 9 月新加坡成为联合国会员国，10 月加入英联邦。

三、人口和居民

新加坡的居民以来自中国南方的华人为主体，同时还有马来人、印度人、欧亚人。不同的族群在语言、风俗习惯、宗教信仰等方面呈现出不同的特征。

（一）人口数量

2013 年 6 月，新加坡常住总人口为 540 万，其中 331 万人属于新加坡公民和 53 万名永久居民（简称"SPR"），居住在新加坡的外籍人士数目相当多，有约 155 万人[1]。在公民中，主要以 4 大族群来区分：华人（汉族）占人口的 74.2%；而马来人（13.3%）、印度人（9.1%）和欧亚混血人（3.4%）占总人

---

① 新加坡手抄报．中华文本库 http：//www.chinadmd.com/file/cicowexctritsciazreea3o3_ 1.html.

口的 1/4。大多数华人来自中国南方，尤其是福建省、广东省和海南省，其中 4 成是闽南人；其次为潮汕人、广府人、兴化人（莆仙人）、客家人、海南人、福州人等。此外，新加坡人口密度为 7540 人/平方公里，是世界人口密度第二高的国家，仅次于摩纳哥。

（二）语言

新加坡是一个多语言的国家，拥有华语、英语、马来语和泰米尔语四种官方语言。基于与马来西亚的历史渊源，《新加坡宪法》明确规定马来语为新加坡的国语；英语不但是官方语言，也是商务语言，使用最为广泛，而大多数新加坡人都会讲自己的母语和英语两种语言。

（三）民族、宗教

新加坡人主要是由从亚洲、欧洲等地区迁移而来的移民及其后裔组成的，汇聚了来自世界各地不同种族的人民。华人、马来人、印度人和欧亚混血人是新加坡的四大主要种族，此外还有其他少数民族，在该国的每个文化街区，都能感受到最直接的民族文化。

1. 民族

新加坡是个移民社会，现存的各种族都是各国移民的后裔，主要的民族有华族、印度族、马来族、欧亚族，但是新加坡一般用族群分类，而少用民族。按族群分的话有华人、马来人、印度人、欧亚混血人等。

2. 宗教

新加坡实行宗教信仰自由政策，公民信仰的宗教有佛教、道教、伊斯兰教、印度教、基督教、天主教、锡克教以及种种拜神敬祖的民间宗教。根据新加坡学者郭振羽教授的调查结果，在新加坡，99.3% 的马来人信奉伊斯兰教，57% 的印度人信奉印度教；华人之中有 38.2% 信仰道教，有 34.3% 信仰佛教。信奉不同宗教的民族之间能够友好相聚，携手合作。

（1）佛教与道教。佛教是新加坡第一大宗教，信徒约占人口的 40%，基本为华人。新加坡境内寺庙林立，属于北传佛教的寺院超过一百五十所，南传上座部佛教寺院约有二十余所。道教信徒占新加坡人口的 11%，基本上为华人。早年的华人移民带来了他们的宗教信仰与习俗，潮侨和闽帮创建的粤海清庙和天福宫获赐清帝的御题，可见在百年以前，这两座古庙已名扬海外。四马路观音堂是新加坡最著名，也是香火最鼎盛的庙宇之一，每天前来庙堂烧香进贡的香客络绎不绝。

（2）天主教与基督教。信徒占新加坡人口的 18%。在新加坡初创时期，海峡华人族群、海外传教士和西方商人，对两个教会的发展做出独特贡献，新加坡天主教教会也先后开办学校、医院、公益组织等来照顾弱势族群的利益。两个教会最早修建的教堂是亚美尼亚教堂和圣安德烈教堂。

（3）伊斯兰教。伊斯兰教信徒约有 65 万人，占新加坡人口的 15%。马来人或巴基斯坦血统的信徒基本上属于伊斯兰教的逊尼派，另外有少部分的印度人和华人信奉伊斯兰教。新加坡建有回教堂共 80 座，当中较为著名的有哈贾法蒂玛回教堂和苏丹回教堂。

（4）印度教。印度教信徒约 10 万人，占人口的 5%。有大约 30 座印度寺庙，大部分以南印度的风格为主，其中，马里安曼兴都庙和尼瓦沙柏鲁马兴都庙属于新加坡的国家保护文物。

（5）锡克教与其他。这部分的信徒合计只有 2 万余人。锡克教在新加坡有 7 间锡克庙，其中，中央锡克庙是一万五千名锡克教徒的主要圣地。犹太教在新加坡则设有两个会堂，其中的马海阿贝犹太庙建于 1878 年，是东南亚最古老的犹太会堂。

四、国旗、国徽、国歌、国花、国鸟

新加坡的国旗独具特色，国徽是国家和民族的象征，也反映了其发展过程中与马来西亚的关系。国歌体现了新加坡人民不断进取的民族精神。国花、国鸟是新加坡人民所喜爱的或珍贵稀有的花卉和鸟类，国花——万代兰象征着新加坡人民勤劳勇敢的精神，国鸟为黄腰太阳鸟。

1. 国旗

新加坡国旗，又称星月旗，由红、白两个平行相等的长方形组成，长与宽之比为 3:2，左上角有一弯白色新月以及五颗白色小五角星（见附图 5）。红色代表平等与友谊，白色象征着纯洁与美德；新月表示新加坡是一个新建立的国家，而五颗五角星代表了国家的五大理想：民主、和平、进步、公正、平等。

2. 国徽

新加坡国徽是以国旗图案为基础而设计的，中心是红色盾徽，一轮上弯的新月托着排列成圆环的白色五角星，新月表示新加坡是一个新建立的国家，而五颗五角星代表了国家的五大理想：民主、和平、进步、公正、平等。盾徽两侧各有一只猛兽，左侧金色的鱼尾狮代表"狮城"新加坡，右侧带有黑色条纹的金虎表示马来西亚，反映了新加坡原来与马来西亚的联系。盾牌下为写着"Majulah Singapura"（"前进吧，新加坡"）的马来文的蓝底金字绶带（见附图 6）。

3. 国歌

新加坡的国歌是《前进吧，新加坡》（马来文：Majulah Singapura，英译：Onward Singapore）。

4. 国花

万代兰（胡姬花）是新加坡的国花，它具有下列优美的特征：清丽而端庄、超群，又流露出谦和，象征着新加坡人民的气质，同时也象征着民族的刻苦耐

东盟客源国概况

劳，勇敢奋斗精神。它有一个唇片和五
个尊片，唇片四绽（见图5-1），象征
新加坡四大民族和马来语、英语、华语
和泰米尔语四种语言的平等。

5. 国鸟

黄腰太阳鸟是新加坡国鸟，属小型
鸟类，全身彩色，有金属绿色、橄榄褐
绿色、黄色、红色、白色等多种颜色，
腰呈亮黄色（见图5-2）；体重为5~
10g，体长98~157mm；主要栖息于海
拔1500米以下的低山和山脚平原。

图5-1　万代兰

图片来源：http：//travelpiger. tuchong. com/440081/.

图5-2　黄腰太阳鸟

图片来源：http：//baike. baidu. com/view/4542866. html.

五、首都

新加坡是东南亚的一个岛国，也是一个城市国家，首都就是新加坡。

六、政治体制

根据《新加坡宪法》，新加坡实行的是一院议会制（内阁制）政府，为代议
民主制体系，分类上属于威斯敏斯特体系。

1. 国家元首

新加坡国家机构三权分立，总统由直接民选产生，为国家元首，任期6年。
在1991年以前，总统由议会任命。1991年宪法修改后，总统由民选产生，任期
6年。修正后的宪法也赋予总统更多的权限，包括否决所有可能危及国家安全或

种族和谐的政府法案，在总理的推荐下任命内阁官员和部门首长，以及启动腐败调查程序。但是总统在采取这些行动前必须首先咨询总统顾问理事会的意见。该理事会由6名成员组成，其中2名由总统本人任命，2名由总理推荐任命，1名由最高大法官推荐任命，还有一名由主管公务员的公共服务委员会主席推荐任命。

2. 议会

新加坡拥有一个一院制的议会，其中大多数成员由平均5年一次的民主直接选举产生。议会与总统构成了完整的新加坡立法机构。议会中的多数党党魁将获总统任命为政府总理，然后再由总理推荐内阁部长和部门首长，经总统任命后组成内阁与政府。政府对议会负责，并接受议会的监督与质询。一届议会（以及政府）的任期最长为5年，但是总理可决定提前解散议会，举行大选。大选必须在议会解散后的3个月内举行。议会议长在议会首次召集开会后选举产生，当总统和总统顾问理事会主席均因故无法行使国家元首职责时，将由议会议长代为行使职责。

3. 内阁

内阁成员由总理从政府部门首长中选出，内阁由总理负责，设2名副总理。内阁成员同时也是议会议员，其中多名内阁成员兼任多职（如李显龙担任总理，兼任财政部长）。

七、经济状况

新加坡独立之后坚持全面开放，大力发展制造业和各类第三产业，是世界上经济发展最快和富裕程度最高的国家之一，为"亚洲四小龙"之首。

（一）经济发展成就

新加坡经济的发展经历了由独立初期时的劳动密集型工业，逐步过渡到具有高附加价值的资本、技术密集型工业和高科技产业，进而发展到目前的信息产业等知识密集型经济。20世纪70年代，新加坡开始逐步摆脱了仅仅依靠转口贸易维持生计的局面，国家日益走向富裕，逐渐发展成为新兴的发达国家，被称为创造了世界经济奇迹的"亚洲四小龙"之首。新加坡经济快速和稳定的发展主要得益于以下几个方面的措施：不折不扣地实施市场经济体制并与世界经济挂钩；努力营造廉洁的政府运作环境；实行论功行赏制度；实行劳—资—政三方合作协调体制；构建牢固不破的公积金制度。以上这些措施都使新加坡公民的基本生活水准得到了保障，因而对社会稳定做出了重要贡献。

现在的新加坡已经成为世界知名的电子工业中心，东南亚地区的国际航运和贸易中心，工业和技术服务中心，投资和金融中心，国际旅游和会议中心。2013

年 GDP 为 3700.645 亿新加坡元，人均 GDP 为 54776 美元，排名世界第 11 位。

新加坡的货币名称为新加坡元（见图 5-3）。

图 5-3　新加坡元

图片来源：http：//image. haosou. com/V？src：360baike.

汇率：1 人民币 = 0.2171 新加坡元　　　1 新加坡元 = 4.6062 人民币（2015 年 2 月 11 日）

（二）工农业与服务业

新加坡独立之后就大力发展制造业和各类第三产业，是"新兴工业化国家"，现代服务业发展迅速，并在国际上具有显著的地位，成为国际旅游和会议中心。

1. 工业

新加坡工业发展的历程其实就是一个工业不断提升的过程，推动工业发展的主要部门是新加坡贸易和工业部。建国初期的 60 年代为了创造就业机会，主要发展以出口为导向的劳动密集型制造业，力求最大限度地解决就业，实行全民就业；70 年代，注重发展技术密集型制造业，比如电子业和造船业等，同时也开发了大量的工业园区和厂房；80 年代，随着经济基础逐步稳固，政府开始重组经济结构，将制造业朝高附加值、资本密集型方向转型；到了 90 年代，开始大力发展高新技术，如化工产品、芯片、生物医药产业；从 90 年代后期到 2000 年，以信息产业为中心的知识密集型经济开始发展起来，为了寻求更高的经济增长政府投下巨资支持研发以及创新。目前，新加坡的工业以制造业为主，着重发展资本密集型、高技术产业，主要有炼油、石化、船舶与钻井台修造、冶金、机械、电子等，其中的炼油、船舶修造、电子电器是制造业的三大支柱。

另外，新加坡的工业园发展经验很丰富，相继开辟了 23 个工业区，其中最大、最重要、最成功的当属举世闻名的裕廊工业园，这是新加坡最大的现代化工业基地，被公认为亚洲各国设立工业园区的成功范例。该园至今已开发工业用地 7000 余公顷，提供厂房超过 400 万平方米，吸纳了约 7000 家本地企业和外国企业，其中包括众多世界一流的跨国公司，工业产值占全国 2/3 以上①。

2. 农业

由于新加坡是一个城市经济国家，因而农业在国民经济中占的比例很小，不到 1%；拥有可耕地面积 5900 公顷，占国土面积的 9.5%；主要有园艺种植、家禽饲养、水产和蔬菜种植，但很多农产品还是不能自给，粮食全部进口，80% 的蔬菜从马来西亚、中国、印度尼西亚和澳大利亚进口。另外，新加坡农业中保存高产值出口性农产品的生产，如种植热带兰花、饲养观赏用的热带鱼、种植一些传统的热带经济作物等；非常重视都市农业，并向高科技、高产值发展，拥有多个现代化集约的农业科技园。

3. 服务业

新加坡服务业的发展可以划分为四个阶段：

（1）第一阶段：20 世纪 50 年代末至 60 年代末，新加坡经历了主要以单一转口贸易为主的传统服务经济时期。在这一阶段，新加坡主要依靠其独特的地理位置，重点发展以转口贸易为主的传统服务经济，农渔业和制造业则处于次要地位。

（2）第二阶段：20 世纪 60 年代末至 80 年代中期，新加坡服务业经济发展退居次要地位。面对本国转口贸易服务经济的萎缩，新加坡及时抓住西方将劳动密集型制造业向发展中国家转移的国际机遇，开始实施出口导向的工业化经济发展战略，重点发展造船、炼油和电子等出口制造业，而贸易、航运等服务业经济的发展则主要围绕出口制造业展开，相对处于次要地位。

（3）第三阶段：20 世纪 80 年代中后期至 90 年代末，新加坡制造业向现代服务业经济转型。这一时期，随着中国及其他东南亚国家劳动密集型出口制造业的快速发展，新加坡的劳动密集型出口工业失去了优势，外向型经济受到很大冲击。在这种情况下，新加坡政府一方面倡导大力发展资本密集型和技术密集型产业，对制造业实施升级；另一方面优先发展物流、金融、商贸、交通、通信等现代服务业，逐步向现代服务型经济转型。

（4）第四阶段：进入 21 世纪以来，新加坡现代服务业快速发展。"东南亚金融风暴"以后，新加坡确立了重点发展现代服务业的经济战略，努力使其发展成为可以提供世界级服务的亚洲主要国家。为此，新加坡通过知识化和信息化来彻底改造和重新定位贸易、物流、资讯、金融、旅游等现有服务业；利用双语言的优势高标准发展教育、健康保健和法律服务等新兴服务业，从而促使新加坡向以现代服务经济为主的更高经济形态转变。

经过近几十年的努力，服务经济已经成为新加坡经济的主体，金融（银行、

---

① 宋振庆东．方产业地产典范本：新加坡裕廊之道［M］．中国房地产报，2014 – 3 – 11.

保险、会计、律师、审计)、交通（快捷的空运、海运和高效的港口）、商业、酒店餐饮等领域发展迅速，已经成为国际航运中心、国际金融中心、国际贸易中心以及国际旅游会议中心。目前，新加坡服务业产值占国内生产总值的比例已超过 2/3，新创造的每 100 个工作机会中，就有 97 个来自服务业。

（三）交通运输业

新加坡交通发达而且便利，是世界重要的转口港及联系各大洲的航空中心。新加坡设立了交通部，负责航空、海事、陆路部门的发展及监管。

1. 航空

新加坡拥有 8 个机场，其中樟宜机场和实里达机场是国际民航机场，其余的军用机场建在登加、巴耶利峇和三巴旺等地。樟宜机场在新加坡东端樟宜，占地 13 平方公里，距离市区将近 18 公里，是新加坡主要的民用机场；每周的航班多达 6100 余趟，共有 100 家航空公司（新加坡航空公司、全日空、海南航空等），提供往返全球 60 个国家和地区的 210 个城市的航班服务。

2. 港口

新加坡港地处国际海运洲际航线上，也是世界上最繁忙和最大的集装箱港口之一，共有 250 多条航线连接世界各主要港口，约有 80 个国家与地区的 130 多家船公司的各种船舶日夜进出该港。港口拥有 40 万吨级的巨型旱船坞，可以修理世界上最大的超级油轮。此外，港口实行自由港的政策，为客商提供方便和优惠，如对中转货物提供减免仓储费、装卸搬运费和货物管理费等，以吸引世界各国船公司，进一步巩固其国际航运中心地位。

3. 铁路

新加坡的铁路运输系统是该国公共交通系统的骨干，由 SMRT 地铁和新捷运营运的新加坡地铁系统是该国的城市轨道交通系统，由南北线、东西线、东北线和环线 4 条线路组成，全长 199.4 公里。上述的两家公司同时也是新加坡轻轨列车系统（全长 28.8 公里）的运营者。此外，总部设于马来西亚的马来亚铁道也在新加坡经营跨境铁路服务，而圣淘沙捷运和樟宜机场高架旅客运送车则是当地专为游客而设的铁路系统。

4. 公路

新加坡公路干线长度超过 3300 公里，全岛已经构筑起一个犹如蜘蛛网般的高度发达的立体陆路交通网络，以地铁和巴士为主线，以轻轨和的士为辅助。地铁和巴士系统的日常运作交由 SMRT 和新捷运公司负责。

（四）对外贸易

新加坡是一个以贸易立国的国家，是当今世界上贸易开放度最高的国家，对外贸易成为国民经济重要支柱，外贸额是其国内生产总值近 3 倍。根据新加坡国际企业发展局的统计，2014 年 1~6 月，新加坡货物进出口额为 3963.4 亿美元，比 2013 年同期增长 3.5%，其中，出口 2075.3 亿美元，增长 3.6%；进口 1888.1 亿美元，增长 3.4%。贸易顺差 187.1 亿美元，增长 6.0%[1]。

新加坡一向采取被称为"门户开放"的分散贸易对象的政策，贸易伙伴遍布全球 160 多个国家和地区，主要贸易伙伴为马来西亚、美国、日本、中国香港、中国台湾、中国内地、泰国、韩国、德国、菲律宾等。主要出口成品油、化工产品、飞机部件、电子计算机、半导体零配件、通信设备、钻油平台、医疗设备、纺织品等。进口的主要商品是原油、石油产品、机械设备、电力设备、光学仪器、农产品等。

八、对外政策

新加坡的对外政策包括以下几个方面：立足东盟，将维护东盟团结与合作、把推动东盟在地区事务中发挥更大作用放在外交工作的重要地位；面向亚洲，注重发展与亚洲国家特别是中国、日本、韩国、印度等国的关系，积极推动东亚区域合作；奉行大国平衡政策，重视发展与美国、英国、俄罗斯等区域外大国的关系；积极开展经济外交，大力推动贸易自由化。

新加坡与中国 1990 年 10 月 3 日建交以来，各领域的交流与合作发展顺利，尤其在对外贸易方面，双方的合作与交流取得了显著成绩。截至 2014 年 6 月，中国成为新加坡第一大贸易伙伴、第二大出口市场和第一大进口来源地；新加坡对中国出口 248.9 亿美元，增长 15.3%，占其出口总额的 12.0%，提升 1.2 个百分点；新加坡自中国进口 220.3 亿美元，增长 5.7%，占其进口总额的 11.7%，提升 0.3 个百分点[2]。

第二节　新加坡的人文习俗

新加坡拥有完善的教育体系和制度，是成功融合东西方教育模式的典范，在重视国民教育的同时，也以各种优越的条件吸引海外留学生前来求学。同时，新加坡属于多元文化，深受汉文化和马来文化的影响。

一、教育

新加坡的教育同时吸收了东西方文化的精华，向来致力于栽培每一名学生，

---

① 数据来源：新加坡国际企业发展局。
② 数据来源：新加坡国际企业发展局。

让他们可以充分展现自己的才华和发挥各自的潜能，培养终身学习的兴趣；教育体系完整，实行双语教学，从学前教育、小学、中学到大学，均具有先进、独特的教育理念和模式。3周岁的孩子进入幼稚班，4~5周岁进入幼儿园，6周岁进入小学一年级，通过小学会升入中学，通过"O"水准考试，进入理工学院或是大学预科，为大学做好准备工作，通过"A"水准考试资格进入大学；教育规则的多样性、教育制度的严格程度得到了欧美国家的认可和赞同。

1. 学前教育

新加坡的学前教育不分公立和私立，只是办学的主体不一样，一般是经过教育部许可的社区、宗教团体、社会组织与商业组织等私人单位经营的机构。不但考虑儿童的基本知识、技能与学习态度、能力之间的关系，而且关心儿童的现在发展与未来发展之间的关系，因此课程的设置既有广度又有深度，内容涉及数学、音乐和律动、科学、语言、艺术和工艺、社会学习、室内外体育活动七大领域。孩子们通过一定的学习，能够使其具备明辨是非、分享、与人共处的团队意识和好奇心等有益于身心健康的素质。

2. 小学教育

新加坡的小学前四年一律课程统一，四年后实行分流，分流是以学生的语文能力分为三种不同课程，目的是能使学生以自己的进度学习，使其潜质获得充分发挥。小一到小四是基础阶段，小五和小六是后期的定向阶段。"PSLE"作为小学即小六的阶段末的全国性考试，每个学生都要参加，成绩作为升入中学的依据。20世纪80年代初，曾经设置快班、中班、慢班，但影响到了学生学习的积极性，后来取消了。小学一般采用半天制，上午上课，下午做室内外活动或其他的素质训练等。

3. 中学教育

新加坡的中学有自主中学、自治中学和政府中学三种。前者的学费学校自己定，后两者由教育部统一规定。虽然前者比后两者的学费高，但是教育质量优异，所以经济基础好的家庭还是选择前者。

新加坡中学的课程分为四种：一是4年制课程，学生可以修读高级母语，高级母语和英语两者之一可以为第一语文。二是快捷课程，是4年制课程，学生只能修读快捷母语课程，其他课程与特别课程相同，英语为第一语文。三是普通学术课程，是5年制课程，学生在第四年参加"剑桥N水准考试"，通过后可以修读第五年的课程，然后与特殊/快捷课程学生一起参加剑桥普通文凭考试。四是普通技术课程：4/5年制课程，学生有2门主课，英语和数学，第四年参加"剑桥N水准考试"，大多数学生在"N水准考试"后不再修读第五年课程，而直接进入技术学院。

4. 大学教育

新加坡的大学学制与澳大利亚及新西兰一样，一般只需 3 年就可以获得普通学位，获得荣誉学位通常需要 4 年。大学分为公立大学和私立大学，目前有新加坡国立大学、新加坡南洋理工大学、新加坡管理大学、新加坡科技设计学院 4 所公立大学；政府设立的、毕业后发大专文凭的有新加坡理工学院、淡马锡理工学院、义安理工学院、南洋理工学院和共和理工学院 5 所理工学院。公立大学的要求非常高。私立大学有很多，是新加坡教育机构与第三国知名大学（例如，国立爱尔兰大学、英国布拉德福大学等）合办的学校，为学生提供该知名大学的专业课程和文凭，而且私立大学与很多的国外名牌大学有合作关系，学生可以直接升入理想的学校。

二、习俗礼仪

新加坡拥有多种族的文化，因而各族人民过着不同的年节，有着不同的礼仪和风俗习惯。

（一）节日庆典

国庆节是新加坡的国家节日，全国各地都非常重视。同时，新加坡居住着不同的族群，他们按照各自的风俗习惯过着不同的民族节庆。

1. 重要的国家节日

新加坡重要的国家节日就是国庆节，为每年的 8 月 9 日。

新加坡有一个专门的国庆庆典网站，精美的页面上汇集了有关国庆日的各种信息，每一年的国庆都会有一个特别的主题，因而网站内容每年都会焕然一新。国庆当天下午和晚上的庆典是重头戏，划龙舟、鸣礼炮、跳伞、战机表演、阅兵、歌舞表演和焰火表演，惊喜一环扣一环。国家总统、总理、政府内阁成员均参加庆典活动。

2. 民族传统节日

新加坡的多种族文化决定了人们可以享受到不同的民族节日文化，主要有春节、清明节、端午节、卫塞节、开斋节、哈芝节等。春节、清明节、端午节是华人的传统节日，节日里的主要习俗和活动跟中国是一样的；其他种族也都享有自己的节日，如佛教徒的卫塞节，马来族的开斋节、哈芝节，印度族的屠妖节。

（1）卫塞节。卫塞节（Vesak）在农历四月十五日，是南传佛教传统纪念佛教创始人释迦牟尼佛祖诞生、成道、涅槃的节日，是佛教一年中最重要的一天。新加坡佛教总会在节日的前几天就开始举行一连串的庆祝会，各佛教团体及寺庙张灯结彩，大放光明，象征佛祖的光辉世世代代照耀人间。

（2）开斋节。开斋节在每年回历九月，是新加坡的马来人最重要的节日。回教徒从日出到日落都要禁食，戒食一个月后见到星月才可开斋。开斋节当日，回教徒会把家里打扫干净，装饰一番，穿上新缝的传统服装，备好各式美味糕点来庆祝开斋节，其热闹气氛与华人的春节不相上下。

（3）哈芝节。哈芝节在中国也称作古尔邦节、宰牲节，是回教徒前往回教圣地朝圣后隔天所举行的重要宗教仪式，在回历十二月的第十天，庆祝仪式主要是宰杀牛羊，感谢真主。在哈芝节当天，回教徒会到回教堂做全天的祷告，并于上午的祷告会结束后，举行仪式屠宰羊只，把肉分发给祭拜者与贫穷者。届时，芽茏士乃和甘榜格南张灯结彩并举办热闹的集市，迎来本地居民和外地游客，共庆这个重要的日子。

（4）屠妖节。屠妖节在公历 10～11 月，意指"万灯"，是全世界印度教教徒最为看重的印度节日，是印度教"以光明驱走黑暗，以善良战胜邪恶"的节日。在欢度节日期间，印度教教徒都会穿上新衣，小印度的大街小巷都会张灯结彩，竖立起艳丽明亮的弧形拱门，展现出印族友胞浓厚的艺术造诣，并营造五彩缤纷的节日气氛。另外，这期间也是印度商家拼业绩、搞市集的时候，吸引许多游客前往淘宝。

（二）饮食习俗

新加坡独特的多种族文化决定了新加坡饮食习俗的多样化，汇集了欧洲、亚洲等国家的各种美食和饮食习惯。

1. 美食丰富多样

新加坡是一个多种族的国家，有华人、马来人、印度人、西欧人等，汇集了欧洲、亚洲等国家的各种美食和饮食习惯，有中餐，还有印度和马来美食。中餐主要以福建、广东和海南等地的特色菜为主，其中也融入了马来饮食的特色，比如咖喱鸡和咖喱鱼头等菜，可谓别具特色的"中餐"。

2. 最具特色的美食——"娘惹菜"

"娘惹菜"是传统中国菜烹饪法与马来香料的完美结合，融会了甜酸、辛香、微辣等多种风味，口味浓重，是南洋最特别、最精致的佳肴之一。中国人与马来人通婚的后代，男性称为"峇峇"（巴音），女性称为"娘惹"。"峇峇人"、"娘惹人"的饮食结合了两种族人的文化背景和习惯，他们平常吃的菜便叫"娘惹菜"，自成一派，就好像"娘惹"的生活一般，既有马来风情，又受到传统中华文化的影响。

3. 国人喜欢吃辣

新加坡人也喜欢吃辣，吃饭时都要配着一碟泡辣椒来蘸菜吃，所谓泡辣椒就是干辣椒泡在酱油里吃。这种习俗在新加坡有两种解释：其一是说受到了马来人以及印度人的影响，因为他们的食物大多以辛辣为主；其二是说这种吃法对于身体健康十分有利，因为辣椒可以燃烧掉多余的脂肪。

> **资料 5 - 2**
>
> ### 独特的饮茶文化
>
> 新加坡的饮茶文化独具特色，除了中国茶和英国茶之外，其特有的"长茶"已经成为一种民族表演艺术。所谓"长茶"是向泡好的红茶中加入牛奶，然后泡茶人把奶茶倒进罐子里。泡茶人一只手拿着盛满奶茶的罐子，另一只手拿着空杯子，两只手的距离在一米之间，开始倒茶。如此来回需7次，在来回倒茶的过程中，奶茶是不允许外溢的，喝茶者可以一边品茶，一边欣赏精彩的倒茶。

（三）社交礼仪

在社交场合，新加坡人与人所行的见面礼多为握手礼，或鞠躬，马来人则大多采用其本民族传统的"摸手礼"，印度血统的人见面行合十礼，佛教徒与客人相见也行合十礼，客人同时也应以双手合十还礼，以示相互尊重。强调笑脸迎客、彬彬有礼不但是每个人应具备的基本修养，而且也已经成为国家和社会对每个新加坡人所提出的一项必须遵守的基本行为准则。

新加坡人时间观念较强，有准时赴约的良好习惯，认为准时赴约是对客人的尊重和礼貌。同时，新加坡人特别讲究卫生，违反者要受到法律的严厉制裁。

（四）禁忌

新加坡人视紫色、黑色为不吉利，黑、白、黄为禁忌色。偏爱红色，认为红色艳丽夺目，对人有激励作用，是庄严、热烈、刺激、兴奋、勇敢和宽宏的象征。忌谈宗教与政治方面的问题，不能向他们讲"恭喜发财"这句话，因为他们认为这句话有教唆别人发横财之嫌，是挑逗、煽动他人做对社会和他人有害的事，忌讳左手传递东西或食物。

新加坡人对吉祥字、吉祥图画等都有特殊的感情，非常喜欢"喜"、"福"、"吉"、"鱼"字，认为这些字都预兆着吉利；喜欢荷花、苹果、蝙蝠、竹子、梅花，忌讳乌龟，认为是不祥之物。不喜欢"7"，认为是消极数字；大年初一不许扫地，认为这样会扫走好运。

新加坡对某些失礼之举也有明确的限制。例如，在许多公共场所，通常竖有"长发男子不受欢迎"的告示，以示对长发男子的反感和警告；对讲脏话的人，人们都深表厌恶。

第三节 新加坡旅游业的发展

旅游业是新加坡国民经济重要的支柱产业之一，涉及餐饮业、宾馆业、零售业、会展业、娱乐业及交通运输业等多个领域，成为亚洲旅游业最发达的国家之一。

一、主要旅游景点

新加坡不像其他国家一样拥有许多自然风光和风景名胜区，但是它却能够充分利用优越的地理位置，建设了许多独具特色的人文景观，并提供了一流的旅游设施和服务，营造了优美舒适的旅游环境，吸引了世界各地的游客。

（一）鱼尾狮公园

鱼尾狮公园是新加坡面积最小的公园，它位于新加坡河河口，而著名的鱼尾狮像就坐落于新加坡河河畔，这个矗立于浪尖的狮头鱼身像是新加坡的标志和象征。

鱼尾狮是一种虚构的狮头鱼身的动物。它是在 1964 年由时任 Van Kleef 水族馆馆长的 Fraser Brunner 先生所设计的，两年后被新加坡旅游局采用作为标志，一直沿用到 1997 年。该塑像高 8.6 米，重 70 吨，狮子口中喷出一股清水（见图 5-4），由雕刻家林浪新先生和他的两个孩子于 1972 年共同雕塑，另一座高 2 米的小型鱼尾狮雕像也在同一时期完成。其设计概念是将现实和传说合二为一：狮头代表传说中的"狮城"，

图 5-4 鱼尾狮公园

图片来源：http//travel. cnnb. com. cn/system/2010/08/06/006629838_11. shtml.

至于塑像的鱼尾造型，浮泳于层层海浪间，既代表新加坡从渔港变成商港的特性，同时也象征着当年漂洋过海南来谋生求存、吃苦耐劳的祖祖辈辈们。

1972 年，新加坡前任总理李光耀为鱼尾狮公园剪彩开幕。鱼尾狮公园内设有站台、购物商店和饮食店供游人合照和休息，看台也能变成可容纳 200 名表演者的舞台，观众坐在阶梯上，就能背靠滨海湾，在星空下欣赏音乐会和精彩的表演。

（二）圣淘沙岛

圣淘沙（意为平静而安详）是新加坡最为迷人的度假小岛，占地 390 公顷，有着多姿多彩的娱乐设施和休闲活动区域，被誉为"欢乐宝石"。它曾经只是一

个小渔村，被英国占领后改造成军事基地，而后于 1972 年再次改造成一个悠闲美丽的度假村。

圣淘沙岛是新加坡旅游与娱乐业的璀璨明珠，集主题乐园、热带度假村、自然公园和文化中心于一体（见图 5 - 5）；历史和文化的重现、昼夜不眠的娱乐、郁郁葱葱的环境、修剪齐整的花园、细浪拍岸的海滩及音乐喷泉，让人流连忘返。

图 5 - 5 圣淘沙岛

图片来源：http://tupiun.baike.com/a2 - 03 - 24 - 0130020444731213215624616 9556 - jpg. html.

（三）牛车水

牛车水是新加坡的唐人街，是华族祖先漂洋过海来到新加坡，自 1821 年逐渐形成的聚居地。这些祖先当时乘着从中国福建厦门南下的第一艘平底中国帆船抵达新加坡后，就在新加坡河以南一带（也就是现在的直落亚逸街）定居。由于在那儿的每家每户都得拉牛车到安祥山的史必灵路取水，久而久之，这里就被称为"牛车水"。

牛车水最令人兴奋、最热闹的时候就是农历新年期间。届时，整个地区张灯结彩，各家店铺都装饰一新，还有不少节日商品和风味小吃。同时，在牛车水，游客可以亲眼看到手工艺人制作的各种工艺品，欣赏中国的书法、雕刻、木偶、佛像和香烛制作；还有保持传统风貌的中药店。此外，游客也可以在这里品尝到最美味的本地小吃。

（四）小印度

小印度位于新加坡中南部的实龙岗路，这里居住着新加坡的印度、斯里兰卡、孟加拉国、巴基斯坦等南亚诸国移民，其中又以印度裔居民最多，所以取名"小印度"。小印度的空气到处弥漫着香料的味道以及浓浓的茉莉花香，这里有许多色彩缤纷夺目、种类多样齐全的印度商品，如手工艺品、克什米尔丝绸、孔雀羽毛、花环银器、铜器、珠宝首饰和丝制纱丽（Sari，印度服饰），以及各式各样的包装咖喱香料，适宜烹调鱼、肉和蔬菜，携带轻巧方便，是理想的送礼佳品。

小印度最著名的购物中心莫过于穆斯塔法中心（Mustafa Center）。该购物商场以 24 小时全天候营业、物美价廉、品种齐全而闻名新加坡全岛，出售的商品主要有时钟和珠宝，电子产品、玻璃制品、香水、药品、箱包、服装等。

二、现代旅游业的发展

新加坡被公认为是一座拥有一流基础设施、高素质劳动力和环境安全整洁的商业城市，环境优美，市容整洁，景色宜人，第三产业丰富；同时政府高度重视旅游业的发展，近年来旅游业蓬勃发展，是亚太地区璀璨的旅游明珠。

（一）旅游业呈现良好的可持续发展趋势

新加坡虽然国土狭小，资源贫乏，国内市场容量小，但是却能够充分利用自己有限的资源，依托其强大的商业城市背景，转劣势为优势，打造以商务会展旅游、购物旅游为强势产品的、具有自身特色的旅游业，成为亚洲最受欢迎的旅游目的地之一。根据新加坡旅游局的统计，2013 年新加坡旅游业收入高达 235 亿新元，比 2012 年增长 2%；入境游客达到 1560 万人次，比 2012 年增长 7%。其中，游客住宿收益增长最快，达到 6%。在各种类型酒店中表现最佳的是奢华型酒店，比 2012 年的客房入住率上升了 6.5 个百分点，达到 88%[①]。

（二）旅游设施齐全、发达

新加坡的旅游交通异常发达，铁路、公路、航空、港口运输技术先进、发达，极大地方便了游客的出行。岛内交通极为便利，公车、环岛公车、大众捷运系统和其他各式各样的交通工具，如的士、三轮车可以将客人送达各个公务场所及旅游景点。酒店业非常出色，能提供不同档次的服务、满足客人不同的偏好。从经济型酒店到豪华海滩度假村、从宏大的历史建筑改建的酒店到现代商务酒店一应俱全。会展设施优良，提供一系列世界顶尖的大型会议中心、展览厅、小型会议场所等满足组织者各种不同的要求、适应不同活动的预算，推动会展旅游的快速发展。

（三）政府支持力度大

在最近的几十年中，新加坡政府对旅游业非常重视，对官方机构旅游局的工作也不遗余力地支持，例如，为刺激旅游经济，新加坡于 2010 年 2 月开放了施行 40 年的赌禁。新加坡旅游局是促进旅游业发展、在旅游业担负起更多经济发展职能、令旅游业成为新加坡经济增长的一个主要推动力量，推出的一系列政策极大地促进旅游业的快速发展。例如，推行一系列方便中国公民探访新加坡的签证措施，包括便捷多次往返观光签证、便捷观光签证、96 小时特许过境免签证、"visa – for – visa" 和旅行社代送办理个人观光签证等。为了方便国内外旅游者，新加坡旅游局和本地大酒店联合推出的"智慧钥匙卡"，不仅可供客人开启酒店房门，而且可利用它搭乘地铁、轻轨列车，甚至用来购买热门旅游景点门票等。

（四）全方位推进城市旅游营销

（1）旅游营销动机具有双重性。新加坡自旅游业发展初期就重视营销工作，

---

① 数据来源：新加坡旅游局。

同时其营销动机具有双重性，既有招徕游客的旅游营销动机，又有针对新加坡国民的"国家认同"营销动机。

（2）不断充实营销内容。融合是新加坡营销不变的主题：建国初期就打造当时仅有的亚洲文化元素吸引西方旅游者；20世纪80年代现代化进程中造就"花园城市"形象；90年代继续吸收西方文化、面向东南亚区域化发展；及至"非常新加坡"时期则是国际化都市、现代化、丰富文化、高品质等不同元素的完美融合。

（3）重视对中国游客的旅游营销。为了招徕更多中国游客到新加坡旅游，新加坡充分利用营销方式吸引中国公民的眼球。例如，2008年，面对全球旅游业在中国的游客争夺战，新加坡推出了细分中国旅游市场的两大"非常"营销主题，针对家庭亲子游的"非常家庭"以及给都市新人类推荐的"非常自我"，为不同的人群量身打造不同的旅游套餐与路线。2013年新加坡旅游局首部主题微电影《从心发现爱》正式面向中国市场推出，作为2013年新加坡旅游局"从心发现"整合营销活动的全新举措，该部微电影取自热播偶像剧《我可能不会爱你》的概念，诠释了在新加坡旅行中从心发现亲情、爱情、友情，勇敢表达爱的理念；包括上海、广州、成都、杭州等地皆同步举行推广活动，新加坡旅游局新浪官方微博以及微电影新浪主题网站全程直播。

（五）中国和新加坡是典型的互为旅游客源市场国家

自1990年中新两国建交之后，双方在旅游方面的交流与合作得到了进一步发展，互为典型的旅游客源市场国家。新加坡是中国公民出境旅游最早的客源国之一，2003~2011年，中国一直是新加坡仅次于印度尼西亚的第二大外国游客来源国，2011年入境新加坡旅游的中国游客为157.8万人次，2012年中国成为新加坡第二大客源国，前三季度的人数就已经逼近2011年全年总额。2013年新加坡接待的中国游客达227万人次，同比增长12%[1]；此外，在所有往来新加坡的游客中，中国游客的消费能力最强，消费金额大幅度提升18%，高达29.81亿新元[2]。新加坡来华游客也一直保持稳定的增长，2010年，新加坡来华旅游人数为100.37万，2012年达102.77万。

※本章小结

新加坡人勤奋、坚毅与进取的工作态度，加上政府强有力的扶持政策，使其克服了自然资源贫乏的不足，并以其"小国家，多民族"的特色吸引了无数的

---

① Zoe编译．中国游客转向　赴新加坡渐涨［EB/OL］．http://www.traveldaily.cn/article/81142.

② 新加坡旅游局．中国游客消费力跃居第一［EB/OL］．http：//www.huaxia.com/ly/lyzx/2014/06/3944128.html.

游客，成为国际上最著名的旅游胜地之一，旅游产业快速健康发展的成功经验值得世界各国借鉴。

★复习思考题

1. 简述新加坡"小国家，多民族"的特色。
2. 新加坡旅游业的发展给我们什么启示？
3. 列举一些在新加坡应注意的社交禁忌。

第六章　菲律宾

教学目标

　　了解菲律宾的基本概况

　　掌握菲律宾的人文习俗、著名的旅游城市和旅游景点

教学重点

　　菲律宾的礼仪习俗、著名旅游城市和旅游景点

教学难点

　　菲律宾的禁忌与习俗

第一节　菲律宾的基本国情

菲律宾全称"菲律宾共和国"，别称"椰子之国"，是一个多民族的国家，由于历史原因，它融合了许多东、西方的文化特色，政治局势时有不稳定，但是丝毫不影响其成为当今世界的旅游胜地。

一、自然条件

菲律宾是东临太平洋、西濒南中国海的群岛国，气候高温多雨，拥有丰富的自然资源。

（一）地理位置

菲律宾位于亚洲东南部，是东南亚岛国，北隔巴士海峡与中国台湾省遥遥相对，南和西南隔苏拉威西海、巴拉巴克海峡，与印度尼西亚、马来西亚相望，西濒南中国海，东临太平洋。共有大小岛屿 7107 个，其中 2400 个岛有名称，1000 多个岛有居民。吕宋岛、棉兰老岛、萨马岛等 11 个主要岛屿占全国总面积的 96%。

（二）气候

菲律宾位于赤道与北回归线之间，属于季风型热带雨林气候，高温多雨，湿度大。每年 3~5 月的天气炎热、干燥，6~10 月是雨季；12 月到次年 2 月之间，天气凉爽。年均气温为 27.6℃，最高平均温度为 33~39℃，最低平均温度为 16.7~20.9℃。除高山地区外，其余地区常年温差很小。年降水量为 2000~3000 毫米，年平均湿度约 77%。此外，由于受到季风及复杂地形的影响，即使是同一岛上，不同的区域也有不同的气候。

（三）地形

菲律宾的地形以山地为主，占总面积 3/4 以上；除少数岛屿有较宽广的内陆平原外，大多数岛屿仅沿海有零星分布的狭窄平原。有 200 多座火山，其中活火山 21 座。吕宋岛东南部的马荣火山是最大的活火山；棉兰老岛东南部的阿波火山海拔 2954 米，为境内最高峰。各岛之间为浅海，多珊瑚礁。群岛两侧为深海，萨马岛和棉兰老岛以东的菲律宾海沟，最深达 10479 米，是世界上海洋最深的地区之一。

（四）自然资源

菲律宾的自然资源丰富，森林面积约占全国面积的 40%，多为质地优良的乌木、檀木等名贵树种，并产龙脑和树脂等林产。海洋多为重要渔场，产多种鱼类。矿物资源以铜、金、银、铁、铬、镍、钴等较为丰富，其中金是最著名的矿物，以原生金矿为主，主要分布在吕宋岛的碧瑶地区、南甘马（鳞右）省西北、米沙鄢群岛的马斯巴特岛和棉兰老岛的苏里高附近。最大的铁矿在苏里高地区。同时，菲律宾也是世界上铬矿储量最丰富的国家之一，主要产在吕宋岛西部和东南部。此外，还有煤、石油、汞等。

资料 6 - 1

菲律宾国名

菲律宾在很早以前，是以吕宋、麻逸、苏禄、胡洛等地的名称闻名的。1521 年葡萄牙航海者麦哲伦奉西班牙殖民主义者之命踏上这片群岛时，正好是天主教宗教节日，于是就为群岛起了一个有宗教意义的名称——圣拉哈鲁群岛。后来因为麦哲伦干涉岛上内争被当地人民杀死，所以这个名称也就被人们遗忘了。1542 年，西班牙著名航海家洛佩兹继麦哲伦之后第二个来到这片群岛。为了在亚洲炫耀西班牙帝国的"功绩"，便按照西班牙皇太子菲律普的名字，把群岛命名为菲律宾群岛。1898 年 6 月，菲律宾人民推翻西班牙殖民者的统治，宣布要独立，将国名改为菲律宾共和国。1946 年 7 月中旬，菲律宾又摆脱了美国的殖民统治，宣布独立，国名仍称为"菲律宾共和国"。

二、发展简史

菲律宾在 14 世纪前后出现了由土著部落和马来族移民构成的一些割据王国，其中最著名的是 14 世纪 70 年代兴起的海上强国苏禄王国。1521 年，麦哲伦率领西班牙远征队到达菲律宾群岛。1565 年，西班牙侵占菲律宾，自此统治菲律宾 300 多年。1898 年 6 月 12 日，菲律宾宣告独立，成立菲律宾共和国。同年，美国依据对西班牙战争后签订的《巴黎条约》占领菲律宾。1942～1945 年菲律宾被日本侵占，菲律宾人民进行了英勇的抗日武装斗争。第二次世界大战后，菲律宾重新沦为美国殖民地。1946 年 7 月 4 日，美国被迫同意菲律宾独立。1996 年 9 月 2 日，菲律宾政府与最大的反政府组织摩洛民族解放阵线签署和平协议，结束了南部长达 24 年的战乱局面。

三、人口和居民

菲律宾是一个多民族的国家，有 90 多个民族，除了主体民族之外，还有一些少数民族。各族人民保持了本民族的传统文化与风俗习惯。

（一）人口数量

近年来，菲律宾人口增长的速度比较快，2014 年 7 月 27 日凌晨，菲律宾全国总人口突破 1 亿大关，成为世界上第 12 个人口过亿的国家。马来族人占总人口的85%以上，其中包括他加禄人、伊洛戈人、邦班牙人、比萨扬人等，此外还有印度尼西亚人、华人、印度人、美国人等。

（二）语言

菲律宾有70多种语言，国语是以他加禄语为基础的菲律宾语，英语为官方语言，其他主要语言及方言有宿雾语、伊洛戈语、西乐给侬语、比科尔语、瓦雷—瓦雷语、邦板牙语和邦阿西楠语等。

（三）民族、宗教

菲律宾是由众多民族组成的国家，不同的民族在菲律宾经济和社会发展中的地位不同。同时，菲律宾是一个多宗教信仰的国家，对国人的宗教信仰较少限制。

1. 民族

菲律宾的主要民族有比萨扬人、他加禄人、伊洛戈人、比科尔人、卡加延人等，共占全国人口的85%以上。少数民族有华人、印度尼西亚人、阿拉伯人、印度人、西班牙人和美国人，还有为数不多的土著民族。

（1）比萨扬人。比萨扬人（或译米沙鄢人），是菲律宾最大的民族，主要分布在萨马岛、保各岛、宿务岛、内格罗斯岛和帕奈岛。他们的语言分为许多方言，各方言差别极大，几乎是不同的语言。

（2）他加禄人。他加禄人是菲律宾的第二大民族，也是菲律宾各民族中经济、文化最发达的民族，主要分布在吕宋岛中、南部地区。菲律宾政府把他加禄语定为国语。大部分他加禄人生活在农村，从事农耕活动。

（3）伊洛戈人。伊洛戈人是菲律宾的第三大民族，原居住在吕宋岛西北部地区，后逐渐移向卡加延河谷地以及棉兰老岛等其他岛屿。伊洛克人主要经营水稻，是种植能手。

（4）华人。在菲律宾的非南岛语系民族中，人数最多的民族是华人，有120万。这些华人自7世纪开始移居菲律宾，主要来自中国的福建、广东两省；绝大部分是土生土长的华裔，分布在各个岛屿的商业中心，多数集中在马尼拉市。华人保留了本族语言、风俗习惯和宗教信仰，庆祝自己的传统节日，出版华文报纸，办华文学校，喜爱华语电影和戏剧。

2. 宗教

菲律宾是一个多宗教信仰的国家，对宗教较少限制，国民约84%信奉天主教，4.9%信奉伊斯兰教，少数人信奉独立教和基督教新教，华人多信奉佛教，原住民多信奉原始宗教。

（1）天主教。菲律宾是亚洲仅有的两个天主教国家之一（另外一个国家是东帝汶），也是世界第三大天主教国家（前两名分别是巴西和墨西哥）。天主教徒占有绝对优势，占菲律宾人口的84%，自从西班牙传入后就一直对菲律宾的政治和社会产生巨大影响。1986 年总统马科斯和 2001 年埃斯特拉达被赶下台，以枢机辛海梅为首的菲律宾主教联会（CBCP）都发挥了重要作用。全国城乡各处遍布大小教堂和售卖天主教用品的店铺，分别坐落在马尼拉、圣玛丽亚、帕瓦伊和米亚高的四座巴洛克风格的天主教堂已列为世界文化遗产。

（2）伊斯兰教。伊斯兰教最先从苏禄群岛传入菲律宾，和乐岛的陶苏民族是最早的菲律宾穆斯林。13 世纪下半叶，伊斯兰教随阿拉伯商人传入菲律宾。其后，印度尼西亚穆斯林移民又在南部诸岛传播伊斯兰教。14 ~ 16 世纪，在南部和马尼拉相继兴起苏禄、马京达瑙、棉兰老和马尼拉 4 个苏丹国。16 世纪下半叶，西班牙殖民者入侵并建立殖民统治，阻碍了伊斯兰教向北部传播的势头。现在的穆斯林主要聚居在南部的穆斯林地区和巴拉望岛南端，由 13 个伊斯兰化的马来人民族组成，主要包括马巾达瑙族、卜马拉瑙族、陶苏族、萨马族、雅坎族等。

相对于占绝大多数的天主教徒而言，伊斯兰教信徒虽然数量少，但是伊斯兰教在菲律宾的历史上曾发挥过巨大的作用：菲律宾最早的民族国家是穆斯林在群岛南部建立的，并且伊斯兰教曾一度影响到整个群岛的大部分地区。全国有 200 ~ 300 座清真寺，主要建在南部，马拉威城的棉兰老伊斯兰中心清真寺久负盛名。菲律宾伊斯兰研究学院为宗教教育的最高学府，而棉兰老省立大学也开设有关伊斯兰研究、阿拉伯语的专业学科。

四、国旗、国徽、国歌、国花、国树、国果

国旗、国徽是国家和民族的象征，国歌体现了菲律宾人民向往自由、热爱祖国的激情。国花是代表纯洁、热情的茉莉花。国树——纳拉树象征着菲律宾民族坚定不移、争取自由的性格。而国果，则是菲律宾人民喜爱的芒果。

（一）国旗

菲律宾国旗长宽之比为 2∶1（见附图 7），旗面左侧为白色等边三角形，代表菲律宾人民对和平与安宁的盼望，内有一轮黄色太阳，四角各有一颗黄色五角星。右侧为蓝、红两色的直角梯形，平时蓝色在上，战时红色在上。太阳象征自由，八道较长的光束代表最初起义的八个省，其余光束代表其他省。三颗五角星代表三大地区：吕宋、萨马、棉兰老。蓝色象征忠心、诚实、正直；红色象征勇气；白色象征和平与纯洁。

资料 6 - 2

菲律宾国旗正挂与倒挂有讲究

菲律宾是世界上唯一一个国旗挂法不同，寓意不同的国家。和平时期，菲律宾国旗是蓝色条纹在上，代表和平、真理与正义；一旦硝烟四起、战火

纷飞，菲律宾国旗就会被倒挂，代表爱国与勇气的红色在上，这意味着人民需要拿起武器，捍卫和平。1899 年 2 月 4 日，菲律宾国旗第一次倒挂，吹响了菲律宾反抗美国殖民统治战斗的号角。1941 年 12 月 8 日，菲律宾国旗再次倒挂，时为第二次世界大战期间日本入侵。2001 年，巴西兰省等地曾向公众展示倒挂的国旗，以警示后人。

（二）国徽

菲律宾的国徽呈盾形（见附图 8），盾形的下面有一条飘带，上面写着"菲律宾共和国"。盾形国徽的图案代表菲律宾的三个历史时期，即西班牙殖民统治时期、美国殖民统治时期和菲律宾共和国时期。国徽的上方和中部代表菲律宾共和国时期，底色都是白色，上方有三个金黄色的五角星，代表菲律宾群岛的三大区域——吕宋、萨马和棉兰老。中部是有八道金黄色辐射线的太阳，表示阳光普照全国。国徽的左下方代表美国殖民统治时期，蓝色的底面上绘有一只向左看的金黄色的美国秃头鹰，左爪握着橄榄枝，表示和平；右爪握着三支矛，表示随时准备战斗，以保卫和平。国徽的右下方代表西班牙殖民统治时期，红色的底面上绘有一只跃立的金黄色的狮子，这是采用当时西班牙王国国旗上的竞狮图形。

（三）国歌

菲律宾的国歌是《菲律宾民族进行曲》，歌词作者为何塞·帕尔马。1898 年美国侵略军侵占马尼拉后，当时何塞·帕尔马在卢纳将军创办的《独立报》报社当记者，他于 1899 年利用原菲律宾著名钢琴师和作曲家胡连·菲利佩于 1898 年 6 月谱成的《马达洛菲律宾进行曲》的曲调，以西班牙文菲律宾风光集萃（39 张）填词，成为菲律宾国歌，充满了反抗侵略、向往自由和热爱祖国的激情。

（四）国花

菲律宾国花是被称为"桑巴吉塔"的茉莉花。茉莉花在菲律宾人民心目中是纯洁、热情的象征，是爱情之花、友谊之花。如有贵宾来访，主人常把茉莉花做的花环亲自戴到贵宾的脖子上，以表示尊重和友好。年轻人常把它作为爱情的信物，被称为"誓爱花"，向对方表达坚贞爱情的心声。

（五）国树

菲律宾的国树是纳拉树，是紫檀木的一种，木质坚硬，高大挺拔（见图 6 - 1），

图 6 - 1　纳拉树

图片来源：http：//www. 360doc. com/content/13/0725/13/13274716_ 302378852. shtml.

能沉于水，终年常绿，迎着太阳开放出金光灿烂的花朵，是制作高级家具和乐器的良好材料，象征着菲律宾民族坚定不移、争取自由的性格。树皮在受伤时会渗出一种猩红色的液体。菲律宾人说，这象征自己民族血管里流动着的，而又随时准备为捍卫独立洒在祖国大地上的鲜血。

（六）国果

芒果是菲律宾的国果，是深受菲律宾人民喜爱的热带水果。

资料 6 - 3

菲律宾国服

菲律宾男子的国服叫"巴隆他加禄"衬衣。这是一种丝质紧身衬衣，长可及臀，领口如同一般可以扎领带的长袖衬衫，袖口如同西服上装。前领口直到下襟两侧，都有抽丝镂空图案，花纹各异（见图 6 - 2），颇为大方。据说，在西班牙人统治时期，为了便于从远处区别西班牙人和菲律宾人，殖民者下令所有菲律宾人必须把衬衣穿在外面，不许把衬衣下摆扎在裤内。后来，菲律宾人开始在衬衣上刺绣各种图案，以此展现菲律宾人的自豪。20 世纪 50 年代初，这种服装被正式推为菲律宾男子的国服，成为外交场合、庆祝活动和宴会的正式礼服。

菲律宾女子的国服叫"特尔诺"。这是一种圆领短袖连衣裙。由于它两袖挺直，两边高出肩稍许，宛如蝴蝶展翅（见图 6 - 3），所以也叫"蝴蝶服"。这种服装结合了许多西欧国家，特别是西班牙妇女服装的特点，并经过三四百年的沿革，而成为菲律宾妇女的国服。

图 6 - 2　菲律宾男子国服

图片来源：http：//wenda. baichemg. com/.

图 6 - 3　菲律宾女子国服

图片来源：http：//www. 360doc. com/content/
13/0725/13113274716 - 302378852. shtml.

五、首都

菲律宾首都马尼拉（Manila），位于菲律宾最大岛屿吕宋岛西岸，濒临马尼拉湾，是全国政治、经济、文化的中心，也是全国最大的交通枢纽和贸易港口。

六、政治体制

（一）宪法

菲律宾独立后共颁布过三部宪法，现行宪法于 1987 年 2 月 2 日由全民投票通过，由阿基诺总统于同年 2 月 11 日宣布生效。该宪法规定：实行行政、立法、司法三权分立政体；总统拥有行政权，由选民直接选举产生，任期 6 年，不得连选连任；总统无权实施戒严法，无权解散国会，不得任意拘捕反对派；禁止军人干预政治；保障人权，取缔个人独裁统治；进行土地改革。

（二）议会

议会也称国会，是最高立法机构，由参、众两院组成。参议院由 24 名议员组成，由全国直接选举产生，任期 6 年，每 3 年改选 1/2，可连任 2 届。众议院由 250 名议员组成，其中 200 名由各省、市按人口比例分配，从全国各选区选出；25 名由参选获胜政党委派，另外 25 名由总统任命。众议员任期 3 年，可连任 3 届。

（三）政府

菲律宾政府实行三权分立的总统制，总统是国家元首、政府首脑兼武装部队总司令。中央政府各部部长由总统任命。

（四）司法机构

司法权属于最高法院和各级法院。最高法院由 1 名首席法官和 14 名陪审法官组成，均由总统任命，拥有最高司法权；下设上诉法院、地方法院和市镇法院。

七、经济状况

菲律宾的经济属于出口导向型经济。第三产业在国民经济中地位突出，同时农业和制造业也占相当比重。近年来，菲律宾政府把发展经济、消除贫困作为施政核心，经济得到了平稳发展。

（一）经济发展成就

20 世纪 50 年代，菲律宾曾有过持续 7% 以上的经济增长率，人均国民生产总值在亚洲仅次于日本，居第二位。但进入六七十年代后，由于政府的政策缺乏连续性并有严重失误，加上 20 世纪 70 年代两次世界性石油涨价的冲击，菲律宾经济发展的国内环境和国际经济环境全面恶化，经济增长率仅在 1.3% ~6.7% 波动。80 年代，政府通过实施一系列的政策与措施，刺激了个人消费，促进了国内外投资，增加了商品及劳务出口，从而使经济得到一定程度的恢复和发展。

20世纪60年代后期采取经济开放政策，积极吸引外资，经济发展取得显著成效。1982年被世界银行列为"中等收入国家"。此后，受西方经济衰退和自身政局动荡影响，经济发展明显放缓。20世纪90年代初，拉莫斯政府采取了一系列振兴经济措施，经济开始全面复苏，并保持较高增长速度。1997年爆发的亚洲金融危机对其经济产生影响，但冲击不大。1999年，菲律宾经济逐渐恢复增长。

2012年菲律宾GDP为2504.36亿美元，全年GDP平均增长6.6%，超过政府预定的5%~6%的增长目标。其中，1~3季度的增速分别为6.3%、6.0%和7.2%；各个领域都有超预期表现，其中服务业增长7.4%，工业增长6.5%，农业增长2.7%[①]。

菲律宾的货币名称为菲律宾比索（见图6-4）。

图6-4 菲律宾比索

图片来源：http//ao. att. budong. com/73/70/013000002576461326357004446075. jpg.

汇率：1人民币=7.0482菲律宾比索   1菲律宾比索=0.1416人民币（2015年3月9日）

（二）工农业与服务业

农业是菲律宾的主要经济部门，发展潜力大。工业特别是制造业取得了较快发展，但是其在GDP中所占的比重仍略低于农业。第三产业在国民经济中占主要地位，产值逐年增长，尤其是旅游业，已经成为菲律宾外汇收入的重要来源之一，并创造了许多就业机会。

1. 工业

第二次世界大战前，菲律宾在长期遭受殖民统治下，除了一些农产品加工业

---

① 中国商务部编译。2012年菲律宾GDP增长6.6%［N］. 菲律宾马尼拉公报，2013-2-2.

之外，几乎没有什么工业可言。第二次世界大战后，菲律宾从 20 世纪 50 年代初开始推行进口替代工业化，70 年代开始逐步推行面向出口工业化。经过几十年的工业发展，菲律宾经济结构和出口商品结构已发生了一定的变化，制造工业在经济中的地位上升了，工业制成品在出口商品结构中的地位得到了提高。近几年来，菲律宾工业产值连续保持 10% 以上的增长速度，主要涵盖了纺织服装、食品制造、电子制造业、石油化工等领域。

表 6-1 2011 年菲律宾制造业主要行业增加值

	行业门类	增加值（亿美元）	占制造业比重（%）
1	食品制造	207.7	42.7
2	广播、电视和通信设备及装置	64.2	13.2
3	石油和其他燃料产品	40.9	8.4
4	化工产品	32.2	6.6
5	纺织服装	25.5	5.2
6	饮料工业	19.2	4.0
7	非金属矿产品	13.1	2.7
8	基本金属产业	12.1	2.5
9	电气机械及设备	8.7	1.8
10	交通运输设备	8.6	1.8

数据来源：菲律宾国家统计局。

2. 农业

农业在菲律宾经济中占有十分重要的位置，菲律宾农业自然资源条件较好，土壤、气候和水资源都有利于农业的发展，全国 70% 的人口在农村，2/3 的农村人口靠农业维持生计，一半的劳动力从事农业活动。

菲律宾的四大经济作物分别是椰子、甘蔗、马尼拉麻和烟草，是世界上数一数二的产椰大国，一年收获 120 亿个椰子。椰汁、椰肉、椰油、椰子纤维是在中国销路非常好的产品。

同时，菲律宾的农作物种植行业在整个农产品总产量中占据的比例高达 52%，其中起主导作用的是稻谷作物和玉米作物。2012 年上半年期间，菲律宾稻谷作物收获量总计为 789 万公吨，比 2011 年同期的 758 万公吨涨幅 4.2%。该期间玉米作物产量总计为 347 万公吨，比 2011 年同期的 331 万公吨，涨幅 4.8%。牲畜饲养行业在菲律宾国内所有农业领域产量中占据的比例高达 15.2%，

2012 年上半年同比略涨 0.5%；按当时的价格计算该行业创造的经济价值高达 1003 亿比索①。

3. 服务业

菲律宾的服务业高度发达，在过去几年里增长迅猛，缩小了就业缺口，并推动了出口增长。2010 年，菲律宾的服务业包括信息技术、商业流程外包以及旅游、运输服务等，增长 20%，创造了 132 亿美元收入和 160 万个就业机会，各种服务行业对技术工人、主管、中层管理人员及各种学科的知识型工人的需求持续上升。

菲律宾的服务业主要可分为三类，即外包服务业、旅游业和家政服务业。

（1）外包服务业。世界银行把菲律宾评为服务出口市场上表现最好的国家之一，尤其是业务流程外包行业，发展十分迅速，已经成为该国发展最快的产业之一，并已跃居世界领先地位。

（2）旅游业。旅游业是菲律宾经济发展的支柱产业之一，近年来发展迅速并为国家带来了巨额财富。

（3）家政业。菲律宾在海外劳工总人数约占菲全国人口的 1/10，每年海外劳工向国内汇金额约为当年菲律宾 GDP 的 1/10。这些海外劳工的汇款是菲律宾政府重要而稳定的收入，海外劳工也因此成为国家的"新英雄"。根据菲律宾 IBON 基金公司的年报，2011 年菲律宾家政服务人员通过汇款或提供服务共创造了 1674 亿比索的社会价值，超过矿业 1221 亿比索的产值。

（三）交通运输业

菲律宾的交通以公路和海运为主。铁路不发达，集中在吕宋岛。航空运输主要由国家航空公司经营，全国各主要岛屿间都有航班。

1. 航空

菲律宾的航空运输主要由国家航空公司经营，有机场 288 个，国内航线遍及 40 多个城市，与 30 多个国家签订了《国际航运协定》，全国各主要岛屿间都有航班。主要机场有首都马尼拉市的尼诺·阿基诺国际机场、宿务市的马克丹国际机场和达沃市的达沃机场等。

2. 水运

菲律宾的水运总长 3219 千米，全国共有大小港口数百个，商船千余艘，主要港口为马尼拉、宿务、怡朗、三宝颜等。

3. 铁路

菲律宾的铁路不发达，主要集中在吕宋岛，总长约 1200 千米。以马尼拉为起点，菲律宾国营铁路分南北两条线路，北线延伸到圣费尔南多，可在中途换车

---

① 农业信息网. 菲律宾：上半年农业领域同比提高 0.93 百分之百［EB/OL］. http://www.nyxxwang.com/12653. html.

去碧瑶，南线延伸至雷加斯比，中途可见马荣火山。

4. 公路

菲律宾的公路总长约 20 万千米，在菲律宾各大城市中，都有巴士、计程车、三轮车等交通工具，城市之间也有长途巴士穿梭其间。

（四）对外贸易

菲律宾与世界上 150 个国家建有贸易关系。

近年来，菲政府积极发展对外贸易，促进出口商品多样化和外贸市场多元化，进出口商品结构发生显著变化。非传统出口商品如成衣、电子产品、工艺品、家具、化肥等的出口额，已赶超矿产、原材料等传统商品的出口额。主要出口产品为电子产品、服装及相关产品、电解铜等；主要进口产品为电子产品、矿产、交通及工业设备。

菲律宾主要贸易伙伴有美国、日本和中国等。菲律宾是中国在东盟地区的第六大贸易伙伴，2011 年中国是菲律宾第三大贸易伙伴，双边贸易额较 2010 年增长 22%，达到 322.54 亿美元，超越 2007 年创下的最高纪录。

八、对外政策

菲律宾奉行独立的外交政策，在平衡、平等、互利、互敬的基础上发展同所有国家的政治经济关系。对外政策的三大目标是：确保国家安全、主权和领土完整；推动经济和社会发展；保障菲律宾海外公民权益。

1975 年，中菲开始建交。建交后的几十年以来，中菲双方政府和民间商协组织通过不同形式的参与，合作领域不断拓展，规模不断扩大。其中，2012 年中菲双边贸易额达 364 亿美元，创下历史最高纪录。近年来，中非两国双向投资也保持快速的增长势头，2000～2012 年，中国企业直接在菲律宾投资额累计达 11.8 亿美元，菲律宾企业对华投资额也保持在每年近 1 亿美元左右①。

第二节　菲律宾的人文习俗

从总体上来看，菲律宾的教育发展水平仅次于美国和英国，政府高度重视教育，教育体系完善。同时，菲律宾是世界上节日最多的国家之一，饮食文化独具特色，人与人之间重视以礼相待。

---

① 董松根. 中国贸促会副会长：2012 年中菲双边贸易额创新高［EB/OL］. http://finance. ifeng. com/a/20130904/10603224_ 0. shtml.

一、教育

菲律宾是亚洲人民教育水平最高的国家之一，仅次于美国和英国，教育制度与西方发达国家接轨，民众重视对知识的追求，政府也高度重视教育的发展。

（一）教育体系完善

菲律宾的教育经费比较充足，教育现代化的进程比较迅速，具有完善的教育体系。

1. 小学

菲律宾的小学为6年制，分为示范小学、一般小学和乡村小学。前者为地区的中心小学，规模较大、设备较好，负责协助本地区一般小学提高质量。乡村小学条件较差，一所小学只有1~2位教师。课程有语文、算术、英文、艺术、体育、社会科学、工艺、自然与卫生等。上课的特点是不分节，时间长短视儿童学习兴趣而定。

2. 中学

菲律宾的中学为4年制。前2年的课程统一有语文、英语、数学、社会科学、工艺和家政。后2年的课程则分为普通科与职业科。乡村中学为农村青年提供受教育的机会。

3. 高等教育

菲律宾的大学注重培养学生的创造性学习能力，提高学生的全面素质，教育直接与国际接轨。提供高质量的教育、使用英语作为大学教学语言的特点使该国成为众多外国学生首选的留学地。很多发达国家的学生都到这里来学习护理和医学、英语、教育、酒店管理、工商管理、金融、国际贸易等在亚洲有很高影响力的学科。

高等学校分为公立高等院校和私立高等院校。前者包括国立大学、农学院、技术学院、艺术学院、师范学院、职业学院等共24所。后者也有各种不同类型的院校，共450多所。私立高等院校的学生数占全国高等院校学生数的90%。菲律宾大学是全国规模最大的大学。

（二）政府高度重视教育发展

菲律宾政府高度重视教育的发展，在教育经费、税收等各方面均给予大力支持，从而促进整个国家教育水平不断提高。

1. 教育经费充足

菲律宾政府鉴于现代社会发展的需要和人民要求受教育的愿望，非常重视教育的发展。教育文化部主管的教育经费是政府预算中最大的一项。

2. 高度重视师范教育

菲律宾政府对师范教育很重视。小学教师由4年制师范学院培养，最大的师范学院是国立菲律宾师范学院，附设研究生院，可培养博士。另有 8 所地区师范学院，附设研究生部，可培养硕士。大学设教育系。政府每 3 年举办一次教师任用资格考试，保证师资质量。

3. 鼓励私人办学

为了推动教育的大力发展，菲律宾政府鼓励私人办学，而且为私人学校提供长期低息贷款，并免征财产税。

二、习俗礼仪

了解菲律宾的习俗礼仪，可以从这个国家的节日庆典、饮食习俗、社交礼仪、禁忌这几个方面做全面而深入的认识。

（一）节日庆典

菲律宾是世界上节日最多的国家之一，全国各民族共有几百个大大小小的节日，其中全国性的节日就有 20 多个。

1. 重要的国家节日

菲律宾的国家节日，主要是出于庆祝和纪念，场面都比较隆重和热闹。

（1）国庆节。国庆节即菲律宾独立日，于每年的 6 月 12 日举行，纪念菲律宾在 1898 年 6 月 12 日脱离西班牙独立，结束长期的殖民统治。这天，首都马尼拉市举行庆祝独立日活动，如举行体育比赛和文艺演出，总统还将为庆祝独立日发表讲话。

（2）巴丹日。巴丹日（他加禄语为"Arawng Kagitingan"，意为"勇士之日"；英文为"Bataan Day"）在每年的 4 月 9 日，为纪念第二次世界大战时"巴丹死亡行军"中死去的美菲军民而设，节日当天放假。1961 年，菲律宾国会通过《3022 号法案》设立巴丹日节。后来在 1987 年更名为"巴丹岛及科雷吉多尔岛日"（英文为"Bataan and Corregidor Day"）。

（3）五月花节。五月花节在 5 月的最后一个星期日，这是菲律宾最隆重热闹的节日之一，由于在百花盛开的 5 月举行而得名。这一节日的特点是选"花后"和举行圣母像大游行。节日当天，小女孩们手捧花束献给"圣母玛利亚"，举行圣母像大游行，未婚的少女们穿上白色、缀满鲜花的长袍，跟随在圣母像之后。

2. 民族传统节日

由于菲律宾绝大多数的国民信仰天主教，因而有许多跟天主教有关的传统节日，如复活节、万灵节、圣诞节、护城神节及一些地方传统节日。

（1）复活节。在每年 3 月 29 日举行，这是菲律宾一年一度纪念耶稣复活的节日，最富特色的活动是"自我鞭笞赎罪"和"钉十字架"。这一天，数以千计的戴头兜的"忏悔者"在大街小巷、在乡间泥路上蜿蜒而行，其中许多人用嵌着碎玻璃的竹棒边走边抽打自己的背，为自己的"罪孽赎罪"，并祈求上帝保佑。"自我鞭笞赎罪"是天主教内苦行派别于 13 世纪所创，至今在菲律宾盛行。在马尼拉市的一个小镇，有一位少女因为思念失散的父亲，每年都要仿照耶稣蒙难时的情景，将自己钉在十字架上。据说，她的目的是为了感动上帝，希望和上帝对话，找到父亲，直到 1986 年为止，她已钉了 10 次十字架。

（2）万灵节。万灵节节期在每年的 11 月 2 日，菲律宾的天主教徒在这天均做弥撒，然后去各个教堂参观"炼狱里的灵魂"。

（3）水牛节。水牛节是地方性节日，每年 5 月 14～15 日在菲律宾的奎松省和黎刹省举行以庆祝丰收。水牛是农民的主要牲畜，因此农民对水牛有着深厚的感情。古老的水牛节源于对"丰产神"的崇拜，由于当地人后改信天主教，这个节日又同保护"神圣伊西德罗"融合在一起。水牛节前夕，牛主人要把水牛擦洗得干干净净，并在牛角和牛蹄上涂上"圣油"。节日开始时，主人在牛颈上套着花环或彩布条，然后牵到教堂外面，先由牧师为水牛祈祷，然后带着水牛参加赛跑。

（二）饮食习俗

菲律宾的饮食最能反映出其风情和历史，同时深受中国饮食和西班牙的影响。此外，在菲律宾的饮食文化中，水果有着重要的地位。

1. 以大米和玉米为主食

菲律宾人的饮食，一般以大米、玉米为主。有时也吃玉米和薯粉，伴以蔬菜和水果等。农民煮饭前才舂米。米饭是放在瓦罐或竹筒里煮，用手抓饭进食。菲律宾人最喜欢吃的是椰子汁煮木薯、椰子汁煮饭。玉米作为食物，先是晒干，磨成粉，然后做成各种食品。

2. 喜欢吃各类水果、喝啤酒

菲律宾的水果相当丰富，单是香蕉的种类就有很多，而且吃法各有特色，如蒸过之后撒上黑砂糖，颇有芋头的风味，油炸香蕉条，或烤香蕉等小吃，亦随处可见。其他如芒果、红毛丹等都是既便宜又好吃的水果。此外，还有一种类似金橘但皮是绿色的水果，菲律宾人通常是做菜时才使用，称之为菲律宾柠檬。他们在饮食上还有一个特点，即男女都特别喜欢喝啤酒，不喝牛奶和烈性酒。

3. 口味独特

菲律宾的菜香料用得比较少，常用香醋、糖、辣椒、番茄酱等调味品，多用烙、煨、烩、烤等烹饪方法。此外，菜式受西班牙菜式的影响更多，罗望子叶之类的西餐中常用的香料是菲律宾人最爱的。当地人还更爱酸口味，不论是罗望果海鲜汤，还是菲式炖肉，菲律宾人都要下足罗望果汁或者白醋之类去调出酸味。碳烤乳猪、菲式春卷、菲式沙拉等都是有名的菜肴，其中，碳烤乳猪是菲律宾的国菜，是用青葱、罗望子叶以及香料等调味品慢火烤制两个小时才完成，最后还要搭配特制的甜酸酱。

（三）社交礼仪

菲律宾人在社交场合与客人相见时，无论男女都习惯以握手为礼。在与熟人或亲朋好友相见时，一般都很随便，有的男女之间相逢时，常以拍肩膀示礼。年轻人与长辈相见时，则要吻长辈的手背，以示对老人的敬重；年轻姑娘见长辈时，则要吻长辈的两颊为礼；如果晚辈遇见长辈时，说话前要把头巾摘下放在肩上，深深鞠躬，并称呼长辈为"博"（意为大爷）。伊斯兰教徒见面时，要施双手握手礼，在户外相见若没戴帽子，则必须用左手捂头。

与专业技术人员交往时要称呼他们的职称如工程师、建筑师、律师、教授等。菲律宾人喜爱打听私人情况，因此，与人谈话时要小声。老年人在菲律宾特别受到尊重，见面时要先向年长者问候、让座，一般情况下不能在老人面前抽烟。

（四）禁忌

与菲律宾人交谈时要避免议论国内政治纷争、宗教、菲律宾近代史等敏感的话题。收受或者赠送礼物不要当众打开，否则客人会有被当众羞辱的感觉。此外，菲律宾人很忌讳数字"13"和星期五。他们认为"13"是"凶神"，是厄运和灾难的象征，所以是令人极为厌恶的数字。忌红色，认为红色是不祥之色；忌鹤和龟以及印有这两种动物形象的物品。

在菲律宾，忌进门时脚踏门槛，当地人认为门槛下住着神灵，不可冒犯；有些菲律宾人家，特别讲究屋内整洁、干净，他们常常习惯于进屋前先脱鞋；与其他一些东南亚国家一样，忌讳用左手传递东西或抓取食物。他们认为左手是肮脏、下贱之手，使用左手是对他人的极大不敬。马来族人忌讳别人用手摸他们的头部和背部，认为触摸头部是对其不尊敬，触摸背部会给人带来厄运。

第三节　菲律宾旅游业的发展

菲律宾是一个风情万种的热带岛国，旅游业已经成为国家外汇收入的重要来源之一，政府也日益重视旅游业的发展。但是，旅游安全问题一直是制约菲律宾旅游业稳步发展的关键因素。

一、主要旅游城市和旅游景点

独特的地理位置赋予了菲律宾丰富的旅游资源，拥有奇异的热带风光、优良的港湾、独具特色的唐人街以及众多的古迹。

（一）马尼拉

马尼拉是菲律宾的首都，位于菲律宾最大的岛屿——吕宋岛马尼拉湾的东岸，这是一座新旧交错、东西文化交融的城市。

1. 概况

马尼拉濒临天然的优良港湾——马尼拉湾，面积达 626.58 平方公里，人口约 3 千万，是亚洲最大的城市之一，被誉为"亚洲的纽约"。马尼拉属热带季风性气候，冬季干燥，夏季湿润；6~10 月为雨季，11 月至次年 5 月为旱季，11 月至次年 2 月最凉爽，平均气温 25℃；4~5 月为盛夏季节，平均气温 28~32℃；年平均气温约为 26℃。

2. 主要的旅游景点

马尼拉是东南亚地区著名的旅游胜地、"热带花园城市"，到处可以闻到其国花——茉莉花的清香，城内可供游览的名胜很多。

（1）黎刹尔公园。位于马尼拉市中心的黎刹尔公园，占地 58 公顷，它原名鲁纳达公园，后来为纪念菲律宾的民族英雄黎刹尔博士而改名为黎刹尔公园。黎刹尔博士是个教育家，同时也是文学家和艺术家。他早年学医，后从事反对西班牙殖民统治的斗争，领导人民完成了以 1862 年卡比特运动为开端的独立运动，1896 年 12 月 30 日被殖民统治者杀害，年仅 35 岁。园中有中国式庭院，院内有假山，入夜，七彩的装饰灯把庭院打扮得辉煌美丽。

（2）椰子宫。椰子宫位于马尼拉湾南岸新区，是用椰子树建造起来的一座现代化的宏大建筑。这是一座两层楼高、六角形屋顶的菲律宾式的典型建筑。褐色屋顶由椰木板构成，立柱用的是椰树干，砌墙壁用的砖是由椰果毛壳的纤维混合高硬度水泥制造而成的。大厅的巨大吊灯，由 100 多片经过精心雕刻的椰壳制成，大门上镶嵌着由 4000 块椰壳片组成的几何图案。地板上的地毯，也是用椰果纤维织成的，在大厅以外的厅室中，桌上陈放着用

图 6-5　椰子宫

图片来源：http：//news.517b001.com/news　1084.html.

椰壳雕成的各种形状的台灯，连烟灰缸也是用椰壳雕刻成的（见图 6-5）。

（3）国际会议中心。马尼拉是著名的国际会议城市，居"亚洲五大国际会议中心"之首。在马尼拉新区建造的国际会议中心，占地 12 公顷，内有会议厅、宴会厅、演讲厅、展览厅、电影厅、新闻中心、文化中心、食宿服务网等

（见图6-6）。会议中心附近的国际
贸易中心、菲律宾文化中心，经常举
办大型的商品博览会和文艺活动。

（二）宿务

宿务也称宿雾，于1571年建市，
是一个新兴的商业旅游城市，它不仅
是菲律宾宿务省的政治、经济和文化
中心，也是仅次于菲律宾首都马尼拉
的第二大城市和重要海港，素有"菲
南皇后城"之称。

1. 概况

宿务全年气候凉爽，没有明显的

图6-6　国际会议中心

图片来源：http：//greathit1314. blog. 163. com/blog/
static/69706722008221351 0219/.

干燥和湿润季节，湿度约为77%，年均气温为21℃。它享有数个菲律宾之最：
西班牙人最早登陆的岛、拥有最古老的城堡及最古老的街道、成为菲律宾7000
多个岛屿中最受游客欢迎的观光点，是菲律宾与国际衔接的第二大通道。

2. 主要旅游景点

宿务是菲律宾最古老的城市，因而这里留下不少著名的古迹，其中圣奥古斯
汀教堂、麦哲伦的十字架是比较著名的。

（1）圣奥古斯汀教堂。圣奥古斯汀教堂建于1565年，自建造以来即当作基督
教传教的据点。它的正式名称为耶稣圣婴教堂。最值得参观的是相传由麦哲伦运来
的耶稣圣婴像，这座高约40公分的耶稣圣婴像，是麦哲伦在1521年送给女皇象征
友谊的礼物，受到市民的热烈欢迎。

（2）麦哲伦的十字架。十字架于1521年4月21日由麦哲伦树立，纪念第
一批菲律宾的基督教徒接受洗礼的地点。1525～1740年，牧师们为十字架建
立一座敞开式的神殿，但是当地人相
信它有创造奇迹的魔力便开始从十字
架上拿走碎片。因此，为防止十字架
被彻底破坏而在神殿上建造了一个亭
子。为进一步保护好十字架，又用一
根缅茄木做了一个空十字架（至今
尚存），并将原来的十字架装入其中
（见图6-7）。

（三）碧瑶

碧瑶地处菲律宾吕宋岛北部，距

图6-7　麦哲伦十字架

图片来源：http：//www. huo che. net/gonglve_ 12081/.

离首都马尼拉 250 公里；岛上风景优美，是国内首屈一指的避暑胜地。

1. 概况

碧瑶气候凉爽，年均气温 18℃。地势较高，海拔 1450 米，不但闻名菲律宾和东南亚，而且在世界上也小有名气。山城碧瑶，因漫山遍布苍松翠柏，俗称"松市"；同时，芳草如茵，繁花似锦，又被赞为"花城"；此外，该地终年炎热，遍地"火炉"，堪称一绝，因而被誉为"夏都"。碧瑶还是一座大学城，有 6 所大学，学生 75 000 人，占城市总人口的 1/4。

2. 主要旅游景点

群山环绕，树木成荫，四季常青。较为突出或必游不可的风景区和名胜古迹即有十几处。其中有矿景公园、万寿宫、海约翰美军休养所、菲律宾士官军事学校、罗列斯圣母纪念坛、普陀寺、少数民族博物馆等。

矿景公园松树参天，环境优美，站在公园处可以远眺群山重重、白云朵朵，一切美景尽收眼底。万寿宫也称夏宫，建筑宏伟壮观，周围清静幽雅，是菲律宾总统在碧瑶的下榻之处。海约翰美军休养所占地面积达 90 公顷，树木成林，遍地绿草，百花争艳，内设各种体育场、娱乐场所。菲律宾士官军事学校是一所美国西点式的军校，可以公开参观。

二、现代旅游业的发展

菲律宾虽然拥有丰富的旅游资源，近年来也重视与周边国家开展旅游合作，但是由于受到基础设施落后、服务不到位，尤其是政局时有不稳定等因素的影响，因此，从总体上来看，旅游业的发展不稳定，总体水平还是落后于周边国家。

（一）拥有资源优势，但是发展水平落后

菲律宾的旅游资源极为丰富，拥有优美而别致的自然景观和独特而绚烂的人文景观，旅游业发展潜力巨大。然而，由于交通堵塞、贫穷脏乱、旅游服务设施缺乏、旅游安全等问题没能得到有效解决，旅游业尚未取得良好的发展成绩，旅游业发展水平远远落后于邻国。根据菲律宾国家统计协调委员会的数据显示，2012 年外国游客达到 427 万人次，虽突破了 400 万人次大关，但仍低于政府预定的 450 万人次的目标。

（二）旅游安全是制约旅游发展的关键因素

1981 年至今，政治动荡、火山爆发和绑架、爆炸事件时有发生，使菲律宾的国际旅游形象受损，许多旅游者望而却步，旅游安全成为制约菲律宾旅游业发展的关键因素。2010 年马尼拉香港人质劫持事件发生后，菲律宾的旅游环境安全问题成为全球瞩目的焦点，同年 10 月底，菲律宾首批百余名"旅游警察"在各主要旅游景点正式投入工作，履行保护游客人身安全、预防各类犯罪活动的职责。2012 年中菲黄岩岛对峙事件使菲律宾的旅游业受到了重创，旅游安全问题备受关注；我国外交部发出了"提醒中国公民暂勿前往菲律宾"的通知。

（三）中菲旅游发展关系比较平稳

中菲建交之后，双方在旅游业中的合作日益增多。由于出国旅游者的巨大增长和地域上的接近，中国作为菲律宾全球旅游战略的优先国，2004 年 9 月 1 日，菲律宾旅游局和中国国家旅游管理局在北京签署了《旅游合作备忘录》，同意进行旅游专家和管理人员的交换和团组互访；2005 年即其战略实施的第一年，游客数量的月增长率达到171%。近年来，中菲旅游合作成果显著。2012～2013 年是"中菲友好交流年"，2012 年菲律宾旅游部公布了一项促进旅游业发展的计划。根据这个计划，菲律宾政府把包括中国在内的 166 个国家和地区公民赴菲免签证逗留时间延长到 30 天。根据这个计划，凡是参加由菲律宾旅游部认可的旅行社安排旅游的中国游客，将获得 30 天免签证的待遇。

※ 本章小结

本章主要介绍了菲律宾的自然地理、经济发展、政治体制等基本国情，并介绍了相关礼仪习俗、主要旅游城市与旅游景点、现代旅游业的发展情况等。作为世界有名的旅游胜地，主要的出境旅游客源国，菲律宾以其美丽的热带风光、独特的文化特色越来越受到游客的青睐。

★ 复习思考题

1. 简述菲律宾人在社交方面的礼仪习俗。
2. 菲律宾的特色农作物有哪些？
3. 为带旅游团去菲律宾的导游设计一条合理的旅游路线。

第七章　缅　甸

教学目标

　　了解缅甸的基本国情

　　掌握缅甸的人文习俗、著名的旅游城市和旅游景点

教学重点

　　缅甸的礼仪习俗、著名旅游城市和旅游景点

教学难点

　　缅甸的礼仪禁忌

第一节 缅甸的基本国情

缅甸（Myanmar），国名梵文意为"坚强、勇敢"，全称为缅甸联邦共和国，于1997年7月加入东盟。国内佛寺、佛塔众多，有"万塔之国"之称。

一、自然条件

缅甸自然资源丰富，由于地理位置的关系，一年四季气候宜人，风景秀丽，处处都流露着天然和质朴。

（一）地理位置

缅甸位于亚洲东南部、中南半岛西部，北部和东北部同中国西藏自治区和云南省接壤，中缅国境线长约2185公里，中滇缅段为1997公里；东部与老挝和泰国毗邻，缅泰、缅老国境线长分别为1799公里和238公里；西部与印度、孟加拉国接壤；南临安达曼海，西南濒孟加拉湾，海岸线总长2655公里。

缅甸的国土面积约为67.85万平方公里，其形状像一块钻石，从南到北长约2090公里，东西最宽处约925公里。缅甸地势北高南低，北、西、东为山脉环绕，北部为高山区，西部有那加丘陵和若开山脉，东部为掸邦高原。靠近中国边境的开卡博峰海拔5881米，为全国最高峰。西部山地和东部高原间为伊洛瓦底江冲积平原，地势低平。伊洛瓦底江全长2150千米，流贯南北，富灌溉航运之利。东北部的萨尔温江境内长1660千米。

（二）气候

缅甸大部地区属热带季风气候，年平均气温为27℃。曼德勒地区极端最高气温逾40℃。1月为全年气温最低月份。平均气温为20℃以上；4月是最热月，平均气温30℃左右。降雨量因地而异，内陆干燥区为500~1000毫米，山地和沿海多雨区3000~5000毫米。

（三）自然资源

缅甸被公认为东南亚自然资源最丰富的国家，稻米、油气、林木、宝石、矿产等组成了缅甸丰饶的自然资源宝库。

（1）矿产资源。缅甸矿藏资源丰富，有石油、天然气、钨、锡、铅、银、镍、锑、金、铁、铬、玉石等。

（2）森林资源。缅甸是世界上森林分布最广的国家之一。全国拥有林地3412万公顷，森林覆盖面积约占国土总面积的51%，森林覆盖率约为52.3%。森林资源较为丰富，到20世纪90年代中期，已发现1347种高大的乔木树种、

741 种小乔木、1696 种灌木、96 种竹类植物、36 种藤本植物和 841 种花卉植物。在 2088 种乔木树种中，已有 85 种应用于多种用途的木材生产。主要盛产柚木、铁力木、藤、竹等，是世界柚木产量第一大国。

资料 7-1

缅甸玉石

　　缅甸是世界上著名的宝石和玉石产地。宝石的主要产地为抹谷，盛产红宝石、蓝宝石。1989 年，在掸邦南渡的丙弄村发现新的宝石产地，缅甸政府把丙弄周围地区划为国家专营的宝石产区。玉石矿分布在克钦邦北部地区，主要产地有孟拱、甘拜地、弄肯、帕甘。钻石主要产于孟密镇的景朵村附近地区。

二、发展简史

　　缅甸是一个历史悠久的文明古国，旧称"洪沙瓦底"。825～1757 年，孟族国王统治南缅甸。1044 年形成统一国家后，经历了蒲甘王朝、东吁王朝和贡榜王朝三个封建王朝。

　　1824～1885 年，英国先后发动了 3 次侵缅战争并占领了缅甸，1886 年英国将缅甸划为英属印度的一个省。1937 年缅甸脱离英属印度，直接受英国总督统治。1942 年日军占领缅甸。1945 年全国总起义，缅甸光复。后英国重新控制缅甸。1947 年 10 月英国被迫公布《缅甸独立法案》。1948 年 1 月 4 日缅甸脱离英联邦宣布独立，建立"缅甸联邦"。

　　1974 年 1 月"缅甸联邦"改国名为"缅甸联邦社会主义共和国"。1988 年 7 月，因经济形势恶化，缅甸全国爆发游行示威。同年 9 月 18 日，以国防部长苏貌将军为首的军人接管政权，成立"国家恢复法律和秩序委员会"（1997 年改名为"缅甸国家和平与发展委员会"），宣布废除宪法，解散人民议会和国家权力机构。1988 年 9 月 23 日，国名由"缅甸联邦社会主义共和国"改名为"缅甸联邦"。2008 年 5 月，缅甸新宪法草案全民公决举行，缅甸国名定为"缅甸联邦共和国"，规定实行总统制。缅甸于 2010 年依据新宪法举行多党制全国大选。2011 年 2 月 4 日，缅甸国会选出吴登盛为缅甸第一任总统。

三、人口和居民

　　缅甸人口数量在东南亚国家中位居第五，是一个多民族、多宗教国家。

　　（一）人口数量

　　缅甸曾于 1973 年和 1983 年进行了两次全国性人口普查。2014 年的人口普查是时隔 31 年之后最新的一次缅甸人口统计，普查时间从 2014 年 3 月 30 日开始，

并以 2014 年 3 月 29 日 24 时为普查断限。普查数据显示，2014 年缅甸人口约为
5141.9 万，缅族人口约占 68%，掸族占 9%，克伦族占 7%，孟族占 2%，克钦族、克伦尼族占 1%，钦族 2%，若开族以及华人占 3%，其余为印度人、孟加拉人。但缅甸官方不承认华人、印度人、孟加拉人为法定少数民族。

（二）语言

官方语言为缅甸语，也有为数不少的人懂英语和汉语。

（三）民族、宗教

缅甸的民族宗教构成比较复杂，民族宗教的多元化在推动文化多元化发展的同时，也在一定程度上阻碍了缅甸的民主与改革进程。

1. 民族

缅甸是一个多民族的国家，据调查统计，全国有 42 个民族，135 个支系，主要民族有缅族、掸族、克伦族、孟族、克钦族、克伦尼族、钦族、若开族。

（1）缅族。缅族是缅甸的主体民族，约占全国人口的 68%，起源于中国西北蒙古高原边缘地区、西藏东北部和甘肃南部地区，是羌族的一个支系。在公元前缅族人逐渐向南迁移，大约在 7 世纪中叶，到缅甸中部叫栖定居，渐渐地散布到全缅各地，主要集居在伊洛瓦底江中下游及三角洲。主要从事农业生产，缅甸独立后工业也有所发展。

（2）掸族。缅甸的掸族为独立民族，和我国的傣族历史渊源关系极为密切，由于掸族受中国文化的影响，许多生活用语与云南方言及闽粤方言接近。掸族有自己的文字，掸文是从梵文和缅文的字母转化来的一种简单拼音文字，但多用于佛教经典，很少用于文化教育方面。掸语通用于整个掸邦和缅北地区，与我国的傣族语言相通。掸族多信奉小乘佛教，95% 是佛教徒。掸邦境内佛寺庙宇遍及各村寨。寺庙、佛塔的建筑形式和佛教节日及佛事活动都和缅族及我国傣族相似。

（3）克伦族。缅甸克伦族主要分布在克伦邦和克耶邦还有伊洛瓦底江三角洲地区，在孟邦、德林达依省、仰光省、勃固省、克耶邦等省邦也有分布。克伦族最明显的特征是，女性以长颈为美，女性无论老幼颈部皆固定十几根到数十根金环或铜环，以拉长颈部。克伦族有按居住地区起名的，也有按服色确定称谓的。按地区命名的，如居住在山区的克伦族被称为"山区克伦"，居住在平原地区的被称为"平原克伦"。与孟族居住在一起的被称为"波克伦"或"德楞克伦"，与缅族居住在一起的被称为"斯戈克伦"。以服色称谓的，如喜欢穿用儿茶染制的红外衣的克伦人被称为"红克伦"，喜欢穿白衣服的克伦人被称为"白克伦"，喜欢穿黑衣服的克伦人被称为"黑克伦"。

（4）孟族。孟族是一个历史悠久、文化灿烂的古老民族，属于蒙古人种，孟高棉语系，孟语支。先民从康藏高原向西南迁徙，沿湄公河上游南下，进入中

南半岛，散居在中、越、柬、老、缅交界的地方。它是在缅甸南部定居最早的一个民族，主要居住在德林达依省的直通、吉卡米、丹老及伊洛瓦底江三角洲。孟族有古老的文化，在基础建筑、绘画、雕塑、音乐、舞蹈等方面对缅甸文化有较大影响，他们在经济、生活、宗教信仰、衣食住行和婚丧礼仪等各方面基本上与缅族相同。日常社交活动中都使用缅语和缅文，但在孟族聚居区仍使用本民族的语言和文字，保留本民族的传统和习俗，以农业耕作为生。

（5）克钦族。缅甸的克钦族与中国的景颇族是同一民族，同族不同称。克钦族进入缅甸境内之后，分两路向南迁移。一路从孙布拉蚌沿着南部山地迁移，尔后又向西南方向迁移；另一路则沿着三角地带的山脉，从恩梅开江沿岸南下并逐渐定居下来。15 世纪克钦族再次南迁，开始与缅族、掸族接触，接受缅甸文化。缅甸的克钦族主要居住在克钦邦山区、瑞丽江流域、掸邦山区以及景栋地区，在印度阿萨姆邦那加西部山区也有少量克钦族居住。克钦族是一个以农耕为主的民族，主要行业有农业、畜牧业、矿产和林产品开采业以及家庭手工业。

（6）钦族。钦族属于汉藏语系藏缅语族钦语支，其先民大约在公元 2 世纪前后从中国内陆南迁至缅甸户拱地区，随后继续向南转移，大约于 13 世纪到达亲敦江流域，几经辗转流徙，以后又于 14～15 世纪被迫迁至西北部山区钦山山脉定居，即今日缅甸的钦邦。一部分迁到了印度阿萨姆地区。钦族是随藏缅语族南迁，较早进入缅甸的民族之一。钦族人属蒙古人种，人体特征与孟族、缅族相近。钦族有自己的文字，但使用范围很小，行政办公用语及教学用语多用缅文。

（7）若开族。古若开人是雅利安人与黄种人的后裔，他们于公元前 20 世纪从印度东北地区迁入若开邦境内，文化上带有雅利安文化特征。古若开人曾依照雅利安人的制度文化模式在若开邦境内建立过多个古代王朝。9 世纪，随着古缅人在伊洛瓦底江流域的发展壮大，少数缅人开始从安敏巫、洞峡—卑谬通道越过若开山脉进入若开邦境内。若开族同缅族一样属于汉藏语系缅语族，蒙古人种。其语言与风俗习惯基本上与缅族相同。若开族绝大部分信奉佛教，只有少部分人信奉伊斯兰教和印度教。

2. 宗教

缅甸是一个多宗教的国家，缅甸人信仰的宗教主要有佛教、原始拜物教和神灵崇拜、伊斯兰教、印度教和基督教。影响最为广泛并为绝大多数缅甸人信仰的宗教是南传上座部佛教，俗称小乘佛教，信仰人数占缅甸人口总数的 89.3%。

（1）上座部佛教。上座部佛教是缅甸国教，于公元前 3 世纪传入缅甸，在公元 11 世纪时成为缅甸居民普遍的信仰，并且延续至今。当时阿奴律陀听取孟族僧人阿罗汉的建议，排除阿利僧派，定上座部佛教为国教。长期以来，缅甸佛教与缅甸政治紧密结合。同时，它还对缅甸文化施予极深的影响，无论语言文字、文化教育，或是文学艺术、建筑艺术、手工艺等，都吸收和融入大量佛教文化。

```
资料7-2
```

缅甸佛教文化

在缅甸，男孩子一般都要做剃度，使佛教事业后继有人，被认为是一件积德的事情。对孩子来说，从此可以"成人"，受到社会的尊重，是一件荣耀的事。孩子做剃度一般有三种形式：单独一家一户做剃度；几家几户联合起来给孩子做剃度；以政府各部门、街道、学校或集市为单位给孩子做剃度。

举行剃度仪式的前一天下午，要举行盛大的游行仪式。人们给将要剃度的孩子戴上王冠，穿上王服，肩披彩色绶带，骑上高头大马。有人给牵马，有人撑金伞，队伍浩浩荡荡。一队打着佛教旗帜，身着艳丽民族服装的姑娘走在队伍的前面，接着依次是载有吉祥大鼓的车、骑在大象背上，顶盖金伞的《三藏经》保护神、手持僧用八宝器的剃度小孩子的父母、手捧槟榔盒和花盒的姑娘、缀满准备布施给僧侣的各种日用品的如意树等。晚上一般要请来剧团唱戏，通宵达旦。正式举行剃度的当天上午，要在鼓乐的伴奏下乘专车到大金塔转上一圈，再进寺庙给孩子剃发，穿袈裟，听戒规，然后布施斋饭。第三天，家长们要集合在一起，请法师在临时搭起的彩棚里诵经。家长跪坐在地上，手里拿着小壶或水，一边听经一边把杯里或壶里的水一滴滴地倒于盘子里或地上，叫作"分福"。意思是给孩子做剃度所积的功德不可自己独享，要大家分享。孩子剃度以后，一般在寺庙里当一周、两周、一个月或几个月小沙弥后可以还俗，有的从此皈依佛门，成为佛家弟子。

（2）伊斯兰教。13~14世纪伊斯兰教从孟加拉地区传入缅甸若开地区。现今，缅甸有6个拥有独立组织、清真寺等机构的伊斯兰宗教团体，即缅甸穆斯林联盟、若开穆斯林联合会、全面毛拉同盟、缅甸穆斯林大会、全缅穆斯林学生联合会和穆斯林中央基金会，有3100多个清真寺。

（3）印度教。缅甸的印度教徒约有40多万人，主要为印度移民，也有少数若开族人。缅甸的印度教组织主要有印度教友谊协会等，有1000多个印度教神庙。著名的印度教神庙有斯利湿婆克里希那寺和斯利杜尔迦寺。

（4）基督教。缅甸人最早接触到基督教是在16世纪初。目前，缅甸基督教影响最大的是新教浸礼会和罗马天主教派。全缅设有缅甸教区红衣主教，仰光和曼德勒地区设有主教。主要的基督教团体有缅甸天主教协会、缅甸基督教协会、安息日派教会、缅甸基督教浸礼派总会等。全缅甸共有5200多座基督教堂。

四、国旗、国徽、国歌、国花、国鸟

国旗是国家的一种标志性旗帜，是国家的象征；国徽是国家和民族的象征；

国歌是代表一个国家民族精神的歌曲。缅甸于 2010 年 10 月 21 日启用了新国旗、国徽，国歌保持不变。缅甸国花是具有热情和浪漫意义的龙船花；国鸟则是富有缅甸宗教色彩的绿孔雀。

（一）国旗

2010 年 10 月 21 日以前，缅甸使用的是旧国旗。2010 年 10 月 21 日，根据缅甸国家和平与发展委员会颁布的法令，缅甸正式启用《缅甸联邦共和国宪法》确定的新国旗、新国徽，国歌保持不变。缅甸的新国旗（见附图 9）为黄、绿、红三色，中间有白色五角星。绿色代表和平、安宁、草木茂盛、青葱翠绿的环境，黄色描绘出团结，红色象征勇敢与决心，白星反映出坚强联邦永恒不坠的意义。

（二）国徽

现行缅甸国徽（见附图 10）于 2010 年 10 月 21 日开始使用，由 1974 年版缅甸国徽修改而来。新国徽中间为缅甸版图置于橄榄枝中间，两头圣狮为守护兽。两者之间为花卉状图案，顶端为一象征独立的五角星。下方是绶带。

（三）国歌

缅甸的国歌是《世界不灭》，又名《我们将永爱缅甸》，是缅甸联邦共和国的国歌。集体作词，德钦巴同作曲。

（四）国花

缅甸的国花是龙船花（见图 7－1），又名美丹花、红仙丹、红绣球、山丹。原产于印度一带，其花期很长，因此被人们俗称为"百日红"。

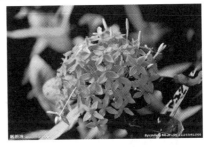

图 7－1　龙船花

图片来源：http://bbs.zol.com.cn/dcbbs/
d33509_ 8418.html.

资料 7－3

浪漫龙船花

缅甸的依思特哈族人有一种特别浪漫而有趣的婚姻习俗，他们自古以来临水而居，凡有女儿的人家都会早早地在临近房屋的水面上用竹木筑成一个浮动的"小花园"，并在里面种满龙船花，然后用绳索将它系住。等到女儿出嫁那一天，就给她打扮得漂漂亮亮，然后让她坐在这个浮动的"小花园"里，最后将绳索砍断，任其顺水而漂。新郎则一大早就在下游的岸边等待，准备迎接载着新娘漂来的"小花园"。当"小花园"漂来时，新郎就抓住绳索将它拉上岸，然后牵着新娘一同回家举行婚礼。

（五）国鸟

缅甸的国鸟是绿孔雀（见图7-2），雄鸟体羽为翠蓝绿色，头顶有一簇直立的冠羽，下背翠绿色而具紫铜色光泽。体后拖着长达1米以上的尾上覆羽，羽端具光泽绚丽的眼状斑，形成华丽的尾屏，极为醒目。雌鸟不及雄鸟艳丽，亦无尾屏，体羽主要为翠金属绿色，背浓褐色，头顶亦具一簇直立羽冠。

图7-2　绿孔雀

图片来源：http：//ido.3mt.com.cn/Article/201406/show371235/c30pl.html.

五、首都

内比都（曾用名彬马那），位于缅甸中部的山区，距离仰光以北400公里，是缅甸2005年新定的首都，人口约115.8万（2014年统计）。缅甸于2005年11月6日从仰光迁都，2006年军人节正式宣布新都名为内比都（"皇家首都"之意）。

六、政治体制

缅甸2010年结束了军政府统治，进行民主改革。根据2008年宪法，缅甸是一个总统制的联邦制国家，将实行多党民主制度。总统既是国家元首，也是政府首脑。

（一）宪法

1974年缅甸制定了《缅甸社会主义联邦宪法》。1988年军政府接管政权后，宣布废除宪法，并于1993年起召开国民大会制定新宪法。2008年5月，新宪法草案经全民公决通过，并于2011年1月31日正式生效。

（二）国家元首

总统是缅甸国家元首，任期5年，任期不得超过2届，任期内不得参与所在党的事务。总统有确定各部部长人数或改组政府的权力，还有豁免权，得到国家国防和安全委员会的批准后发布赦免令，签署立法等职权。总统因背叛国家利益等受到弹劾时须获得联邦议会中任何一个议院至少1/4的代表联署方可提交本议院议长并获得本议院中至少2/3的代表支持，另一个议院应就此成立机构展开调查。弹劾案调查结束后，调查或委托调查的议院中至少2/3的代表通过总统则必须辞职，并从三名副总统中选出一人出任总统。

（三）行政机构

缅甸联邦政府由总统、副总统、若干名部长、总检察长组成。总统领导下的国家国防与安全委员会履行宪法和相关法律：赋予的职责，委员会由总统、防军总司令等人组成。总统在任命联邦政府部长时，任命国防部、内政部和边境事务部部长须向国防军总司令征求合适的军人入选；如需在国防部、内政部和边境事务部以外的其他各部任命军人担任部长，须与国防军总司令协商。被任命为国防部长、内政部长、边境事务部长的军人无须退出现役。

七、经济状况

缅甸经济发展较为缓慢，农业是国民经济的基础，工业和服务业较为落后。为改善国家经济，缅甸政府大力发展交通运输业，陆路运输有了较大发展。

（一）经济发展成就

缅甸 1948 年独立后到 1962 年实行市场经济，1962 年到 1988 年实行计划经济，1988 年后实行市场经济。2011 年缅甸新政府上台后，大力开展经济领域改革，积极引进外资，确立了四项经济发展援助措施，包括加快农业发展、工业发展、省邦平衡发展、提高人民生活水平等。国际货币基金组织数据显示，2011～2012 财年 GDP 总额为 500.2 亿美元，同比增长 5.5%，外汇储备约 72 亿美元。2012～2013 财年 GDP 总额预计较上一财年增长 6%。2013～2014 财年 GDP 总额为 564 亿美元，实际增长率 7.5%，平均消费价格指数（CPI）达 5.8%，国际储备 49 亿美元[①]。

缅甸的货币名称为缅元（也称缅甸元，如图 7-3 所示）。

图 7-3 缅甸元

图片来源：http://image.haosou.com/.

汇率：1 人民币 = 167.0712 缅元（2014 年 12 月 8 日）

（二）工农业与服务业

缅甸以农业经济为主，工业和服务业相对薄弱。

---

① 郑斌，汤伊琼，廖慧敏. 缅甸仰光港集装箱码头发展概述 [J]. 中国港口，2013 (1).

1. 工业

缅甸自然条件优越，资源丰富，但多年来工农业发展缓慢。1987年12月被联合国列为世界上最不发达国家之一。1989年3月31日，政府颁布《国营企业法》，宣布实行市场经济，并逐步对外开放，允许外商投资，农民可自由经营农产品，私人可经营进出口贸易。2011～2012财年，缅甸工业产值约占国民生产总值的26%。主要工业有石油和天然气开采、小型机械制造、纺织、印染、碾米、木材加工、制糖、造纸、化肥和制药等。

2. 农业

农业是缅甸国民经济的基础，农作物主要有稻谷、小麦、玉米、棉花、甘蔗和黄麻等。缅甸森林资源丰富，全国拥有林地3412万公顷，覆盖率为50%左右，是世界上柚木产量最高的国家。柚木质地坚韧、耐腐蚀，是人类用钢铁造船以前世界上最好的造船材料。缅甸将柚木视为国树，称其为"树木之王"、"缅甸之宝"。主要林产品有花梨、丁纹、鸡翅木、黑檀、铁木等各类硬杂木和藤条、竹子等。2011年缅甸出口大米84.42万吨，创收3.24亿美元。2012年出口木材120万吨。2012～2013财年（截至2013年2月底）已出口大米130万吨，其中80%销往中国[①]。

3. 服务业

缅甸服务业相对落后，主要发展批零商业服务、运输旅游服务和酒店餐饮服务。缅甸政府大力支持旅游业发展，积极吸引外资。

（三）交通运输业

交通以水运为主，铁路多为窄轨。政府大力修筑公路和铁路，陆路运输有了较大发展。

1. 航空

缅甸主要的航空公司有缅甸国际航空公司、仰光航空公司、曼德勒航空公司。全国有大小机场43个，主要机场有仰光机场、曼德勒机场、黑河机场、蒲甘机场、丹兑机场等。仰光机场及曼德勒机场为国际机场。已与13个国家和地区建立了直达航线，主要国际航线有曼谷、北京、新加坡、中国香港、吉隆坡等。国内航线共17条，大城市和主要旅游景点均已通航。

2. 水路

缅甸内河航道约为9219英里，各种船只537艘。可供远洋货轮停靠的港口主要有仰光港、勃生港和毛淡棉港，其中仰光港是缅甸最大的海港。

3. 铁路

铁道部门数据显示，截至2012年11月，缅甸有火车站899个，铁路总长

---

① 张芸，崔计顺，杨光. 缅甸农业发展现状及中缅农业合作战略思考［J］. 世界农业，2015（1）.

3579 英里，在建 1778 英里，拥有蒸汽机车 43 台、柴油机车 270 台、客车厢 831 节、火车厢 3906 节①。

4. 公路

截至 2012 年 11 月，缅甸有 515 条公路，全国公路里程为 21361 英里，在建 1815 英里。

（四）对外贸易

缅甸军政府放宽对外贸限制，允许私人经营外贸业务，并开放了同邻国的边境贸易。主要出口商品有大米、玉米、各种豆类、橡胶、皮革、矿产品、木材、珍珠、宝石和水产品等，主要进口工业原料、化工产品、机械设备、零配件、五金产品和消费品等。

2003 ~ 2012 年缅甸对外贸易情况（见表 7 - 1），主要贸易伙伴有中国、泰国、新加坡和印度，中国为其第一大贸易伙伴。据中国商务部统计，2013 年，中缅贸易额为 101.5 亿美元，同比增长 45.6%；2014 年 1 ~ 6 月，中缅贸易额为 84.3 亿美元，增长 92.4%②。

表 7 - 1　2003 ~ 2012 年缅甸对外贸易情况　　　　　单位：亿美元

财年	进出口总额	出口额	进口额	顺差
2003 ~ 2004	45.70	23.35	22.35	1.00
2004 ~ 2005	49.01	29.28	19.73	9.55
2005 ~ 2006	55.42	35.58	19.84	15.74
2006 ~ 2007	82.59	53.22	29.37	23.85
2007 ~ 2008	97.52	64.01	33.51	30.5
2008 ~ 2009	113.223	67.7885	45.4345	22.354
2009 ~ 2010	117.8679	76.0538	41.8141	34.2397
2010 ~ 2011	152.7374	88.6101	64.1273	24.4828
2011 ~ 2012	181.5078	90.9700	90.5378	0.4322

资料来源：缅甸商务部。

八、对外政策

缅甸奉行"不结盟、积极、独立"的外交政策，按照"和平共处五项原则"

① 数据来源：中华人民共和国外交部。
② 数据来源：缅甸商务部。

处理国与国之间的关系：不依附任何大国和大国集团，在国际关系中保持中立，不允许外国在缅甸驻军，不侵犯别国，不干涉他国内政，不对国际和地区和平与安全构成威胁。是"和平共处五项原则"的共同倡导者之一。1988 年军政府上台后，以美国为首的西方国家对缅甸实施经济制裁和贸易禁运，终止对缅甸经济技术援助，禁止对缅甸进行投资。1997 年加入东盟后，与东盟及周边国家关系有较大发展。缅政府积极推进民族和解，与西方国家关系逐步缓和。截至 2013 年 5 月，缅甸已同 111 个国家建立了外交关系。

第二节　缅甸的人文习俗

缅甸人信仰佛教，佛教思想已深入到缅甸教育中，其文化习俗也同样充满着浓厚的宗教色彩。

一、教育

缅甸政府重视发展教育和扫盲工作，实行小学义务教育，全民识字率约 94.75%。

（一）教育体系

缅甸教育分学前教育、基础教育和高等教育。学前教育包括日托幼儿园和学前学校，招收 3~5 岁儿童；基础教育学制为 10 年，1~4 年级为小学，5~8 年级为普通初级中学，9、10 年级为高级中学；高等教育学制 3~6 年不等。普通高校本科自 2012 年起改三年制为四年制。

（二）教育设施

截至 2014 年，缅甸共有基础教育学校 40876 所，大学与学院 108 所，师范学院 20 所，科技与技术大学 63 所，部属大学与学院 22 所[①]。著名学府有仰光大学、曼德勒大学等。

（三）文化教育

缅甸文化教育深受佛教文化影响，各民族的文字、文学艺术、音乐、舞蹈、绘画等都留下了佛教文化的烙印。

二、习俗礼仪

缅甸是一个信仰佛教的国家，佛教传入缅甸已有上千年的历史，宗教思想已

---

① 数据来源：中国网。

经深入到社会生活的各个角落，在节日庆典、饮食文化、社交礼仪、习俗禁忌中都充满着浓厚的宗教色彩。

（一）节日庆典

缅甸节日分为两类，即法定节日和民间节日。节日在缅甸民众生活中占有重要地位。

1. 国家法定节日

缅甸的国家法定节日有以下几个：独立节，1月4日，纪念缅甸1948年1月4日独立日；联邦节，2月12日，1947年2月12日昂山签署《彬龙条约》，决定成立缅甸联邦；农民节，3月2日，纪念1945年3月2日抗日胜利；建军节，3月27日，初为抗日节，1955年改为建军节；工人节，5月1日，即国际劳动节；烈士节，7月19日，纪念1947年7月19日昂山将军等人遇难；民族节，12月1日，纪念1920年12月1日仰光大学学生抗英罢课。

2. 民间传统节日

缅甸民间传统节日主要有泼水节、浴榕节、点灯节、敬老节、献袈裟节、作家节。

（1）泼水节。缅甸泼水节在缅历1月底2月初（公历4月中旬），一般持续4天，第5天为缅历新年首日。按照缅甸风俗，节日期间，不分男女老少，可以互相泼水，表示洗旧迎新之意。讲究的人，用香樱桃花枝，从银钵中蘸取浸有玫瑰花瓣的清水，轻轻地向别人身上抖洒。普通人喜欢整桶、整盆地泼，甚至用水龙管喷浇。小孩用水枪向大人喷，也不会被责骂。人们被泼得越多越高兴，因为水象征着幸福。

（2）浴榕节。浴榕节在缅历2月月圆日举行，缅甸人将菩提树（榕树）视为佛的化身，在最炎热干旱的季节给榕树浇水，有希望佛教弘扬光大之意。

（3）点灯节。点灯节在缅历7月月圆日。传说佛祖在雨季时到天庭守戒诵经3个月，到缅历7月月圆日重返人间，凡间张灯结彩迎佛祖归来。

（4）敬老节。在缅甸，"结夏点灯节"这天又是"敬老节"，僧尼们都要去寺庙朝拜佛祖释迦牟尼，人们将这一天演化为向尊长表示感谢的日子。

（5）献袈裟节。献袈裟节在缅历7月月圆至8月月圆期间，善男信女要向僧侣敬献袈裟。在8月月圆日点灯迎神，举办各种娱乐活动，此日又称"光明节"。

（6）作家节。缅甸古时举行拜神活动，从公元1782年起演化成敬拜和奖励"像神一样崇高的"大作家们。1944年缅甸作协正式确定为"作家节"（缅历9月1日）。

（二）饮食习俗

缅甸人的口味特点是酸、辣、清淡、不油腻，类似中国四川口味，一般餐桌都要求放上辣椒油。爱吃鸡、鸭、鱼、虾、虾酱、鱼酱，喜食咖喱，要求略带甜味，最好拌上番茄，除吃一般蔬菜之外，人们喜欢用水果做菜。如把芒果切成片，拌入黄豆粉、虾米松、虾酱油、洋葱头以及炒过的辣椒籽，吃起来又酸、又咸、又辣、又鲜。

饮食缅甸盛产稻米，人民以大米为主食。早餐常吃"馍亨卡"、椰子面、椰子粥、凉拌面、凉拌米粉及用糯米、椰子、白糖做的各种各样的糕点小吃。缅甸人有喝早茶的习惯。人们在茶馆里喝咖啡、奶茶，吃点心。如面包夹黄油、果酱、乳酪、肉包子、油条及油饼，还喜欢喝鱼片汤、鸭肉粥等。

缅甸人在饮食方面较为节俭。常以鱼虾酱、辣椒、煮豆、酸菜叶汤佐饭。缅甸菜肴讲究油、辣、香、鲜、酸、咸。烹调方法多以炸、烤、炒、凉拌为主。炸烤食物易于保存，凉拌不需加热，又能祛暑。缅甸濒海多河，鱼虾丰富，易捕捞。在缅甸以鱼虾为原料制作的食品尤多。缅甸人喜欢将竹笋腌成酸笋，和其他蔬菜、肉类混炒，味道鲜美。

（三）社交礼仪

缅甸人在人际交往中待人十分谦恭、友好，所采用的见面礼节，主要有下述三种：其一，合十礼。由于缅甸人大多信奉佛教，因此他们在社交活动之中，一般都习惯于向交往对象行合十礼。在缅甸，关于行合十礼有两点需要注意，一是见到僧侣时，对其只能行合十礼；二是在行合十礼时不仅要问候对方，而且戴帽子的人必须首先将帽子摘下来，并且夹在腋下。其二，鞠躬礼。缅甸人在见到长辈、上级或学者时，大都要向对方行鞠躬礼，以表示自己特殊的敬意。其三，跪拜礼。在民间交往中，缅甸人在参见父母、师长或者僧侣时，往往讲究要"五体投地"，向对方行跪拜大礼。这种礼节，其实出自佛门。按照佛教教规，在行跪拜礼时，行礼者须使自己双手、双脚、双肘、双膝、额头同时接触地面，并且在此前后双手合十举至头顶。

在日常生活中，缅甸人对长辈尊重有加。他们讲究晚辈在向长辈递送东西时，必须使用双手。在递细小物品时，可单用右手，但应同时以左手托扶右手下部。在长辈面前通过时，晚辈应当躬身低首，轻轻走过，不允许昂首阔步，或是奔跑通过。长辈来到室内时，晚辈必须立即起身迎候。向长辈告辞时，晚辈先要躬身施礼，然后后退两步，方可离去。

缅甸人对于男女之间的交际较为保守。在缅甸，男女通常不握手，不接触对方的身体。在公共场合，男女若是在举止动作上过于亲密，比如携手而行、相拥相抱、热烈亲吻，都会令人侧目而视。

（四）禁忌

缅甸是一个多民族和多宗教信仰的国家，因此在缅甸人的日常生活中也有较多的禁忌。

1. 生活禁忌

缅甸人有"右为贵，左为贱"、"右为大，左为小"的观念。因此，缅甸人有"男右女左"的习俗。此外，女人不能枕着男人的胳膊睡，否则男人就会失去"神力"，整日萎靡不振。在吃饭时，须按照男右女左的习俗入座。缅甸人视头顶为高贵之处，所以不能用手触摸他人头部，即使是十分可爱的孩童也不能抚摸其头。与朋友同行，不能勾肩搭背。给长者递接物品时，不能用左手，左手被视作是不洁净的。

缅甸人视太阳升起的东方为吉祥的方向，认为东方是释迦牟尼成佛的方向，所以缅甸人家里的佛龛都供在室内东墙上。因此睡觉时，头必须朝东忌讳朝西，否则是对佛的玷辱，会招致不幸。缅甸人还认为西方是死神居住的地方，古代缅甸国王斩杀犯人时，都是出宫殿西门，所以睡觉绝对不能头朝西睡。缅甸人把东面和南面称为"头顶部"，把西面和北面称为"脚尾部"。家中长者的座位在"头顶部"，晚辈的座位在"脚尾部"。

在缅甸，女子穿的筒裙（缅语称"特敏"）被视为不吉祥之物，不允许晾晒在超过人头的地方。因此，男子忌讳在晾着衣服的绳索或杆子下穿行。如男子穿行，则男子身上的"神力"会丢失，并会倒霉一辈子。故此，到佛塔寺庙朝拜的信女，不得攀登塔座，只能跪在塔下瞻拜许愿，如要向佛塔、菩萨身上贴金，须交由男子代办。

缅甸人认为在星期二做事情必须做两次才能成功。所以，一般人都避开在星期二做事，缅甸人有个风俗，每逢星期五这一天，忌讳乘船渡河。缅甸人送给别人东西时，必须在星期一至星期六进行，星期天禁忌送物。尤其禁忌送衣服、纱笼等。避讳母鸡在布上下蛋，以防破财。避讳旅途遇蛇，若遇蛇，则应返回并推迟行期。忌在"安居期"（从缅历4月15日至7月15日）结婚、宴请、迁居、娱乐，僧人亦不得外出。严忌不脱鞋就进入佛塔或寺庙。忌睡高床。

2. 婚姻禁忌

缅历4月15日至7月15日三个月为佛教僧侣安居期间，缅甸人不许举行婚礼。此外，缅甸人也忌讳在缅历9月、10月、12月内结婚。他们认为，在9月结婚，将会不育，一辈子无儿女。在10月结婚，会破产。在12月结婚，夫妻会两地分居，不得团聚。出席缅甸人的婚礼，不能穿蓝色、灰色和黑色的衣服，否则会带来不吉利。

3. 数字禁忌

缅甸人忌讳9、13和尾数是零的补数（如10、20、30、40、50、60、70、80、90）等数字，也忌讳"9"人共同远行，认为"9"人同行必有灾祸，若是

"9"人同行则需带一块石头，以破"9"的数位。受西方文化的影响，缅甸人认为"13"这一数字不吉利，因此忌讳买有编号13的房子和车子。缅甸商人忌讳补数，因为补数带有零的数字，零即为输，故视补数不吉利。在缅甸，若汽车牌照的号码总计为补数，如10、20、30，就很难卖出去。

资料7-4

缅甸的神物

　　缅甸人视乌鸦为"神鸟"，视牛为"神牛"。缅甸以佛教为国教，藏传佛教中，乌鸦被认为是"大黑天神——玛哈噶拉"的化身，传说它就像使者一样，帮助人们实现美好愿望，因此缅甸人将乌鸦视为"神鸟"。此外，缅甸人对牛无限崇拜，敬若神明，不准鞭打、役使牛，更不可宰杀。"神牛"无论走到哪里，人们都会拿出最好的食物奉献给它。在路上或闹市中如遇上"神牛"，行人和车辆都要暂时回避。逢年过节，缅甸人要举行敬牛仪式。

第三节　缅甸旅游业的发展

　　缅甸的旅游资源丰富，是一个历史悠久的文明古国，气候温和，自然景色秀丽。过去，缅甸实行闭关锁国的政策，其文化、风景资源至今保存得相当完好。近年来，缅甸实行改革开放政策，开始重视发展旅游业，旅游行业呈现出了欣欣向荣的景象。

一、主要旅游城市和旅游景点

　　缅甸是一个具有悠久历史和璀璨文化的国家，得天独厚的自然旅游文化资源，使缅甸旅游颇具吸引力。主要旅游城市有仰光、曼德勒市、蒲甘市。

（一）仰光

1. 概况

　　仰光是缅甸的原首都和最大城市。仰光城始建于1755年，缅语字面意思是"战争结束"，素有"和平城"之美称。仰光地处缅甸最富饶的伊洛瓦底江三角洲，是一座具有热带风光的海滨城市，同时也是缅甸的政治、经济、文化中心。仰光市内民间建筑具有传统的缅甸风格，同时也保留了不少西式建筑。市内有茵雅湖和甘道基湖，湖水清澈，波光潋滟，景色秀美。仰光国际机场是从国外进出缅甸的最主要门户，有定期航班从昆明、广州、曼谷和新加坡飞往仰光。缅甸国内主要城市或旅游景点如内比都、曼德勒、蒲甘、丹兑等与仰光之间也通航。

2. 主要旅游景点

仰光的主要旅游景点有大金塔、茵雅湖、卡拉威宫、茵莱湖、仰光中心公园。

（1）大金塔。大金塔（见图7-4）是仰光最具代表性的景点，塔高110米，坐落于市内一座小山上，表面涂有72吨的黄金，塔顶由近3000克拉的宝石镶嵌而成。整个建筑群非常雄伟，在阳光的照射下显得夺目而耀眼。传说是保存有佛祖八根头发的商人两兄弟建成，已有2500年的历史。

图7-4 仰光大金塔

图片来源：http：//www.3etravel.com/phoho_a/bum/photo_show.sap？id=25&page=2.

（2）茵雅湖。茵雅湖被当地的华人称为"燕子湖"。基本保留了其原生形态，放眼望去，鲜见建筑物，只见绿树环绕，碧波荡漾。在宽阔的茵雅湖湖面上，面向瑞大光塔，有一艘巨大的天鸟状皇家游船复制品，湖的四周是树林茂盛的公园。北边有缅甸独立领袖昂山的陵墓，南边是动物园和国家历史博物馆。

（3）卡拉威宫。卡拉威宫是缅甸风格的代表性建筑，设计别具匠心，造型为两只传说中的神鸟——"妙声鸟"，背驮一座宝塔浮游在皇家大湖上。建筑周围的雕刻及大厅内的装饰描绘了缅甸主要民族的文化特色和生活场景，金、红两色是整个建筑的主体色彩，象征吉祥、安乐。

（4）茵莱湖。茵莱湖位于仰光市北部，湖面宽阔，湖水清澈，湖畔绿树成荫，碧草如茵，繁花似锦，湖周有多个公园。不但是市民休憩之场所，更是情侣谈情说爱之地的热门首选。

（5）仰光中心公园。仰光中心公园位于仰光市政厅附近，又叫玛哈班都拉广场，是为纪念抗击英殖民者的民族英雄班都拉将军而得名。公园中央的独立纪念碑高42.72米，像一枚刺向苍穹的宝剑，象征着缅甸的自由与独立神圣不可侵犯，也向后人讲述着班都拉将军为争取缅甸独立而牺牲的英雄事迹。公园边的仰光市政厅，是一黄色的缅式风格建筑，外观庄重、装饰精美，游客均会到此拍照留念。

（二）曼德勒市

1. 概况

曼德勒市是缅甸的第二大城市，位于缅甸中部偏北的内陆，是几个古代王朝曾经建都的地方，也是华侨大量聚集的城市。因背靠曼德勒山而得名，曼德勒的巴利语名称为"罗陀那崩尼插都"，意为"多宝之城"；又因缅甸历史上著名古都阿瓦在其近郊，故旅缅华侨称它为"瓦城"。曼德勒市在第二次世界大战中，大部分建筑被毁，仅留有古皇城和城楼。工业有纺织、木材加工、造船和食品等部门，还有酿酒、木刻、玉雕、金银饰等工厂。仰光至密支那的铁路和公路均经过曼德勒市，郊区还有干妙塔齐机场，为缅甸中部物资集散地和内地最大的交通运输中心。曼德勒地区被列为联合国世界文化遗产，可看的古迹很多，是缅甸的旅游胜地。

2. 主要旅游景点

曼德勒市的主要旅游景点有曼德勒山、曼德勒皇宫、乌本桥。

（1）曼德勒山。曼德勒山（见图7-5）虽然不高，但坐拥在市区之畔。著名的缅甸母亲河——伊洛瓦底江从天边宛然而来，弯弯曲曲绕过曼德勒山，向肥沃的平原流去，从山脚下沿着山坡逐级而上，有1700个台阶，沿途有八大寺庙。清晨太阳从曼德勒山后冉冉升起。山顶的塔尖以及绵延下来的塔廊，仿佛是一个剪纸的造型。山顶上有一座印度教的神庙，四周是一根根方形的柱子，柱子上用玻璃镶嵌成菱形的图案，柱子之间斗拱相连，回廊贯通，在早晨的阳光下夺目耀眼，晶莹剔透。

图7-5 曼德勒山

图片来源：http：//lvyou. baidu. com/miandian.

（2）曼德勒皇宫。曼德勒皇宫位于古城内正中央，原为缅甸最后一个王朝——贡榜王朝的皇宫，第二次世界大战时被火毁，现在原址重建。1989年，缅甸政府开始依据历史图片和资料重建，恢复了89个主要大殿，1996年9月竣工并对公众开放。皇宫有两个地方一定要浏览，一个是高33米的瞭望塔，爬上121级台阶后，便可鸟瞰整个皇宫及曼德勒市的景色。另一个是博物馆，博物馆里展出缅甸国王用过的物品、少量家俱、相片等，是唯一可以了解到缅甸历史的地方。皇宫面积不大，但里面的建筑很多，有国王上朝召见群臣的大殿、居室、嫔妃居住的一大片后宫，金瓦红墙，都是缅式风格。内有古代缅甸文化博物馆，展出当年宫廷的服装、用品和佛教艺术。

（3）乌本桥。乌本桥（见图7-9）位于曼德勒周边的阿马拉布拉古城境内，横跨东塔曼湖，长达1200米，是世界上最长的柚木桥。桥墩、桥梁、铺桥的木板都使用珍贵的柚木，历经百年风雨而不朽。乌本桥的落日是缅甸最著名的景观之一。

图7-6 乌本桥

图片来源：http://lv you. baidu. com/miandian.

（三）蒲甘市

1. 概况

蒲甘市是缅甸古时著名的佛教圣地之一，也是缅甸历史最悠久的古都，至今已有1800多年的历史，缅甸历史上著名的蒲甘王朝即建都于此。蒲甘佛塔寺庙很多，据传最多时达40多万座，被人誉为"万塔之城"，现仍存有2000多座。蒲甘大大小小的佛塔，千姿百态，形状各异。塔墙上的壁画，形象逼真，雕刻精细，集中展现了缅甸的古代文化艺术，为研究缅甸的历史、宗教、建筑艺术和民族文字的形成和发展，提供了宝贵的历史资料。1975年7月，蒲甘地区发生6.8级地震，80%的佛塔受到不同程度破坏，灾后缅甸政府对其进行了修复。

2. 主要旅游景点

蒲甘市的主要旅游景点有瑞喜宫佛塔、阿难陀佛塔、蒲甘考古博物馆。

（1）瑞喜宫佛塔。瑞喜宫佛塔是蒲甘地区最古老的佛塔。公元1031年由阿奴律陀国王始建，1057年由其子江喜陀国王建成。它是一座全部用巨石垒砌成的佛塔，塔高165英尺，塔基壁上嵌有547块绘有佛本生故事的釉陶画，塔下珍藏有佛祖前额的皮肤、翡翠佛像和佛牙复制品。塔院旁建有1961年周总理生前访缅时捐赠的凉亭。

（2）阿难陀佛塔。阿难陀佛塔是蒲甘地区最为精美的佛塔，由江喜陀国王于1091年建成。塔高168英尺，塔底座呈十字架形，四面各有一大拱门，拱门内各有一高20英尺独木雕刻的佛像、佛窟和塔基外壁上共有1183块反映佛本生故事的浮雕，佛窟内通道两侧墙壁上设有很多佛洞，佛洞内有1304尊佛像。

（3）蒲甘考古博物馆。蒲甘考古博物馆建于1902年，1998年重建落成。馆内展品大多为在蒲甘和良吁一带发现的12~15世纪的文物，主要有记载蒲甘王朝时期僧俗宗教活动和政治、历史内容的碑铭、佛像、彩釉制品、陶器及其他当时日用器皿。这些文物不仅反映了缅甸古代灿烂的文化，而且为后人研究缅甸的历史、佛教和民族文字的形成和发展年代提供了宝贵的历史资料。

二、现代旅游业的发展

缅甸旅游文化资源十分丰富，但长期以来，因受政策、基础设施等方面的影响，缅甸旅游业的发展远远落后于周边邻国。2011 年缅甸新政府成立后，实施了一系列的改革措施，赴缅甸观光的国际游客日益增多。同时，缅甸政府也提出要大力发展本国旅游业，吸引外国投资以促进经济发展。

1. 旅游业基础设施不断完善

缅甸旅游业发展面对的挑战主要是硬件条件薄弱，酒店、航空、交通、电力、通信等基础设施建设难以支撑越来越多的国际游客和投资客的涌入。因此，缅甸政府积极致力于改善这些薄弱环节。截至 2012 年，缅甸酒店数量达到 781 家（见表 7 - 2），2013 年 1 月初至 12 月初，缅甸投资委员会批准 15 个酒店项目，其中外资经营的有 6 个、私营经营的有 9 个，这 15 个酒店项目分别在仰光省、曼德勒省、德林达依省等省邦地区开发兴建。此外，缅甸在仰光、曼德勒等各大城市积极兴建新的国际机场，增加航班。缅甸旅游业和其他各行业蕴含的巨大商机也吸引了世界投资者的关注，积极加大对酒店、房产、通信等领域的投资力度。

2. 旅游业发展得到政府重视

为促进国民经济的发展，缅甸政府十分重视发展旅游业，通过采取修改法规、加强基础设施建设、吸引外资等各种措施，使旅游业取得了较快发展。2011 年缅甸新政府成立后，更加致力于发展国内旅游，并采取了一系列措施推进旅游发展，主要表现为以下几个方面：

表 7 - 2　2012 年缅甸星级酒店数量（家）

酒店星级	五星级	四星级	三星级	二星级	一星级	合格
数量	5	18	83	115	103	463
总计	787					

第一，简化签证手续，扩大落地签范围。2012 年缅甸政府于落实"驻世界各地缅甸使领馆要确保 1～3 天内办理签证"的新规定，并已与越南、菲律宾、老挝等东盟国家实现互免签证，同年 6 月，缅甸政府对 27 个国家开放仰光国际机场落地签，如商务签、入境许可和过境签证等，并延长这些签证的时间。

第二，开发边境旅游。2013 年 8 月，泰国、缅甸两国在边境湄索的第一友谊大桥举行仪式，宣布两国边境的湄索口岸、阁颂口岸和美赛口岸正式启动"持护照或有效签证"通关边境口岸制度，取代以往使用通关临时证明制度。同时，缅甸政府新增加了许多飞往边境国家的航班，前往缅甸观光、经商、考察、研讨的边境游逐渐增多。

第三，与国际旅游接轨。2012 年 3 月缅甸又重新加入了联合国世界旅游组织，这一举动帮助缅甸旅游业与国际接轨，也给世界游客提供了一个了解缅甸旅游的机会，大大促进了缅甸旅游业的发展、繁荣。

3. 旅游客源市场不断扩大

据缅甸官方统计，2011 年从空港和陆地口岸入境缅甸的旅游人数共计 81. 63 万，旅游创汇 3. 19 亿美元；2012 年到缅甸的外国游客超过 100 万人次，旅游创汇 5. 34 亿美元；2013 年外国游客来缅人数达 204 万，其中泰国游客约为 14 万，中国游客为 9 万，日本游客为 6. 8 万。2013 年缅甸旅游业创汇 9. 26 亿美元[①]。缅甸最大的客源国排名前三位的分别为泰国、中国和日本。

4. 中缅旅游合作日益加强

中缅旅游是 1991 年中缅双方在云南德宏州签订协议后开展起来的。自 1991 年以来，云南与缅甸旅游部门共同推出了滇西畹町—缅北腊戍、滇西瑞丽—缅北重要旅游城市曼德勒、滇南勐海—缅北勐拉—景栋等几条边境旅游线路，两国边境旅游发展迅速。但因为滇缅地区出现一些局部跨境赌博以后，在 2005 年国家停止了中缅边境旅游异地办证。这一举措对中缅旅游合作发展造成打击。2012 年第 12 届中缅边交会举办期间，举行了中缅旅游友好合作交流会。中缅双边领导共叙胞波情谊，共同磋商中缅两国关于进一步加强旅游区域合作的事宜。会议还签署了《中缅旅游业协会友好合作协议书》。2013 年 12 月 16 日，中缅边境旅游异地办证在中断了 8 年之后重新开启。2014 年 1 月 20 日，中缅旅游交流座谈会在云南德宏召开，中方相关负责人与缅甸 13 位代表参会，会议就中缅边境深耕游以及中缅双边如何加强合作进行了讨论。中缅将在旅游人员培训、目的地宣传促销、旅游规划研究、实施旅游开发建设项目、推进旅游手续简化等方面形成更为紧密的合作关系。

※本章小结

本章主要介绍了缅甸的自然地理、经济发展、政治体制等基本国情，并介绍了缅甸相关人文习俗以及仰光大金塔、茵莱湖等缅甸著名旅游景点。近年来，缅甸旅游受到青睐，了解缅甸的基本情况、著名旅游城市、旅游景点，掌握缅甸礼仪习俗，对从事跨境旅游服务工作有一定帮助。

---

① 数据来源：中国网。

★复习思考题

1. 查找资料，分析缅甸为何要迁都。
2. 缅甸四项经济发展援助计划包括哪四项？
3. 分析近年来缅甸旅游业发展的主要原因。

第八章　老　挝

教学目标

　　了解老挝的基本概况

　　掌握老挝的人文习俗、著名的旅游城市和旅游景点

教学重点

　　老挝的礼仪习俗、著名旅游城市和旅游景点

教学难点

　　老挝的禁忌与习俗

第一节 老挝的基本国情

老挝全称为老挝人民民主共和国，于1997年7月加入东盟。是东南亚唯一一个内陆国家，同时也是东南亚地区仅有的两个社会主义国家之一。

一、自然条件

老挝四面被中国、越南、柬埔寨、泰国、缅甸所包围，是典型的内陆国家。气候炎热，自然资源丰富。

（一）地理位置

老挝位于中南半岛北部，北邻中国，南接柬埔寨，东近越南，西北达缅甸，西南毗连泰国。国土面积为23.68万平方公里，境内80%为山地和高原，且多被森林覆盖，有"印度支那屋脊"之称。地势北高南低，北部与中国云南的滇西高原接壤，东部老、越边境为长山山脉构成的高原，西部是湄公河谷地和湄公河及其支流沿岸的盆地和小块平原。全国自北向南分为上寮、中寮和下寮，上寮地势最高，川圹高原海拔2000～2800米，最高峰普比亚山海拔2820米。发源于中国的湄公河自北而南纵贯全国，为最大河流（南乌江是湄公河在老挝最大的支流）。

（二）气候

老挝属热带、亚热带季风气候。5～10月为雨季，11月至次年4月为旱季。年平均气温约26℃，年降水量1250～3750毫米。

（三）自然资源

老挝幅员并不辽阔，但自然资源种类繁多，有丰富的矿产资源、森林资源及水能资源。

（1）矿产资源。老挝有锡、铅、钾、铜、铁、金、石膏、煤、盐等矿藏。截至2013年得到少量开采的有锡、石膏、钾、盐、煤等。

（2）森林资源。老挝森林面积约900万公顷，全国森林覆盖率约42%，产柚木、紫檀等名贵木材。

（3）水能资源。水能资源是老挝最大的资源，全国有20多条流程200公里以上的河流，其中最大的是纵贯老挝1877公里的湄公河。湄公河60%以上的水力资源蕴藏在老挝。

二、发展简史

（1）鼎盛时期。老挝历史悠久，公元1353年建立澜沧王国，为老挝历史鼎盛时期，曾是东南亚最繁荣的国家之一。1707～1713 年逐步形成了琅勃拉邦王朝、万象王朝和占巴塞王朝。

（2）法国、日本、美国势力入侵时期。1779 年至 19 世纪中叶逐步为泰国征服。1893 年沦为法国保护国。1940 年 9 月被日本占领。1945 年 8 月老挝人民举行武装起义，1945 年 10 月 12 日宣布独立，成立了伊沙拉阵线。1946 年西萨旺冯统一老挝，建立老挝王国，这是老挝君主首次统治一个统一的老挝。当年法国再次入侵，伊沙拉政府解体，1950 年爱国力量重建伊沙拉阵线，成立了以苏发努冯亲王为总理的寮国抗战政府。1954 年 7 月法国被迫签署关于恢复印度支那和平的《日内瓦协议》，法国从老挝撤军，不久美国取而代之。1962 年签订关于老挝问题的《日内瓦协议》，美国从老挝撤军。老挝成立以富马亲王为首相、苏发努冯亲王为副首相的联合政府。1964 年，美国支持亲美势力破坏联合政府，进攻解放区。

（3）和平发展时期。1973 年 2 月，老挝各方签署了关于在老挝恢复和平与民族和睦的协定。1974 年 4 月成立了以富马为首相的新联合政府和以苏发努冯亲王为主席的政治联合委员会。1975 年 12 月首届全国人民代表大会在万象召开，1975 年 12 月 2 日宣布废除君主制，成立老挝人民民主共和国，老挝人民革命党执政，老挝历史上 600 余年君主制终结。1991 年 8 月，老挝最高人民议会通过《老挝人民民主共和国宪法》，根据宪法，最高人民议会改名为国会，老挝国徽上原有的红星、斧头和镰刀被著名古建筑物塔銮图案所取代①。

三、人口和居民

老挝人口数量在东南亚国家中排在第八位，民族构成较为复杂。由于与泰国毗邻，两国语言文字有相似之处。

（一）人口数量

2013 年老挝全国人口为 677.6 万②，分为 49 个民族，分属老泰语族系、孟高棉语族系、苗瑶语族系、汉藏语族系。华侨华人约 3 万多人。

（二）语言

老挝语是老挝的官方语言，属汉藏语系壮侗语族壮傣语支。老挝文和泰文在外观上十分相似，两种语言基本能互相沟通。

（三）民族、宗教

1. 民族

老挝是多民族的国家，老挝人分为三大民族：老龙族、老听族和老松族。

---

① 宋国涛. 不可不知的东盟十国［M］. 北京：中国财富出版社，2013.

② 数据来源：中国外交部。

（1）老龙族。很长时间以来，老龙族一直是老挝最大的一个民族，占全国人口一半以上，属于"多数民族"，包括老族、普泰族、卢族等17个支族。老龙族主要生活在平原的广大农村，以种水稻为生。老龙族人几乎都信仰佛教，他们的每个村庄几乎都有一座寺院，那里是村民开会和拜佛的地方。在全国教育体系建立之前，农村许多青少年还在寺院里学认字。每个村都有一个委员会，负责维修寺院，组织节日庆祝，还负责僧、尼的身体健康。老龙族人尽管大都是佛教徒，但他们同时也信奉神灵（Phi）。村庄很重要的一件事是拜村神，每年最少拜一次。

（2）老听族。老听族过去也叫佧族，是老挝的少数民族，占人口总数的24%。老听族由34个族支组成，有的部族人口较多，而有的小部族仅有几百人。这些部族有的也分布在越南和泰国。

（3）老松族。老松族包括17个族支，主要有白苗、红苗、花苗等。老松族是三大民族中最晚来到老挝的，大部分是19世纪初从老挝北方邻国移民而来。所以他们多住在老挝北方的高山地区，烧荒耕地为生。在老松族中，苗族人最多，约有25万人口，占老松族人口的2/3。

资料 8－1

老挝民族奇风异俗——"倒插门"

老挝面积虽不大，民族却不少，除了老龙族、老松族、老听族三大民族外，还有几十个少数民族。每个民族都有独特的风俗习惯，例如在结婚方面，有的倡导一夫一妻制，有的则实行一夫多妻制。有趣的是，老挝男人结婚大多时兴"倒插门"，主动到女方家里做上门女婿，而且结婚的彩礼同样不能缺，入赘者想空手进门那是绝对"没门儿"。

在老挝，"倒插门"现象大多发生在男方家里兄弟众多、难以支付聘金或女方家庭缺乏劳动力的情况下。假如女方家全是女儿而无男子的话，男方就必须主动"倒插门"，以便有人干活和传宗接代。当然，这时的女婿已和儿子一样平起平坐，可以继承岳父母的全部家产。

入赘为婿的老挝男子在妻子死后可以再婚，而且可以和子女在岳父母家继续生活。如果还没有子女，则由女家出资为他另娶媳妇，由此从女婿变成了"儿子"，在家庭中的地位平步青云，可以全权处理家庭的大小事务。

"倒插门"现象在老挝之所以较为普遍，与当地妇女的社会地位日益提高息息相关。老挝是传统的农业国，人们多少年来保持着男耕女织的生活方式。随着社会发展，现代化农业机械不断涌现，昔日担负重体力劳动的老挝男人变得愈加轻闲，加上缺乏重工业，不少剩余劳动力无法安置。相反，老挝妇女却从事着几乎所有的农业生产。缝衣织布历来是女人的强项，具有民族特色的老挝丝绸为她们带来不菲的收入；在种植果品蔬菜、饲养家禽等获益颇丰的行业中，妇女也处于主要角色。

2. 宗教

老挝以佛教为国教，部分老挝人信奉原始拜物教、天主教和基督教。

（1）佛教。14 世纪中叶，法昂统一老挝，建立澜沧王国，并迎娶吴哥公主为后。随之一批柬埔寨僧侣到老挝传播小乘佛教，法昂定佛教为国教。16 世纪初，老挝国王将《三藏经》从梵文译成老挝文，在国王的扶植下，老挝佛教发展很快，并成为当时东南亚佛教中心之一。17 世纪，老挝国王还为佛教设立僧官制度。16 ~ 17 世纪，老挝曾一度成为东南亚的佛教中心，修建了许多寺塔，雕塑了佛像，创立了巴利语佛教学校和实行僧侣考试制度。18 世纪，老挝连连遭到外来侵略。19 世纪末，沦为法国殖民地后，佛教受到严重的打击，寺塔被毁、佛像被劫、僧侣惨遭杀戮。随着 20 世纪民族解放运动的高涨，佛教又出现复兴的气象，19 世纪 60 年代，老挝救国运动风起云涌，老挝建立全国佛教协会，目的是团结全国僧侣和佛教徒参加救国战争并保卫佛教。1976 年，即老挝解放后成立了老挝唯一的佛教组织——老挝佛教联合会。及至今天，老挝和其他上座部佛教国家一样，上至贵族，下至平民，男人一生中必须出家剃度一次，一般的数月，少则三五天，以接受佛教训练。截至 2013 年 65% 的老挝人信奉佛教。

（2）原始拜物教。有 15% 的老族人和老听族、老松族两大族系的诸多民族以及不少泰族人信仰原始拜物教（即信奉鬼神和图腾崇拜）。泰族人信奉的鬼神可分为：家神"祉享"、山神"祉巴"、村神"祉班"三大类。瑶族人则崇拜祖先，迷信各种鬼神；此外，还将天灾人祸、生老病死视为是"巫害"所为，因此被认为是"巫害"的人，将被赶出村寨或被处死。

（3）天主教和基督教（新教）。老挝的天主教徒大部分是泰族和越侨，信奉基督教（新教）的以苗族为多，势力有限。

四、国旗、国徽、国歌、国花、国鸟

老挝国旗通过一定的式样、色彩和图案反映国家政治特色和历史文化传统；老挝国徽则通过多种元素反映国家产业结构、历史文化及宗教信仰；国歌体现出爱国团结精神；国花体现出老挝人民的特质。

（一）国旗

老挝国旗长宽比为 3 : 2（见附图 11），以红色、蓝色及白色为主色，国旗旗面中间平行长方形为蓝色，占旗面的一半，上下为红色长方形，各占旗面的1/4。蓝色象征一片富饶美丽的国土，表示人民热爱和平安宁的生活。红色象征革命，表明不惜以鲜血为代价捍卫国家尊严。蓝色部分中间为白色圆形，圆形的直径为蓝色部分宽度的4/5。白色圆形象征老挝人民在党的领导下团结一致以及国家光明的未来。白色圆形也代表满月，置于蓝条之上，象征皎洁明月高悬于湄公河的上空。此旗原为老挝爱国战线旗帜。

（二）国徽

老挝国徽呈圆形（见附图12），由两束稻穗环饰的圆面上有具象征意义的图案：大塔是著名古迹，它是老挝的象征；齿轮、拦河坝、森林、田野等分别象征工业、水力、林业；稻穗象征农业。两侧的饰带上写着"和平、独立、民主、统一、繁荣昌盛"，底部的饰带上写着"老挝人民民主共和国"。

（三）国歌

老挝国歌为《老挝人民颂歌》，歌词大意为：我老挝人民热爱祖国自古相传，齐心协力，团结一致，力量无边。肩并肩，勇向前，维护祖国尊严。各族人民一律平等，当家做主。我们不让帝国主义和卖国贼得逞，齐心保卫祖国独立自由，永不受侵凌。坚决斗争夺胜，使老挝繁荣昌盛。

（四）国花

老挝国花是鸡蛋花，又称缅栀子、蛋黄花（见图8－1）。鸡蛋花一年四季盛开在老挝街头巷尾、房前屋后，象征着圣洁、安静、含蓄、朴实，符合老挝人民的性格特征。

（五）国鸟

老挝的国鸟是灰孔雀雉。

图8－1 鸡蛋花

图片来源：http://www.nipic.con/show/1/44/6666247kb64e7e96.html.

五、首都

万象是老挝的首都，位于湄公河中游北岸的河谷平原上，隔河与泰国相望。面积为3920平方公里，是一座历史古城，在老挝语中万象意为"檀木之城"，据传从前此处多檀木。自16世纪中叶塞塔提腊国王从琅勃拉邦迁都于此后，这里一直是老挝政治、经济和文化中心。由于城市沿湄公河岸延伸发展，呈新月形，因此万象又有"月亮城"之称。目前，万象已经成为国际闻名的旅游城市，旅游业也已成为当地的支柱产业，并带动了整个万象省的旅游业和经济发展。

六、政治体制

老挝实行社会主义制度，老挝人民革命党是老挝的唯一政党，是老挝政治体制的"领导核心"。

（一）宪法

1991年8月，老挝最高人民议会第二届六次会议通过了老挝人民民主共和国第一部宪法。宪法明确规定，老挝人民民主共和国是人民民主国家，全部权力归人民所有，各族人民在老挝人民革命党领导下行使当家做主的权力。

（二）国家元首

老挝人民民主共和国主席是老挝的国家元首。由国会选举产生，任期为5年。其主要职责有如下几项：公布宪法及法律；颁布国家主席令；总理的选任及向国会提议免职的建议；根据国会的决议，进行总理及部长的任命和罢免、调动；根据最高人民法院院长的建议，进行最高人民法院副院长的任命和罢免；根据最高人民检察院检察长的建议，进行最高人民检察院副检察长的任命和罢免；根据总理的建议，军队及治安部队的长久的升格或决定降格；国家黄金勋章，功绩勋章及国家最高名誉称号的授予；给予大赦；任命大使，进行大使召回，接受外国的大使等。

（三）国会

老挝国会原称最高人民议会，1975年12月2日老挝人民民主共和国成立之日由老挝省、县两级人民议会选举产生。1991年8月14日，老挝最高人民议会二届六次会议决定将最高人民议会改称国会，同时撤销地方省、县两级人民议会。老挝宪法规定，国会是国家最高权力机构和立法机构，有权决定国家各项基本事务，监督国家行政机关和司法机关的活动。国会每届任期5年，每年召开两次全体会，分别在6月和12月。特别会议由国会常委会决定或由2/3以上的议员提议召开。

老挝国会的主要职权包括以下几项：制定、修改和批准宪法；审查批准、修改和废除法律；规定、改变和取消税收；审查批准国家战略性社会经济发展计划和财政预算；根据国会常务委员会的提议，选举和罢免国家主席、副主席；根据国家主席的提议，审查批准政府的组成和解散政府；根据国会常务委员会的提议，选举和罢免最高人民法院院长和人民检察院总检察长；根据政府总理的提议，决定设立或撤销部和相当于部的国家机构、省和市，决定省和市的管辖地区范围；决定特赦；根据国际法及程序，决定同外国缔结的条约和协定的批准或废除；决定战争与和平的问题；维护宪法和法律的尊严。

（四）行政机构

老挝的行政系统从中央到基层有四级：中央、省、县、村。其中，省级、县级、村级统称地方政府。

（1）中央政府。中央政府各级行政管理机构及工作人员由老挝人民民主共和国主席、政府总理、国会主席或立法机构主席为全国各族人民权利的代表；此外，在中央还有部、部级单位、各国会专业委员会、人民法院及检察院。

（2）省政府。省政府是地方最高行政管理机构，其职能是指导、领导所属各个县、村。省长为省级最高行政长官，配备若干名副省长协助工作。

（3）县政府。县政府是省政府与村政府之间的沟通桥梁。其职能一方面是全面指导、领导所属村级政府；另一方面是收集村级情况向省级报告。县长是县级的最高行政长官，配备若干名副县长协助工作。

（4）村政府。村政府是老挝行政管理系统内最基层的政府行政机构，受县管辖。村政府较特殊，村长直接联系民众。村长由选举产生，不是国家公务人员（国家公务人员如省长、县长），没有月工资，只领取补助金。村政府由村长作为领导进行村内部事务管理，由副村长及各工作组组长（或村委会委员）协助工作。

七、经济状况

老挝以农业为主，工业基础薄弱，属世界上最不发达的国家之一，同样是亚洲不发达国家之一。

（一）经济发展成就

老挝1986年起推行革新开放，调整经济结构，即农林业、工业和服务业相结合，优先发展农林业；取消高度集中的经济管理体制，转入经营核算制，实行多种所有制形式并存的经济政策，逐步完善市场经济机制，努力把自然和半自然经济转为商品经济；对外实行开放，颁布外资法，改善投资环境；扩大对外经济关系，引进更多的资金、先进技术和管理方式。1997年后，老挝经济受亚洲金融危机严重冲击。老挝政府采取加强宏观调控、整顿金融秩序、扩大农业生产等措施，基本保持了社会安定和经济稳定。"七五"规划前半期（2011～2013年4月）共吸引国内外投资约106亿美元（含外援），完成引资总任务的61.81%。2012～2013财年老挝GDP约为101亿美元，同比增长8%，人均GDP为1534美元。

老挝的货币名称为基普（见图8－2）

（二）工农业与服务业

老挝以农业发展为主，工业和服务业基础薄弱。

1. 工业

老挝工业基础薄弱，没有重工业，主要工业企业有发电、锯木、采矿、炼铁、水泥、服装、食品、啤酒、制药等企业及小型修理厂和编织、竹木加工等作坊。

图 8 - 2 老挝基普

图片来源：http：//www.997788.com/s172_3708522/（有改动）.

汇率：1 人民币 = 1306.1000 老挝基普（2014 年 12 月 14 日）

2011～2012 年老挝工业生产总值约为 25.38 亿美元，同比增长 14.4%，占 GDP 的 28.2%；2012～2013 年工业增长 7.4%，占 GDP 的 28%。

2. 农业

老挝全国可耕地面积约为 800 万公顷，农业用地约为 470 万公顷，农业人口约占全国人口的 90%。农作物主要有水稻、玉米、薯类、咖啡、烟叶、花生、棉花等。2011～2012 年农业生产总值约为 24.03 亿美元，同比增长 2.8%，占 GDP 的 26.7%；2012～2013 财年农林业增长 3.1%，占 GDP 的 25.2%，稻谷产量约 343 万吨。

3. 服务业

老挝服务业基础薄弱，起步较晚。执行革新开放政策以来，老挝服务业取得很大发展。2011～2012 年，服务业生产总值约为 35.1 亿美元，同比增长 8.1%，占 GDP 的 39%；2012～2013 财年，服务业增长 9.7%，占 GDP 的 38.9%[①]。

（三）交通运输业

老挝是东南亚唯一的内陆国，交通主要靠公路、水运和航空运输。

1. 航空

老挝的航空业并不十分发达，至今没有洲际航线。全国有琅勃拉邦、万象、占巴塞三个主要国际航空港。截至 2014 年老挝国际航班主要有：万象市往返昆明、广州、曼谷、清迈（泰）、金边、暹粒（柬）、河内、吉隆坡、新加坡、首尔；琅勃拉邦市往返曼谷、清迈、乌隆（泰）、暹粒、河内、景洪、胡志明市；巴色市往返曼谷、暹粒；沙湾拿吉往返曼谷。万象瓦岱、琅勃拉邦、沙湾那吉和巴色等机场为国际机场。

---

① 数据来源：中国外交部。

2. 水路

老挝无出海口，没有开往境外的客轮，主要为内河运输。内河航道总长为4600公里，客运量为157万人次，货运量为62.1万吨。湄公河险滩较多，全年可通航的有万象下游到宾汉河口附近一段。大水时，小轮可由万象上溯到琅勃拉邦，南乌江下游也可通行小汽艇，其余河流大多只能通行小木船。

3. 公路

老挝公路总里程约为4.7万公里，承载80%客货运量。

4. 铁路

老挝仅有首都万象至老泰边境3公里铁路。2008年7月4日老挝与泰国举行首次试通车仪式，列车从泰国廊开火车站出发，在泰老友谊大桥进行出入境检查，驶向离老挝首都万象9公里处的塔纳楞火车站，这条铁路在老挝境内仅长3.5公里，也是老挝的首条铁路。这条铁路于2009年3月5日正式通车。

（四）对外贸易

老挝同50多个国家和地区有贸易关系，与19个国家签署了贸易协定，中国、日本、韩国、俄罗斯、澳大利亚、新西兰、欧盟、瑞士、加拿大等35个国家（地区）向老挝提供优惠关税待遇。老挝的主要外贸对象为泰国、越南、中国、日本、欧盟、美国、加拿大和其他东盟国家。2012年10月，老挝正式加入世界贸易组织。2011~2012年进出口贸易总额为38.13亿美元，其中进口17.48亿美元，出口20.65亿美元。2012~2013年老挝进出口贸易额为47.12亿美元，同比增长10.53%，其中出口18.98亿美元，同比增长18.49%；进口28.14亿美元，同比增长3.45%。

八、对外政策

老挝奉行和平、独立和与各国友好的外交政策，主张在"和平共处五项原则"基础上同世界各国发展友好关系，重视发展同周边邻国关系，改善和发展同西方国家关系，为国内建设营造良好外部环境。2011年老挝人民革命党"九大"重申继续坚持和平、独立、友好与合作的外交路线。保持同越南的特殊团结友好关系，加强与中国全面战略合作，加强与东盟国家睦邻友好，积极争取国际经济和技术援助。老挝于1997年7月正式加入东盟。截至2012年12月，已同135个国家建交。

第二节　老挝的人文习俗

老挝历史悠久，文化丰富，各民族在长期的社会历史发展中，逐渐形成了自己独具特色的生产、生活方式,构成了各民族风格迥异、精彩纷呈的民族风俗。

一、教育

随着老挝经济的不断发展,老挝政府在政策上加大了对教育的重视和投入,特别是在强制性的初级教育方面取得了一些成果,但仍存在入学率低、教育不公平等问题。

（一）教育体系

老挝实行普通教育、民校教育、职业教育并举的人民教育制度。学前教育以幼儿园为主的教育形式,学制3年;小学教育规定为义务教育,学制5年;中学教育分为初中和高中,学制定为初中3年,高中3年;高等教育学制一般为4年。

（二）高等教育

老挝现有4所大学,学生5.4万人。位于首都万象的老挝国立大学前身为东都师范学院,1995年6月与其他10所高等院校合并设立国立大学,有8个学院。老挝南部占巴塞省、北部琅勃拉邦省的国立大学分校相继独立,被正式命名为占巴塞大学和苏发努冯大学。另有直属卫生部的卫生大学。各类专业学院154所（主要为私立学院）,学生5.9万人。

资料8-2

老挝旧式教育

老挝的旧式教育以佛寺为中心,佛寺是学校,住持即校长,僧侣为教师。老挝现有佛寺2000多座,寺庙除举办佛事活动外,普遍开展教学活动。僧人在寺庙里不仅学习经文,还学习数学、历史等。僧侣教育由国家支持,分小学、中学、佛学院（相当于高中）三级。后者由教育部主管,毕业生被授予"马哈"的尊称。

二、习俗礼仪

老挝人口数量不多,但民族构成复杂,这使得老挝习俗呈现出节日庆典多、社交礼节多、礼仪禁忌多的特点。

（一）节日庆典

老挝的节日主要有两大类:政治性纪念节日和民间传统节日。

1. 政治性纪念节日

老挝的国家法定节日有独立日（10月12日）、国庆节（10月2日）、建党节（3月22日）、建军节（1月20日）、爱国战线成立纪念日（1月6日）。

2. 民间传统节日

老挝的民间传统节日是按佛历过的，主要民间传统节日有泼水节、塔銮节、稻魂节等。传统节日大都与宗教信仰有着极为密切的关系。

（1）泼水节。泼水节又称"宋干节"或"五月节"，是佛历新年（佛历5月，公历4月13~15日），相当于中国农历的春节，因而是老挝民间最隆重的节日。节日里老挝人在寺院拜佛、浴佛、泼水、栓线、布施、堆沙、放生等，同时在家里、大街上相互泼水、祝福，让纯洁的水洗刷掉过去的疾病、灾祸并祈求来年雨水充沛，五谷丰登，迎接美好的新的一年。在寺院里向佛像洒水。在琅勃拉邦，人们牵着大象游行，还将鸟和鱼放生。

（2）塔銮节。塔銮节也叫"光明节"，是万象市规模最大、场面最隆重的传统宗教节日，每年佛历12月（公历11月）举行，时间为半个月左右，因在塔銮广场举行而得名。节日期间，全国各地的僧侣和佛教徒络绎不绝前往塔銮广场朝拜，民众也携带各种食物、香烛、鲜花等向塔銮朝拜及向僧侣布施。每年庆祝塔銮节期间还举办老挝全国展览会，展览会邀请周边国家参展。此外，还有文艺、体育等表演活动，整个塔銮广场熙熙攘攘，热闹非凡。

（3）稻魂节。稻魂节（佛历2月，公历1月）因在佛历2月举行，人们又称此节为"二月节"，具体日期定在稻谷收割、打晒后到入库前的某一天。此节主要是庆祝丰收，向鬼神和祖先表示感谢，由于他们的保佑，才获得了好收成，同时也是为了祈求来年能有更好的收成。若某户人家确定了此节的具体日期以后，便开始准备食物以斋僧和招待客人，另外，还要准备香火、鲜花和蜡烛；净水、谷堆四周绕以白线。节日当天，至少要请5位僧侣前来诵经和洒圣水，主人则把剩余的水洒到田地、看护庄稼的窝棚上以及牛身上。接着，主人和亲朋及乡邻向僧侣献斋，并祭拜诸鬼神和祖先。最后，大家欢聚一堂，主人家宴请招待，并由德高望重者诵读祈祷词庆祝丰收。

（4）高升节。高升节老挝语称"本邦费"，是老挝的民间节日。因在佛历6月进行，所以又称为"六月节"。佛教徒认为，放"高升"是为了驱走灾祸，迎来幸福，同时也是为了祭拜天地，祈求风调雨顺，五谷丰登。

（5）涅槃节。涅槃节在佛历3月15日举行，是纪念释迦牟尼佛逝世的节日。节日当天，寺庙举行涅槃法会，人们聚集法会，面对释迦牟尼佛圣像，诵听《佛遗教经》，并做各种供奉。不方便的也可在家诵读《佛遗教经》或念佛，向佛像供奉香、花、果、清水等各种吉祥物品。总之，只要有心，怎么做都行。正所谓"佛法以无门为门，以无相为相"。"无门无相"即是说修行无固定的形式，只要心诚，方便即是"门"。

(6) 守夏节。守夏节又叫"迎水节"，每年7月中旬左右开始，相当于云南西双纳版傣族的关门节，也正是雨水较为集中的时期，3个月内僧侣专心在寺内悟道，不得擅自外出，在此期间按风俗不能结婚。

(7) 出雨节。出雨节在每年10月中旬左右，相当于云南西双版纳傣族的开门节，节后僧侣可外出，老百姓可以开始婚配，主要庆祝活动有点灯笼、放船灯等。另外，赛舟节也在出雨节期间举行，在河里组织划独木舟比赛，晚上在湄公河里可以看到一种神秘的蛇浮出水面。

(二) 饮食习俗

老挝人饮食简单清淡，多以香料调味，常用调料有葱、蒜、辣椒、香菜、油、酱、盐等。老挝人偏爱炒、烧、串烤等烹调方法制作的菜肴，菜肴的特点是酸、辣、生，一般口味不喜太咸。具有民族特色的菜肴有鱼酱、烤鱼、烤鸡、炒肉末加香菜、凉拌木瓜丝、酸辣汤等，蔬菜多生食，味道甜、酸、辣。

老挝人喜食糯米，以糯米饭为主食，约占全部食物的70%，糯米饭加上鲜鱼、蔬菜便可打发一顿，逢年过节才杀猪宰羊。老挝人大多信佛，注重佛门禁忌。他们在饮食方面的主要讲究是：不禁酒，不必食素，但"忌食十肉"，即不吃象肉、虎肉、豹肉、狮肉、马肉、狗肉、蛇肉、猪肉、龟肉等。

资料 8-3

世界啤酒中的明珠——老挝啤酒

老挝啤酒（Beerlao）是老挝百姓生活中的一种不可缺少的饮料。其出身显赫，由老挝政府与泰国 TTC 公司、丹麦 Carlsberg（嘉士伯）（中国香港）公司合资生产，以国家名字来命名，成为老挝举国的唯一啤酒品牌，也是老挝的国酒，还曾被美国《时代》、《纽约时报》杂志分别选为"亚洲最好的啤酒"和"世界十大名啤"，《曼谷邮报》还将它比作啤酒中的"奢侈品"，东南亚被遗忘的"宝石"，属于颇具盛名的"少数派"啤酒。

老挝啤酒引进德国最先进生产线及罐装设备，由人工选用老挝顶级的天然大米——香米，与源自喜马拉雅山下的泉水、德国的啤酒花和酵母、法国的发芽大麦酿制而成。麦芽味浓香，口味浓烈，口感醇厚，令人回味无穷，是典型的东西方特色的融合混搭。很多老挝人，只要有钱，首先就是买瓶老挝啤酒享受下快乐，配上传统的凉菜和烧锅烤，舌尖上的诱惑发挥得淋漓尽致。

时至今日，老挝啤酒已远销美国、法国、日本、新西兰、加拿大、澳大利亚、英国、德国等多个国家与地区，在东南亚传统国家里更是随处可见。

（三）社交礼仪

老挝以佛教为主要宗教，佛教的影响渗透到民众日常生活的各个方面，流行的风俗礼仪多与佛教有关。老挝人善良朴实，待人客气，彬彬有礼，见面时习惯于行双手合十礼。合十礼有两种：一种为一般的合十礼，即双手掌伸直、手指并拢，行合十齐唇礼；另一种为特别的合十礼，双手合十还要鞠躬施礼，并向对方致意，这种行礼方式只是在对对方特别尊敬的情况下才使用。

对认识的人，见面和分手时都要招呼，见面时说声"萨白迪"（"你好"的意思），熟人见面时可只问好而不施礼。告别时，说声"拉告恩"（"再见"的意思）。与老挝人打招呼时，如果知道对方姓名，可以只称名而不称姓。但为了表示尊敬，要根据不同对象，在其名前加上不同的表示尊敬的字，对社会地位较高的男子加"陶"，女性加"娘"，亲王加"昭"等。对于不知姓名的人，称老大爷为"耶泡"，称老大娘为"耶麦"，称大哥为"耶艾"，称大姐为"耶娥"，称弟弟、妹妹为"耶侬"。在生活中，老挝人自己也习惯单呼其名，而从不单呼其姓。在一般情况，年少者应主动向年长者施礼问好，女子应主动向男子施礼问好，主人应主动向客人施礼问好（但男主人见女客人只问好而不主动施礼），受礼者均应还礼。行握手礼时，同西方人的习惯一样，男士要等女士主动伸出手才行此礼，并且在握手前最好先摘下帽子。

老挝民间流行为远道来客举行拴线祝福的礼仪，以表示诚挚的友情和良好的祝愿。行拴线祝福礼时，主人会将一缕用香水浸泡过的线拴在客人的手腕上，先拴左手腕，后拴右手腕。拴毕，双手合十，举到胸前，并说"愿您长寿、健康、幸福"。客人三天后可解开拴线。

（四）禁忌

老挝人认为头是最神圣的部位，忌讳摸头顶，脚是身体最下面的部位，绝不能用脚对着人或用脚开门及移动物品。在僧侣或客人面前，不须能两腿交叉坐。当有人对坐谈话时，不要从谈话两人间穿过，如无地方绕行，须从中间低头穿过并说"对不起"。老挝人忌讳生人进入内室，不经主人邀请或没有获得主人同意，不得提出参观主人的庭院和住宅的要求，即使是比较熟悉的朋友，也不要触碰客厅里除书籍、花草以外的个人物品和室内的陈设。在老挝，有些山或树被视为"神山"或"神树"，不可轻易进入这种山或用手触摸这种树。老挝的民间传统节日大多与佛教有关系，在佛教节日期间，老挝人不杀生，市场上不售肉，家里也不能吃肉。不能随便触摸佛像，更不能在佛寺或其附近杀生、砍伐菩提树、椿树之类。不能把佛寺中的东西带出寺外，更不得把和尚禁吃的东西如狗肉、马肉、蛇肉及酒等带入佛寺。外人不能同和尚一起进餐，佛寺中的池塘、水缸或锅中的水，外人可以饮用，但不能喝和尚水壶里的水，除非和尚允许。

第三节 老挝旅游业的发展

旅游业对老挝来说是一个新兴产业，仅有十几年的发展历史，然而就在这十几年间，旅游业收入已经成为老挝最主要的外汇收入来源之一，其发展速度令外界惊叹。

一、主要旅游城市和旅游景点

老挝是一个神秘、古朴、风情万种的国度，其南部丰富的自然景色完整保留了未被开发破坏的原貌，北部的传统文化艺术和纯朴生活方式也得到完好的保存。良好的自然环境、纯真自然的民族风情吸引了万千游人的目光，是渴望回归自然的现代人理想的观光地。主要旅游城市有万象、琅勃拉邦、万荣、巴色。

（一）万象

1. 概况

万象是老挝首都，始建于公元前 4 世纪。从公元 14 世纪以来，万象一直是老挝的经济中心。作为老挝的首都，万象其实更像是一个城镇，小而喧嚣，生活气息浓厚。目前，万象已经成为国际闻名的旅游城市，旅游业也已成为当地的支柱产业，并带动了整个万象省的旅游业和经济发展。

2. 主要旅游景点

首都万象的主要旅游景点有万象凯旋门、玉佛寺、塔銮寺。

（1）万象凯旋门。万象凯旋门（见图 8-3）位于老挝市中心，是万象最受欢迎的旅游景点，凯旋门的建造是为了庆祝老挝解放成功，纪念老挝人民顽强抵抗外国殖民者的入侵。凯旋门高 45 米，宽 24 米，远观和法国巴黎的凯旋门十分相像。凯旋门是典型的老挝风格，拱门基座上的雕刻很精美，表现出一种传统的老挝民俗文化。凯旋门檐壁上的装饰更是反映了最为经典的老挝民俗中的精华，站在它的顶部能够一览整个城市的风貌。

图 8-3 万象凯旋门

图片来源：http：//news. 12371. cn/2013/01/22/ARTI1358801587829670. shtml.

（2）玉佛寺。玉佛寺原来是供奉著名的"僧伽罗佛像"的地方，如今则是一个宗教艺术博物馆，藏品从国王包金的御座到高棉雕像、高质量木雕以及非常著名的门雕及形态各异、大小不一的金、玉、水晶佛像，十分丰富。

（3）塔銮寺。塔銮寺（见图8-4）是公元1560年赛塔提腊国王统治时期在一古塔的基础上历时6年扩建而成的。后屡遭损坏，也屡经修缮，方保存至今。现在的塔銮寺是一座砖石结构的佛教建筑群，是一组群塔建筑，在建筑艺术上享有盛誉。塔銮寺占地8400多平方米，整个建筑呈四方形，灰砖结构，建筑风格独特。主塔底部由三层巨大的方座构成，四边正中均有膜拜亭；分三层，意比"佛说三界"。塔

图8-4 塔銮寺

图片来源：http：//www. quanjing. com/ imginfo/63048-30011-61. html.

銮寺是老挝最重要的国家纪念碑，它是佛教和老挝主权国家共有的标志，被视为老挝的国宝，是老挝佛教徒和民众顶礼膜拜的中心。

（二）琅勃拉邦

1. 概况

老挝古都琅勃拉邦（LangPrabang）是一个精致的古色古香的小山城，位于湄公河畔群山环抱的谷地，距离首都万象大约有500公里，是老挝现存的最古老的一个城镇，距今已有1000多年的历史。经联合国专家组考察，琅勃拉邦全市有679座有保存价值的古老建筑物。1995年12月，琅勃拉邦被联合国教科文组织列入世界历史遗产名录。民风淳朴、自然生态保护完好、没有过分商业化的人际关系，被公认为东南亚传统与殖民风格保存最为完好的城市，成为西方游客追求的"世外桃源"。

2. 主要旅游景点

古都琅勃拉邦的主要旅游景点有坦丁洞、王宫博物馆、维苏那拉特寺。

（1）坦丁洞。坦丁洞是琅勃拉邦最重要的洞穴，象征着湄公河的灵魂。坐落在琅勃拉邦以北30公里的湄公河东岸，位于叫Ban Shang Hai的村寨里。包括Tham Ting和Tham Phum两个古洞，里头有非常多的小佛像，大约有4000多座佛像。在佛教还未传入老挝之前，村寨里的人原来大多以捕鱼为生，捕到的鱼供应琅勃拉邦及周边地区。自从佛教开始兴盛，老挝人就开始崇尚自然精神，也开始重视这个天生的佛洞。

（2）王宫博物馆。王宫博物馆这幢建筑物的历史并不悠久，1904年这座王宫最初建在湄公河畔，作为当时国王及其家人的住宅。国王于1959年去世后他的儿子继承了王位，1975年的革命，这座王宫被改建成了博物馆。在博物馆里可以看到澜沧王国的遗迹和许多国家级的文物。整个皇宫金碧辉煌，光艳夺目，

殿内装饰古雅华贵，宫中可见昔日的大殿、议事厅、书房、收藏室、起居室等。

（3）维苏那拉特寺。琅勃拉邦最古老的寺庙是维苏那拉特寺，始建于 1513 年，现存的主体建筑大多是在 1896 年后重建的。1887 年，一伙称为"黑旗军"的云南土匪放火焚烧了寺庙，1898 年得以重建。有着高大天花板的主殿里摆放了很多木制祈雨佛像和 15～16 世纪琅勃拉邦的戒坛。由于在重建过程中融入了不少印度和高棉元素，这使得其戒坛看上去有别于传统的老挝风格。著名的普拉邦佛像曾经两度存放在这座古寺。寺院中有一座高 34 米的大莲花佛塔。这座佛塔于 1903 年由当时的王后下令兴建。佛塔内原来藏有水晶佛和金佛像，现已转存于王宫博物馆。

（三）万荣市

万荣市位于万象和朗勃拉邦两个主要城市之间，距万象 160 公里，是一个依山傍水的美丽小山城。这座小城是以它众多的岩洞而著名的。静谧的南松河流过，有神奇的喀斯特地形，千奇百怪的岩洞，以及传统的老挝村庄。在万荣既可以逍遥休闲度日，又可访问附近村庄的老挝人家，深入了解并体验当地不同民族纯朴的生活方式，来到这里的中国人都称其为"小桂林"。这也是一处万象市民们常来游览的胜地。

（四）巴色

巴色（Pakse）是老挝下寮地区最大的商业城市，水路交通枢纽，占巴塞省首府，是老挝全国第三大城市。巴色位于老挝地势最低的巴色低地北端，中心南边环绕着湄公河，而北边和西边则被细东河包围，13 号公路从北部穿城而过。由于该市所在地区在 10～13 世纪时期为高棉吴哥王朝统治，因而留有吴哥王城遗址。

巴色的主要景点是华普庙，位于市区西南 45 公里处，是老挝南部最著名的宗教遗址。该庙为高棉风格的石砌建筑，是在公元 949 年由高棉国王的儿子所建。该庙正门前面曾建有一座楼，楼后是两个水池，供王室庆典时戏水之用。

二、现代旅游业的发展

老挝旅游业经过十几年的发展，取得了一定的成绩，主要体现在以下几个方面：

（一）旅游客源市场不断扩大

革新开放以来，旅游业成为老挝经济发展的新兴产业。老挝与超过 500 家国外旅游公司签署合作协议，开放 15 个国际旅游口岸，同时采取加大旅游基础设施投入、减少签证费，放宽边境旅游手续等措施，旅游业持续发展。2011～2012 财年老挝共接待国内外游客 290 万人次，旅游业收入 4.35 亿美元，同比增长

7.1%；2012～2013 财年老挝共接待国内外游客 378 万人次，前三大游客来源国为泰国、越南和中国。2013 年 5 月，老挝被欧盟理事会评为"全球最佳旅游目的地"①。

（二）旅游业发展政策逐步完善

老挝在促进旅游发展方面提出了一系列政策，其中包括实施与外国在经济、文化方面的合作开放政策；鼓励旅游和推进工业旅游，逐步提高老挝各族人民的日常生活水平，全面促进国内生产；对吸引外国游客到老挝旅游的艺术文化、优秀的民俗民风、美食传统、古物和历史遗迹，应予以发扬、宣传和保护；为社会提供就业机会，为各族人民增加创收；在政府出台有关鼓励旅游业的外交政策下，与各国建立友好关系。此外，老挝政府还向一些旅游业比较发达的国家如泰国、新加坡、马来西亚、韩国、中国等国学习和借鉴它们的旅游经验与教训。老挝国家旅游局还派了一些人员，让他们到国外学习一些有关发展旅游业的相关课程。

（三）旅游协会作用凸显

2011 年 3 月 1 日老挝国家旅游局宣布成立旅游市场促进协会。首届协会领导机构设主席 1 名、副主席 2 名、委员 7 名，老挝国家旅游局副局长苏加深·泼提散任主席，老挝旅游协会副主席坎丹·庚班亚和老挝宾馆饭店协会副主席銮乔·提拉普任副主席。老挝旅游市场促进协会的主要职能是让政府和相关企业在旅游市场宣传、运营工作中建立有效的合作机制。

（四）中老旅游关系日益密切

中老于 1961 年 4 月 25 日建交，双方的旅游交往也日益密切。1992 年中国政府开放公民赴老挝的边境旅游，1996 年两国签署"旅游合作协定"，1999 年中国政府批准老挝为旅游目的地，之后双方就将要签署的备忘录具体条款展开了长期的讨论。2011 年 11 月 25 日中国与老挝旅游部门签署了关于中国旅游团队自费赴老挝旅游的谅解备忘录，标志着老挝正式成为中国公民的旅游目的国。2011 年 6 月 9 日上午，中国—老挝本币跨境结算正式启动，富滇银行老挝基普兑人民币汇率同时挂牌，人民币与老挝基普将可直接转换与定价，不再需要多次换汇。2011 年 12 月 5 日云南省昆明市与老挝万象市签署《旅游合作意向书》，以推动双方旅游业联动发展。合作意向书提出昆明与老挝两市将加强旅游合作，以昆明—万象历史文化、人文景观、生态旅游为依托，本着"资源互补、优势互补、客源互动、互惠互利"的原则，推动双方旅游业联动发展。同时，双方还将积极推动旅游产业信息化工作，谋求共建旅游信息平台，实现旅游信息共享，并加强培训两

---

① 数据来源：中国外交部。

地语种导游，共同努力提高旅游服务质量。2012年昆明新机场建成使用，开通昆明—清迈、昆明—新加坡等东南亚城市的直航航线，更好地推动了中老旅游的共同繁荣。

资料8-4

老挝首届国际旅游文化节

2014年12月6日，中国、老挝、泰国、缅甸之间的首个国际旅游文化节在老挝波乔省的金三角经济特区举行，文化节旨在推动四国旅游业发展。中国多家旅行社以及周边国家的旅行社与金三角特区签署旅游合作协议，共同开发以金三角为中心、包括老挝其他景区景点和泰北特色旅游线路为主的新兴旅游产品。金三角经济特区目前已将未来发展方向定位为"发展成为具有坚实经济基础的现代化以及安全的旅游城市"。随着中国—东盟自贸区和"南亚大通道"的建设，及国际旅游文化节的举办，老挝旅游将迎来前所未有的黄金机遇。

※本章小结

本章主要介绍了老挝的基本国情、人文习俗、主要旅游城市及著名旅游景点、老挝在旅游发展上取得的成绩等知识。作为东南亚唯一一个内陆国家，老挝以其良好的生态环境和淳朴的民风民俗吸引了大量游客，旅游业发展势头良好。了解和掌握老挝的基本情况有助于在旅游就业竞争中获取优势。

★复习思考题

1. 老挝有几种合十礼？分别在什么场合使用？
2. 老挝有哪些民间传统节日？
3. 结合老挝旅游业发展成效，分析老挝旅游业未来的发展前景。

第九章　马来西亚

教学目标

了解马来西亚的基本概况

掌握马来西亚的人文习俗、著名的旅游城市和旅游景点

教学重点

马来西亚的礼仪习俗、著名旅游城市和旅游景点

教学难点

马来西亚的禁忌与习俗

第一节　马来西亚的基本国情

马来西亚（Malaysia）全称为马来西亚联邦（前身马来亚），简称大马。"马来"二字在马来语中意为黄金，特指马来半岛是个盛产黄金的地方。马来西亚是东南亚国家联盟的创始国之一。

一、自然条件

马来西亚地处亚洲大陆的最南端，是东南亚的中心。气候宜人，全年无明显季节变化。矿产资源丰富，拥有多种珍稀动植物。独特的地理位置和优越的自然条件，使之成为投资和移民的首选地。

（一）地理位置

马来西亚地处太平洋和印度洋之间，国土面积为330257平方公里，全境被南中国海分成东马来西亚和西马来西亚两部分。西马来西亚又称马来半岛或西马，位于马来半岛南部，北与泰国接壤，西濒马六甲海峡，东临南中国海，南濒柔佛海峡与新加坡毗邻；东马来西亚为砂拉越地区和沙巴地区的合称，位于加里曼丹岛北部。马来西亚海岸线长4192公里。

（二）气候

马来西亚因位于赤道附近，属于热带雨林气候和热带季风气候，无明显的四季之分，一年之中的温差变化极小，平均温度在26～30℃，全年雨量充沛，3～6月及10月至次年2月是雨季。内陆山区年均气温为22～28℃，沿海平原为25～30℃

（三）自然资源

马来西亚是一个自然资源十分丰富的国家，是优质热带硬木、天然橡胶、棕榈油、锡、石油及天然气的重要出产国。

（1）矿产资源。马来西亚曾是世界产锡大国，因过度开采，产量逐年减少。马来西亚石油储量丰富，此外还有铁、金、钨、煤、铝土、锰等矿产。

（2）动植物资源。马来西亚的原始森林有濒临灭绝的奇兽珍禽，如狐猴、巨猿、白犀牛、猩猩等。鸟类、蛇类、鳄鱼、昆虫等野生动物数量业很多。兰花、巨猿、蝴蝶被誉为马来西亚的三大珍宝。

二、发展简史

（一）古代文明时期

从印度输入的印度教和佛教文化，主导了早期马来西亚的历史。公元初年，马来半岛建立了羯荼、狼牙修、古柔佛等古国。10 世纪伊斯兰教传至马来西亚，直到 14 世纪和 15 世纪，三佛齐覆灭后不久，伊斯兰教在马来半岛奠定根基。这个地区分裂成众多以伊斯兰教为主的苏丹国，其中最著名的是马六甲苏丹王朝。伊斯兰文化对于马来人产生了深远影响，但是同时它也受到马来民族的影响。15 世纪初以马六甲为中心的满剌加王国统一。7～14 世纪，在苏门答腊的三佛齐文明达到高峰，其影响力延伸至苏门答腊岛、爪哇岛、马来半岛和婆罗洲的大部分地区。

（二）葡萄牙统治时期（1511～1641 年）

由于马来西亚位于印度洋与南中国海之间，所以长期以来是东方和西方商人与旅客汇集的中心。马六甲王朝的商业兴盛，更引起了西方国家的觊觎。葡萄牙于 1511 年占领了马六甲。他们占领马六甲的主要目的是要控制香料贸易及增强葡萄牙在东方的势力。当时，葡萄牙代表团领袖薛魁拉（Lopez de Sequeira）与马六甲发动战争。马六甲被葡萄牙打败后开始了马来西亚被殖民统治的命运。

（三）荷兰统治时期（1641～1824 年）

继葡萄牙之后，荷兰人也想占领马来亚（马来西亚前身）这块贸易金地。荷兰人想要占领马六甲的原因主要是想要控制东方的香料贸易、从印度来的布料买卖以及马来州属的锡矿业。1641 年，在柔佛政府的协助下，马六甲落入荷兰人手中，并由荷兰东印度公司管辖。

（四）英国统治时期（1824～1957 年）

英国人莱特（Francis Light）最早于 1786 年从吉打苏丹手中得到槟城的统治权以作为贸易和军事的基地，即征服了马来半岛北端槟城（Pulau Pinang）此地，登陆槟城后英国人的势力慢慢在全半岛巩固起来。在 1800 年苏丹割让了马来西亚半岛上的 Province Wellesley，而 1819 年时英国人莱佛士（Stamford Raffles）发现了新加坡，并开始开发新加坡。此后，英国人透过各种政治压力与外交手腕，逐渐地统治了整个马来半岛。1824 年英国人正式从荷兰人手中得到马六甲。

（五）日本占领时期（1939～1945 年）

1941 年 12 月 8 日，日本军队在吉兰丹哥打巴鲁登陆，到 1942 年的 2 月英军节节败退，马来亚、沙巴及砂拉越全部落入日本人手里。日本人在占领期间大肆屠杀华人以报复华侨募款救援中国抗日，同时制造马来人和华人间的种族矛盾。日本人统治了马来亚 3 年零 8 个月后宣布投降。

（六）马来西亚的独立（1957 年）

日本战败后，英国重新殖民马来西亚，然而马来西亚人民在当时已经笼罩在非殖民化的思潮当中，英国因而于 1946 年 1 月发表白皮书，成立"马来亚联盟"，希望抑制人民的情绪。然而白皮书上的内容剥夺了苏丹和马来人的权利，反抗声越来越激昂。在 1948 年 2 月 1 日英国人签订成立"马来西亚联邦"的条约，重新归还权力给苏丹和马来人。英国于 1950 年允许马来亚实施地方议员选举，1955 年第一次举行全国大选，由东姑阿都拉曼所领导的"华印巫联盟"获得胜利，东姑阿都拉曼出任自治政府的首席部长，在马来人的不断努力之下，马来半岛 11 州终于 1957 年 8 月 15 日与宗主国英国政府协议独立，并于同年 8 月 31 日举行独立庆典，定为国庆节。由于国内外各种政治及经济因素，马来半岛的 11 个州于 1963 年 9 月 10 日与新加坡、沙巴及砂拉越共同组成马来西亚联邦，又称"大马来西亚"（简称"大马"），至此马来西亚正式独立。

三、人口和居民

马来西亚人口数量在东南亚国家中排列第六位，华人所占人口比例仅次于马来人，因此华语在马来西亚拥有一定地位。马来族是其主要民族，伊斯兰教为国教。

（一）人口数量

2014 年，马来西亚总人口为 3000 万。其中，马来人占 55%，华人占 24%，印度人占 7.3%，其他种族占 0.7%[①]。

（二）语言

马来西亚国语为马来语，此外英语、华语在马来西亚使用也较广泛。

（三）民族、宗教

马来西亚是多元种族国家，民族文化的多样性也决定了其浓厚的宗教色彩。

1. 民族

马来西亚是一个多个民族、多种文化组成的国家，传统上马来西亚主要由三个族群组成，即马来族、华族和印度族。马来族是最大的族群，占人口比例的 55%；华族是第二大族群，占人口比例的 24%；第三大族群印度族的人口比例是 7.3%。

（1）马来族。马来族又称巫族，习惯上也称为马来人，居住于马来亚、苏门答腊和婆罗洲。马来族属蒙古人种马来类型，体质特征是身材矮小、皮肤颜色深、体毛发达、鼻宽低、嘴唇厚、眼窝深。大多信奉伊斯兰教，语言属南岛语系印度尼西亚语族。

（2）华族。马来西亚籍的华族，大多自称为"华人"或"唐人"，马来西亚华族主要是明朝、清朝到民国时期数百年来从中国福建和广东、广西、海南等一带迁到马来西亚的移民。

2. 宗教

马来西亚宪法保障宗教自由，并规定伊斯兰教为国家宗教。其他宗教还有佛

---

① 数据来源：新华网。

教、印度教和基督教等。

（1）伊斯兰教。马来人信仰伊斯兰教。由于马来人在政治上势力很大，伊斯兰教也成为马来西亚的国教，马来西亚有近53%的人信奉伊斯兰教，一般说来马来人一出生便是穆斯林教徒，不允许改宗教。在马来西亚，伊斯兰教也不是完完全全纯粹的伊斯兰教，它还受万物有神论、印度教、爪哇印度教的影响。除伊斯兰教之外，马来人还保留着原始宗教，其代表性的仪式是称作"昆德利"的共食仪式。这种共食仪式起着维持社会连带关系的重要作用。可以说马来人的社会组织是由伊斯兰教规范和传统习惯二者合一共同维系的。

（2）佛教。佛教在马来半岛上曾一度盛行，15世纪以后逐渐衰落。19世纪，大批华人的到来使得佛教特别是大乘佛教得以恢复和发展，如今在马来西亚佛教的信奉者多为马来西亚的华人。吉隆坡和华人集中的槟城是马来西亚的佛教中心。马来西亚佛教总会设在槟城，该会还办了马来西亚佛学院。

（3）印度教。住在马来西亚的印度人多为印度南部的泰米尔族。其代表性的宗教是印度教，这是印度人特有的宗教。教众约占到马来西亚人口总数的7%。印度教的核心是转世思想，坚信因果报应，一生行善积德，以图转世投胎到高级的种姓。印度教的特点是一无教祖；二无教会组织；三无至高无上的经典，人们崇拜村镇神、家族神和个人神三种神氏。印度教有许多外国人很难理解的地方，比如作为社会基本制度的种姓制度。印度教终极理想是达到"梵我如一"，而要达到这种至高的境界需要做瑜伽等种种苦行。供奉的神有维鸠奴神、湿婆神。马来西亚泰米尔人所信奉的并不是印度教中最纯粹的婆罗门教，正统的印度教徒拒绝参加"大宝藏节"。

（4）基督教。基督教是随着葡萄牙、荷兰、英国的入侵而传入马来西亚的。由于这些国家的殖民者属于不同的教派，他们带来的基督教也有不同的分支，主要是天主教、新教。马来西亚约有100万的基督教徒，主要为部分华人、欧亚混血人以及部分土著居民。

四、国旗、国徽、国歌、国花、国鸟

马来西亚的国旗、国徽、国歌是国家的象征，代表了国家的主权、独立和尊严，反映了国家的历史传统和民族精神；国花是街头巷尾随处可见的朱槿；国鸟是受马来人喜欢和崇拜的犀鸟。

（一）国旗

马来西亚国旗（见附图13）又被称为"辉煌条纹"，是马来西亚的国家主权象征之一。国旗呈横长方形，长与宽之比为2∶1。主体部分由14道红白相间、宽度相等的横条组成。左上方有一深蓝色的长方形，上有一弯黄色新月和一颗

14 个尖角的黄色星。14 道红白横条和 14 角星原代表全国 14 个州,自新加坡在 1965 年独立后代表全国 13 个州和联邦直辖区。蓝色象征人民的团结,黄色象征皇室,红色象征勇敢,白色象征纯洁,新月象征马来西亚的国教伊斯兰教。这面旗帜自 1963 年 9 月 16 日马来西亚成立时正式开始启用。

　　(二) 国徽

　　马来西亚国徽(见附图 14)图案分别代表国家元首和联邦的 13 个州。盾面上端分列 5 把入鞘的短剑,分别代表柔佛州、吉打州、玻璃市州、吉兰丹州和丁加奴州;中央红、黑、白、黄 4 条色带则分别代表雪兰莪州、彭亨州、霹雳州和森美兰州;左侧蓝、白波纹的海水和 3 根蓝色鸵鸟羽毛图案是槟城州徽;右侧一棵马六甲树代表马六甲州;底部左边褐色双臂高擎一面旗帜,代表沙巴州;右边一只展翅的红、黑、蓝三色飞鸟代表砂拉越州;中间红色的朱槿花是马来西亚国花,象征马来西亚国家元首,这一图案是 1967 年加入的,原来这个位置是代表新加坡的徽记。盾徽上面,黄色新月和星星图案交相辉映,象征伊斯兰教和君主是至高无上的。盾徽两侧相向站立一头猛虎,后肢踩着金色饰带,饰带上分别用马来文和爪哇文写着警句“团结就是力量”。

　　(三) 国歌

　　马来西亚的国歌是《我的国家》,曲调原来是马来西亚和印度尼西亚的流行歌曲《月光》。1901 年,马来亚霹雳州的统治者去伦敦参加英王爱德华七世的加冕礼时,他的秘书把这个流行歌曲的曲调哼给英国的乐队指挥听,名队就用这个曲调来欢迎他,后来这个曲调被填上了新词,成为霹雳州的州歌。1948 年来马来亚联邦成立,1963 年马来西亚联邦成立,它又先后成为马来亚和马来西亚的国歌。

　　(四) 国花

　　马来西亚的国花是朱槿,又称大红花、扶桑(见图 9 – 1),马来西亚人民用这种红彤彤的朱槿花朵,比喻热爱祖国的烈火般的激情;也有人比喻为革命的火种撒满大地而燃起熊熊大火,使殖民主义者相继后退。

　　(五) 国鸟

　　马来西亚的国鸟是犀鸟(见图 9 – 2),一种形态优美、色彩艳丽的鸟儿,在马来西亚数量多,且历史悠久,深受砂拉越人的喜爱和崇拜,是当地人心目中的“神鸟”,地位非常尊贵。在马来西亚人居住的长屋里放置尽可能多的犀鸟雕刻被视作是一种

图 9 – 1　朱槿

图片来源:http://zhidao.baidu.com/question/1882722535754805908.html.

无上荣光，他们认为这些华丽而鲜艳的雕刻是献给神最好的贡品，在每年的"鸟节"上，以犀鸟雕刻祭神是一种必需的仪式。

图 9－2　犀鸟

图片来源：http：//tupian.baike.com/.

五、首都

马来西亚的首都为吉隆坡，位于马来西亚半岛的中西部，人口约为167.4万（2011年7月，马来西亚统计局），面积达243平方公里，是马来西亚第一大城市以及政治、经济、金融、工业、商业和文化中心，也是马来西亚交通和电信枢纽。曾经有"世界锡都、胶都"之美誉。1860年建城，1963年成为马来西亚联邦的首都。短短一个多世纪，便由"泥泞的河口"，一跃而成为著名的观光城市。

六、政治体制

马来西亚是一个由13州和3个联邦直辖区组成的联邦体制国家，实施联邦议会君主立宪制，最高元首是国家的象征及军事最高统帅，国会是国家最高立法机关。

（一）宪法

1957年颁布《马来亚宪法》，1963年马来西亚联邦成立后继续沿用，改名为《马来西亚联邦宪法》，后多次修订。宪法规定，最高元首为国家最高领导者、伊斯兰教领袖兼武装部队统帅，由统治者会议选举产生，任期5年。最高元首拥有立法、司法和行政的最高权力，以及任命总理、拒绝解散国会等权力。1993年3月，马来西亚议会通过宪法修正案，取消了各州王室最高领导者的法律豁免权等特权。1994年5月修改宪法，规定最高元首必须接受并根据政府建议执行公务。2005年1月，国会下议院再次通过修宪法案，决定将各州的水供事务管理权和文化遗产管理权移交中央政府。

（二）国家元首

马来西亚最高元首为国家元首，是由统治者会议从 9 个世袭苏丹中依照参加竞选最高元首的苏丹的年龄和就任年代拟出的名单中，选出一位资历最高的苏丹担任，任期 5 年。就任的 5 年内，不得兼任原州属的统治者职务以及任何上市公司的董事。最高元首拥有立法、司法和行政的最高权力，是联邦武装部队的最高统帅。其他主要职权有委托武装部队参谋长、警察总监及武装部队委员会成员；任命总理、联邦法院的首席大法官、大法官及高级法院的法官，任命人民审计长、总检察长及马六甲、槟榔屿、沙巴及砂拉越四个州的州长；召开国会、解散或拒绝解散国会；要求召开专门涉及统治者的特权、地位、荣誉和称号的统治者会议；批准国会通过的法案及拥有最高赦免权；宣布国家处于紧急状态等。最高元首的法定配偶为最高元首后。

（三）国会

马来西亚国会是马来西亚宪法法定的立法机构，是马来西亚最高立法机关，任何法律、条例都须经由国会通过。国会的体制是因循英国国会的西敏议会制分为上议院和下议院两院，上、下两院再加上最高元首即构成马来西亚的立法体制。

下议院共有 222 名议员，每名国会议员代表一个选区，在大选中以小选区多数制选出。全国大选须在每 5 年举行一次，或在最高元首解散国会后。21 岁或以上的选民得以投票，但投票并非强制性。候选人的法定年龄为 21 岁。当一名议员过世、辞职或不足以完成任期，该选区将举行补选，除非当届国会离届满日期只剩不足 2 年时间，则该席位将被悬空。

上议院有 70 名上议员，其中 26 位由各州议会选出（每州 2 名），4 名由最高元首委任以代表 3 个联邦直辖区（吉隆坡 2 名，布城 1 名与纳闽 1 名）。剩余的 40 名由最高元首在总理推荐下委任。所有上议员须为 30 岁或以上，任期为 3 年，最多 2 届。国会的解散并不会影响上议院。

（四）行政机构

内阁是马来西亚最高的行政机构，内阁由首相所领导，内阁部长定期向国会汇报。根据宪法第四十三条之规定，内阁成员必须由国会中选出，首先在下议院中得到最高支持率的议员会被推举为首相，然后最高元首会根据首相所提交的名单中选出内阁部长和副部长，内阁部长定期在每个星期三召开内阁会议，副部长并无权出席该项会议。

内阁首相，即马来西亚总理，是马来西亚行政机关的领袖。总理由最高元首任命。在马来西亚宪法中阐明，最高元首必须委任一名获得国会下议院多数议员支持的议员出任总理。

七、经济状况

马来西亚是一个新兴的多元化经济国家，是面向市场经济的开放型经济体，丰富的石油产量为其经济启动工业化提供支持。

（一）经济发展成就

马来西亚在20世纪70年代前，经济以农业为主，依赖初级产品出口。70年代以来不断调整产业结构，大力推行出口导向型经济，电子业、制造业、建筑业和服务业发展迅速。90年代经济突飞猛进，为"亚洲四小虎"之一。2010年马来西亚公布了以"经济繁荣与社会公平"为主题的第10个五年计划，并出台"新经济模式"，继续推进经济转型。马来西亚已成为亚洲地区引人注目的多元化新兴工业国家和世界新兴市场经济体。2013年马来西亚GDP为3166亿美元，增长率为4.7%。

马来西亚的货币名称为林吉特（见图9-3）。

图9-3 林吉特

图片来源：http：//image. baidu. com/.

汇率：1人民币＝0.5636马来西亚林吉特（2014年12月25日）

（二）工农业与服务业

马来西亚以工业发展为主，农业和服务业的发展也比较乐观。

1. 工业

马来西亚的工业主要是原料主导型的加工工业，近些年来，在电子、汽车以及钢铁方面发展非常迅猛，国产小汽车在东南亚一带享有盛誉。如今，马来西亚将工业发展成为技术密集型工业，增加工业产品的附加值，已经形成了规模完整的工业体系。

2. 农业

马来西亚耕地面积约为485万公顷。农业以经济作物为主，主要有油棕、橡胶、热带水果等。粮食自给率约为70%。2010年农业总产值为1046亿林吉特，占国民生产总值的 7.3%，农业就业人口 147.5 万①。

3. 服务业

马来西亚服务业范围广泛，包括水、电、交通、通信、批发、零售、饭店、餐馆、金融、保险、不动产及政府部门提供的服务等。20 世纪 70 年代以来，马来西亚政府不断调整产业结构，使服务业得到了迅速发展，成为国民经济发展的支柱性行业之一，全国几乎一半的人口从事服务业。2013 年，马来西亚服务业出口额为 1254 亿 7000 万林吉特，占总出口额的 15.4%，同比增长 1.1%，服务业贡献 55% GDP。2014 年 4 月，随着马来西亚政府对 45 个服务领域的开放，预计 2020 年服务业将贡献 60% 国内生产总值。

（三）交通运输业

马来西亚全国有良好的公路网，公路和铁路主要干线贯穿马来半岛南北，航空业也较发达。

1. 航空

马来西亚共有 6 个国际机场，即吉隆坡国际机场、槟城国际机场、兰卡威国际机场、亚庇国际机场、古晋国际机场以及瓜拉登嘉楼国际机场，这些机场与其他国内航线机场构成了马来西亚空运的主干网络。马来西亚是东南亚重要的空中枢纽之一，2009 年共输送旅客 5130 万人次，运载货物 80.4 万吨；2010 年空运旅客 5360 万人次，货物 96.5 万吨。

2. 水路

马来西亚主要国际港口包括巴生港、槟城港、柔佛港、丹绒柏勒巴斯港、关丹港、甘马挽港以及民都鲁港 7 个港口，全国 95% 的贸易通过水路运输完成。巴生港濒临马六甲海峡，为马来西亚最大的港口，集装箱年处理能力约 500 万标准箱，是东南亚集装箱的重要转运中心，其西港有良好的深水码头，可以停靠世界最大吨位的货船。2009 年，马来西亚水路货运量为 3.8 亿吨，2010 年为 4.246 亿吨。

3. 铁路

马来西亚的铁路网，从西马来西亚北部延伸到南部，从东部伸展到西部，铁路主干线有两条，分为西海岸线和东海岸线。

4 公路

截至 2013 年，马来西亚的公路网涵盖 98721 千米，并包括长达 1821 千米的大道。最长的高速公路是南北大道，全长 800 千米，介于泰国边界与新加坡之间。马来西亚的东马来西亚和西马来西亚两个区域由于地理环境和经济状况有着

---

① 数据来源：中国网。

明显的差异，所以交通系统在两个区域有着不同的发展。在西马来西亚西海岸地区，密集的高速公路网络连接各个大小城镇，主要的高速公路集中在巴生河流域、新山和槟城。在东马来西亚和西马来西亚东海岸地区，平坦的高速公路相对的较少，主要的公路是弯曲的州际公路和未铺设沥青的石渣路。

（四）对外贸易

马来西亚为世界第18大贸易国，主要出口商品有机电产品、矿物燃料、机械设备、动植物油、橡胶及制品等。2013年，马来西亚上述五大类商品的出口额达1596.9亿美元，占出口贸易总额的69.9%；其他主要出口商品还有塑料制品、光学仪器产品、化工品、木材及木制品、钢铁制品、珠宝首饰和家具等。主要出口市场为新加坡、中国、日本。主要进口商品有机电产品、矿物燃料、机械设备、运输设备和塑料制品。2013年，这五类商品的进口额分别为511.8亿美元、333.5亿美元、231.8亿美元、71.6亿美元和63.7亿美元，占进口总额的58.8%；其他主要进口商品还有钢材、贵重金属、光学仪器产品、橡胶制品、动植物油、有机化学品、铜制品、航天器及零附件等。主要进口来源国为中国、日本、新加坡。

八、对外政策

马来西亚奉行独立自主、中立、不结盟的外交政策。视东盟为外交政策基石，优先发展同东盟国家关系，是东南亚国家联盟的创立国之一。同时，重视发展同大国间的关系，1957年9月17日加入联合国。系英联邦成员，也是环印度洋区域合作联盟、亚洲太平洋经济合作组织、大英国协、不结盟运动和伊斯兰会议组织的成员国。目前已同131个国家建交。

第二节　马来西亚的人文习俗

马来西亚是一个多元文化的国家，伊斯兰教、佛教、印度教等多种宗教并存，形成了马来西亚多姿多彩的文化特色。

一、教育

因长期受英国殖民统治，马来西亚沿袭了英联邦国家的教育体系，有国立、私立和其他各类国际学校。任何级别的文凭均被欧洲、美洲国家及澳大利亚所承认。

（一）教育体系

马来西亚国民教育实行从学前教育到高等教育的一套完善教育体制，即学前教育（2～3年）、小学教育（5～7年，包含跳级和国民型小学1年过渡课程因素）、初中教育（3年）、高中教育（2年）、中学延修班或大学先修班教育（1～2年）、普通高等教育（3～5年）、研究生教育（1～5年）。所有小学、初中、高中和中学延修班均设有全国统考制度。在马来西亚，教育是政府的责任，政府对小学（6年）和中学（5年）的11年教育实行免费教育，但不是强制性义务教育。

（二）教育机构

马来西亚国家教育体制下的教育机构主要由两大组成部分，一是公立教育机构（由政府出资或资助）；二是私立（或独立）教育机构（由私人界出资）。在马来西亚，小学和中学大部分都是由政府出资或资助办学的学校，而私立中小学仅占极小的部分。

二、习俗礼仪

马来西亚主要人口构成为马来人，由于马来人大多信奉伊斯兰教，因此马来西亚的节庆活动、饮食文化、礼仪习俗大多与伊斯兰文化相关。此外，华人的节日庆典和饮食文化同样能在马来西亚感受到。

（一）节日庆典

马来西亚的节日庆典包括重要的国家节日和民族传统节日。

1. 重要的国家节日

马来西亚重要的国家节日有国庆节（独立日，8月31日）、国际劳动节（5月1日）、元旦节（1月1日）、最高元首（在任）诞辰纪念日。

2. 民族传统节日

马来西亚民间传统节日有开斋节、春节、花卉节、哈吉节、屠妖节、圣纪节、卫塞节、大宝森节等。

（1）开斋节。开斋节是伊斯兰教的一个节日，在每年的10月举行。开斋节对于马来西亚人来说是一个非常重大的节日，就像中国的春节一样。开斋节代表着回历九月的结束以及回历十月的开始。每逢回历九月，马来西亚的穆斯林都要度过长达一个月的斋月，一个月后恢复正常的生活习惯。每逢开斋节的清晨，穆斯林们会在教堂举行隆重的祷告仪式，仪式完毕后，人们就会从四面八方赶回家里同亲人团聚。

（2）春节。马来西亚华人的春节，是一个热闹非凡的节日。节日的风俗和中国的春节大致相同，到处张灯结彩、敲锣打鼓。人们耍龙舞狮以祛邪逐妖，在除夕的夜晚燃放爆竹烟花，揭开农历新年的序幕。亲朋好友互相登门拜年、茶话叙旧，共享美食佳肴，派发"利是"（红包），祝贺财运亨通。这一天是全国公共假日，华人会举行团拜，国家总理及其夫人以及政府官员还将亲自前来祝贺，并给舞狮者和儿童发放"利是"。

（3）花卉节。马来西亚充足的雨水和常年阳光普照的气候环境，为植物提供了极佳的生长环境，也带来了丰富多彩的花卉。每年的 7 月，为了庆祝花朵的盛开，举办各式各样的主题花朵的比赛。为期一周的庆典，有壮观的花车游行。花车把整个街道装点得绿意盎然。伴随着花车的还有乐队、马队和舞蹈团，为观众献上精彩的表演。各公园、酒店也会借机推出形形色色的活动，如寻花赛、花展等。整个花卉节期间，举国欢庆，热闹非凡，每年都吸引大批观光客前来参观。

（4）圣纪节。先知穆罕默德诞辰日，是伊斯兰教徒的节日。每年伊斯兰教历 3 月 12 日，首都数十万伊斯兰教徒在国家元首的率领下，前往清真寺举行隆重的祷告仪式，然后举行盛大的游行庆祝活动。

（5）卫塞节。农历四月十五，是佛历最重要的日子，象征着佛陀的出生、启蒙及涅槃。佛教信徒们都竞相焚香，顶礼膜拜，并聚集在各地寺庙，将鸽子放生并祈求平安。同时，这天也是僧侣们布施的日子。到夜晚，家家户户都素食，并点起油灯，因此卫塞节又叫"灯节"。

（二）饮食习俗

马来西亚是一个多元化的国家，饮食文化汇集了中国、印度、西方和本民族的食物，各种风味，应有尽有。受伊斯兰教的影响，大多数马来西亚人不吸烟，不吃猪肉，也不吃各种动物的血液和自然死亡的动物，喜食牛肉、羊肉、鱼虾等海鲜和鸡、鸭等家畜以及新鲜蔬菜，饮食口味清淡，忌油腻。受中华饮食文化的影响，马来西亚人喜爱中国的广东菜、四川菜，爱好用烤、炸、爆、炒、煎等烹调方法做菜，口味中带辣。

马来西亚的主食是米饭，面食类也很普遍。食物以辛辣为主，椰浆饭、沙爹、马来糕点、竹筒饭、黄姜饭等都是马来西亚有名的食物。

资料 9-1

"娘惹文化"之"娘惹菜"

600 年前，明朝郑和下西洋，将中国的移民与风俗习惯也带到马来西亚，促成当时中华文化与本土文化（马来文化）的融合，形成一种新文化——"娘惹文化"。

中国人与马来人通婚诞下的孩子，男孩被称为"峇峇"，女孩则是"娘惹"。他们不但在居住方面有了适应性的转变，而且在饮食习惯上也有所变化，而"娘惹菜"就是她们以传统中式食物和烹饪方法，配合马来常用香料创制出的第一代"fusion"菜，形成了自己特别的味道，其特色是味道香浓，带有酸、甜、辣及刺激性味道，充满了热带风味。

> 烹煮"娘惹菜"要使用多种不同的香料，因此娘惹家庭的厨房里一般都会备有各种不同的香料，如小葱头、蒜头、姜、南姜、山姜、香茅、香花菜（姜花）、辣椒、薄荷叶、亚参膏、峇拉煎、肉桂、兰花、酸柑、班兰叶等。材料方面，一般鸡鸭、牛羊、海鲜及蔬菜，都是做菜的原材料。在马来西亚，"娘惹菜"是独特的文化风情，跟传统的中华文化有点接近，却又加了点热带民族的奔放情怀。

（三）社交礼仪

马来西亚人遇到相识的人，都要相互问候。马来人的见面礼十分独特，一般是其中一人以阿拉伯语"真主保佑、一路平安"向对方致意，另一方也要以"愿你一样好"来回敬对方，双方互相摩擦一下对方的手心，然后双掌合十，摸一下心窝互致问候。在社交场合注重衣冠整洁。到马来人家中访问，进内厅前必须先将鞋脱掉，放在楼梯口或门口，然后方可进屋。接待来访客人一般要用当地驰名的马来糕饼或茶、咖啡、冰水及栳叶（一种当地的药用植物叶）来招待，以示对客人的尊敬。马来人讲究时间观念，讲求信义，对事先的约会，一定按时赴约。社交应酬时一般先用水冲洗手，另外，他们还喜欢在餐桌上备有"水盂"，以供用餐过程中随时清洗手指。

（四）禁忌

马来西亚人大多信奉伊斯兰教，少部分人信奉佛教、基督教、天主教和印度教。马来西亚人恪守宗教的教规，会宾宴客从不备用酒水，而是以茶或其他饮料来代酒干杯。马来人的头部、背部是被视为神圣不可侵犯的，触摸他人的头部或拍打后背等，不会得到好言相待，甚至会闹出乱子。马来人忌讳双腿分开坐和跷着"二郎腿"，认为这是极不文明的举止。忌讳左手递送东西或食物，认为左手是卑贱和不洁净的，使用左手是对人的极大不敬，是令人不能接受的。忌讳在主人家不吃不喝，这是对主人的不尊敬，并会引起主人的反感，有的甚至会被视为是不受欢迎的人。忌讳乌龟，认为这是一种不吉祥的动物，给人以"色情"、"春药"和"污辱"的印象。忌讳狗，认为狗是一种肮脏的动物，会给人带来厄运，并令人生厌。禁吃猪肉和狗肉，也不吃自死动物的肉和血，还忌讳食用猪肉制品。

第三节　马来西亚旅游业的发展

马来西亚的旅游业早在 20 世纪 80 年代初就有较快的发展。与邻近的新加坡、泰国被合称为"新马泰"，组合成一条经典的、受众多海外游客追捧的旅游路线。

一、主要旅游城市和旅游景点

马来西亚拥有广阔的海滩、奇特的海岛、原始热带丛林、珍贵的动植物、千姿百态的洞穴、古老的民俗民风以及别样的热带旅游资源。主要旅游地有吉隆坡、沙巴、马六甲、槟城。

（一）吉隆坡

1. 概况

吉隆坡（Kuala Lumpur）是马来西亚的首都，也是马来西亚最大的城市，同时还是一座著名的旅游观光城市。位于马来西亚半岛的中西部，西、北、东三面由丘陵和山脉环抱，是一座新旧辉映、东方色彩与西方文明有机融合的新兴国际大都市，既有现代都市的时尚气派，也不乏古色古香的迷人风韵。城市座右铭为"进步与繁荣"。曾经有"世界锡都、胶都"之美誉，1860年建城，1963年成为马来西亚联邦的首都。短短的一个多世纪，便由"泥泞的河口"一跃而成为著名的观光城市。

2. 主要旅游景点

首都吉隆坡主要旅游景点有云顶高原、吉隆坡唐人街、双塔大楼、国家清真寺。

（1）云顶高原。云顶高原位于吉隆坡东北约50公里处，是东南亚最大的高原避暑地。原名"珍丁高原"，亦叫"任珍高原"，由于山中云雾缥缈，令人有身在山中犹如置身云上的感受，故改为现名。置身高原可以饱览云海变幻莫测的奇观。夜间西观可欣赏吉隆坡辉煌的灯火；凌晨东眺，云海晨曦，绚丽无比。云顶的建筑群位于海拔1772米的鸟鲁卡里山，在云雾的环绕中犹如云海中的蓬莱仙阁，又如海市蜃楼。云顶的赌场更是亚洲一流的。

（2）吉隆坡唐人街。吉隆坡的唐人街位于吉隆坡老城区南部，面积虽然不大，但十分热闹，特别是每天晚上更像过节一般，是吉隆坡有名的夜市。唐人街从中国服饰、布料到中草药一应俱全，宛如一座非人工所能建造的纪念碑，记载着华人创业的艰辛足迹和传奇般的发展经历，展示着华人坚强的意志与毅力。

（3）双塔大楼。双塔大楼（见图9-4）是吉隆坡的标志性城市景观之一，其建筑理念是由伊斯兰5大支柱思想所激发而来的。它是吉隆坡市政中心KLCC范围内最经典的一座超现代的建筑物，

图9-4 吉隆坡双塔大楼

图片来源：http://image.baidu.com/.

也是游客从云端俯视吉隆坡的好地方。双子塔的设计风格体现了吉隆坡这座城市年轻、中庸、现代化的城市个性，突出了标志性景观设计的独特性理念。

（4）国家清真寺。国家清真寺建于1974年，但是其建筑风格很现代、时尚。用来播放颂经的尖塔高73米，蓝色的星形的屋顶有别于传统清真寺的洋葱头形状，象征了一个独立国家的抱负，非常的醒目。共18个尖顶，代表着马来西亚13个州和伊斯兰教的5个信条。清真寺的整体设计灵感来源于麦加的大清真寺，尤其是内部的装潢式样，都与麦加的相仿。大堂最多能同时容纳15000人祈祷，是全东南亚最大的清真寺。

（二）沙巴

1. 概况

沙巴位于世界第三大岛屿婆罗洲的北端，西临南中国海，东临苏禄海与西里伯斯海，是婆罗洲的乐园。面积为72500平方公里，是马来西亚的第二大洲。常年如夏，雨季是11月至次年2月。沙巴境内有丰富的木材、农作物及各种矿物资源，并拥有许多粗犷原始的自然美景。沙巴的种族及语言非常复杂，150多万的人口当中，就包括了30种以上的民族和部落，使用80多种不同的方言。

2. 主要旅游景点

沙巴主要旅游景点有诗巴丹岛、水上清真寺。

（1）诗巴丹岛。诗巴丹岛（见图9-5）被誉为世界上"海滨潜水"之最，同时也为"世界五大峭壁潜水"之首，经过5米的浅滩之后就垂直落入600~700米深的湛蓝深海。它是由于火山运动，海底陆块从海深2000米处向上隆起而形成，因而拥有得天独厚的条件。

图9-5 诗巴丹岛

图片来源：http://image.baidu.com/.

（2）水上清真寺。水上清真寺坐落在里卡士湾（Likas Bay）畔，1997年建成，占地一公顷，最多可容纳12000名教徒祈祷。是一座典型的当代伊斯兰教建筑，是马来西亚夕阳景观最壮丽的清真寺之一。它建于里卡士湾的人造湖上，感觉有如浮在水面之上，因而得到"水上清真寺"的美称。

（三）马六甲

1. 概况

马六甲始建于公元1403年，历史上曾作为马六甲王国的都城。坐落于马六甲海峡的北岸，是马六甲州的首府，自"大航海时代"开始，马六甲便逐渐成为中西航线中有着十分重要地位的贸易港口。马六甲是个海纳百川的城市，不论是中国人，还是印度人、阿拉伯人以及西方人等都曾在此留下了历史的足迹。马六甲受到中西文化的影响很深，建筑的形式可谓多种多样，是一座闻名海内外的中西建筑博物馆。马六甲经历了上百年的历史沉淀，已经成为一本生动的"历史教科书"，其不仅体现了马六甲的历史变迁，更是马来西亚艰辛的独立过程一个真实的写照。2008年，马六甲被列入世界遗产名录。

2. 主要旅游景点

马六甲的主要旅游景点有圣保罗教堂、荷兰红屋。

（1）圣保罗教堂。圣保罗教堂位于马六甲河口的升旗山，建于1521年，为葡萄牙人所建。著名传教士圣方济各埋葬于此，教堂前竖有圣方济各神父塑像。1670年荷兰人占领马六甲后，将教堂用作城堡，今天在外墙上仍可见到不少子弹孔。

（2）红屋。红屋又称荷兰红屋，建于17世纪，是东南亚地区现存的最古老的荷兰式建筑物。300多年来，它一直是政府机关所在地，1980年改为马六甲博物馆。红屋曾是荷兰总督及随员的政治机构所在，现在只有一间房仍保留着17世纪的花雕木制天花板。目前这里是马六甲历史、人文和文学博物馆，收藏葡萄牙人和荷兰人的纪念物品、展览华人和马来人的传统结婚礼服及介绍马六甲历史。包括荷兰古代兵器，葡萄牙人16世纪以来的服装，马来人婚嫁服饰，金、银、珠宝手工艺品以及在马六甲港口停泊的各类古代船只的图片等。馆内还收藏有稀有的古代钱币和邮票。

（四）槟城

1. 概况

槟城又称"乔治亚市"或"乔治城"，位于槟榔屿的东北端，是马来西亚最大的国际自由商港和全国第二大城市。槟城充满多姿多彩的宗教和文化特色，州立博物馆、艺术馆、佛教寺庙和清真寺遍布全岛，反映了自18世纪以来诸多民族共同开发这个美丽岛屿的灿烂历史。槟城植被苍翠，风景美丽，宾馆酒店建筑各具特色，风味小吃丰富多样。

2. 主要旅游景点

槟城的主要旅游景点有槟榔山、槟城植物园。

（1）槟榔山。槟榔山又称"升旗山"，是槟城地势最高处，海拔830米左右。山下有登山缆车，登上山顶，不仅可以俯瞰槟城全景，还可观赏到往来于马六甲海峡之间的各式船只。山顶上设有观光、休闲设施，是槟城一个重要的观光景点。

（2）槟城植物园。1884年由英国殖民筹建，主要以种植热带经济作物、搜集热带植物物种为目的。园地占地30公顷，瀑布奔流其间，边界以原始热带雨林围绕，型塑一个兼具英式庭园与槟城本地风景的植物园。园中的野生猴子为其另一特色。槟城植物园是从一座原始森林所发展而来的公园，由群山树林包围着，浑然天成。园里有无数青葱翠绿的树林，绿意盎然的林荫园地，园内遍布争奇斗艳的热带植物和花卉，柔软如丝的草坡，清凉的瀑布以及许多在林中跳跃、可爱的猴子。

二、现代旅游业的发展

一直以来，马来西亚的旅游业都发展良好。2013 年旅游业更是迅猛发展，取得了超出预期的成果。

（一）旅游收入显著增长

2013 年马来西亚旅游业取得了超出预期的成果，游客人数从 2012 年的 2500 万人次增加到了 2570 万人次，人数上涨了 2.7%。旅游行业收入达到 654.4 亿林吉特，超过了初步目标的 650 亿林吉特。相比于 2012 年，旅游行业的 605.6 亿林吉特收入，2013 年增长了 8.1%，同时外汇收入增长了约 48.9 亿林吉特[①]。

（二）旅游购物设施完善，旅游购买力提高

2013 年，购物消费占海外游客在马来西亚总消费的 26%，直逼占总消费 32% 的酒店消费。海外游客购物消费额达 185.6 亿林吉特，较 2011 年提高 5.7%。据此，联合会预计在 2 年内将海外游客购物消费比重提高至 35%，追赶中国香港（2013 年为 55%）、超过新加坡（2013 年为 30%）。马来西亚购物消费之所以突飞猛进，主要源于马来西亚各方的努力。就硬件设施而言，马来西亚的购物中心从 10 年前的一个没有发展到今天的 35 万个，其中 3 家排名"世界十大购物中心"之列，还获得了很多国际大奖。就商品价格而言，由于购物中心租金低于中国香港和新加坡，也使得马来西亚的商品价格更具竞争力。为了促进消费，延长海外游客在马来西亚旅游的天数，每年 3 月、8 月、12 月，马来西亚全国都会举办"购物嘉年华"，期间商场会大规模打折，折扣幅度媲美中国香港和新加坡。

（三）旅游业国际影响力提升

马来西亚通过采取"内外兼修"的策略提高旅游业的国际影响力。对内，马来西亚旅游局不断完善旅游设施，加强与航空公司、旅行社、酒店的合作，提高旅游酒店周围配套设施档次，还将旅游工作者、导游及旅行社工作人员的素质当作重点来抓。规定马来西亚本土导游在更新执照时，必须通过社交媒体课程培训，以提高导游的服务品质。此外，还提出"我们是主人"理念，团结民众，

---

① 数据来源：南洋商报。

使其成为推动马来西亚旅游发展的一部分，提升马来西亚的国家形象。对外，马来西亚政府借助东盟旅游论坛等平台，在推动东盟区域内部短途旅游的同时，也与各成员国形成机动机制，获得更大的国际影响力。为更好地合作，进一步发展，推广旅游文化，东盟成员国签订的相互承认协议从 2015 年开始实施。此外，马来西亚政府在海外的推介也初步获得了国际认可。世界知名旅游指导书《孤独星球》将马来西亚列入了 2014 年十大最佳旅游地，美国 CNN 旅游频道也将吉隆坡列为世界第四大购物城市，并将马来西亚的三个原始岛屿和沙滩列入 100 个世界最佳沙滩中的前 50 名。

资料 9 - 2

马来西亚旅游年促旅游业发展

马来西亚旅游年最早创建于 1990 年，主题为"魅力马来西亚，节庆之年"，此后，又陆续举办了 1994 年的"魅力马来西亚，自然至上"、2007 年的"马来西亚独立 50 周年庆"等一系列活动。

2014 年马来西亚旅游年的主题"马来西亚齐聚亚洲魅力"直指近年来马来西亚打出的王牌——"文化多样性"。主要依托马来西亚城市风光、历史古迹、海岛风情、生态自然，构成完整的深度旅游地图，全力将马来西亚打造成为世界旅游热门观光地，向游客传达马来西亚文化、生物多样性以及独一无二的魅力，并将生活在马来西亚砂拉越和沙巴地区、濒临灭绝的长鼻猴作为吉祥物。

除了旅游年的整体规划，马来西亚各地结合城市的不同特色，推出一系列具有独特吸引力的旅游文化品牌，推动马来西亚旅游业国际影响力的形成，成为带动马来西亚旅游业发展的重要力量。

※本章小结

随着马来西亚旅游度假品牌在国际上影响力的不断提升，马来西亚各方面信息也备受关注。本章主要介绍了马来西亚的历史、政治、经济、人文习俗、主要旅游城市及著名旅游景点、马来西亚旅游业发展取得的成绩等信息。学习本章知识能为今后从事相关旅游工作打下基础。

★复习思考题

1. 马来西亚经济结构发生了哪些转变？
2. 到马来人家做客有哪些礼仪禁忌？

第十章　柬埔寨

教学目标
　　了解柬埔寨的基本概况
　　掌握柬埔寨的人文习俗、著名的旅游城市和旅游景点
教学重点
　　柬埔寨的礼仪习俗、著名旅游城市和旅游景点
教学难点
　　柬埔寨的禁忌与习俗

第一节 柬埔寨的基本国情

柬埔寨（Cambodia），全名柬埔寨王国，旧称高棉。是个历史悠久的文明古国，古国的文化也给柬埔寨增添了一份神秘色彩。

一、自然条件

柬埔寨与老挝、泰国、越南接壤，良好的气候造就了其丰富的农林业资源。

（一）地理位置

柬埔寨位于中南半岛南部，国土面积为181035平方千米。东部和东南部同越南接壤，北部与老挝相邻，西部和西北部与泰国毗邻，西南濒临暹罗湾，海岸线长约460千米。领土为碟状盆地，三面被丘陵与山脉环绕，中部为广阔而富饶的平原。豆蔻山脉东段的奥拉山海拔1813米，为境内最高峰。湄公河在境内长约500公里，流贯东部。洞里萨湖是东南亚最大的淡水湖，低水位时面积2500多平方公里，雨季湖面达1万平方公里。沿海多岛屿，主要有戈公岛、隆岛等。

（二）气候

柬埔寨属热带季风气候，年平均气温为29～30℃，5～10月为雨季，11月至次年4月为旱季。受地形和季风影响，各地降水量差异较大，象山南端可达5400毫米，金边以东约为1000毫米。

（三）自然资源

柬埔寨是一个自然资源相当较丰富的国家，中国史书早有"富贵真腊"（柬埔寨古称"真腊"）之称。

（1）矿产资源。柬埔寨矿藏主要有金、磷酸盐、宝石和石油，还有少量铁、煤。

（2）林业资源。盛产贵重的柚木、铁木、紫檀、黑檀、白卯等热带林木，并有多种竹类。森林覆盖率为61.4%，主要分布在东、北和西部山区。木材储量约11亿多立方米。此外，林副产品和药用植物也很丰富，如豆蔻、胖大海、马钱子、沉香、藤黄、桂皮、檀香和树脂、樟脑、藤、桐油等。

（3）渔业资源。洞里萨湖是东南亚最大的天然淡水渔场，素有"鱼湖"之称。西南沿海也是重要渔场，多产鱼虾。生态环境失衡和过度捕捞，水产资源正在减少。

二、发展简史

柬埔寨是个历史悠久的文明古国，于公元1世纪下半叶建国。公元9～14世纪为吴哥王朝鼎盛时期，国力强盛，文化发达，创造了举世闻名的吴哥文明。1863 年沦为法国保护国。1940 年被日本占领。1945 年日本投降后再次被法国殖民者占领。1953 年 11 月 9 日柬埔寨王国宣布独立。20 世纪 70 年代开始，柬经历了长期的战乱。1993 年在国际社会的斡旋和监督下，柬埔寨举行大选，恢复了君主立宪制。此后，随着国家权力机构相继成立和民族和解的实现，柬埔寨进入和平与发展的新时期。

三、人口和居民

柬埔寨人口数量在东南亚国家中排名第七，是一个多民族、多宗教国家。

（一）人口数量

柬埔寨人口约 1480 万（2012 年 6 月）。有 20 多个民族，其中高棉族为主体民族，占总人口的 80%，还有占族、普农族、老族、泰族和斯丁族等少数民族。华人、华侨约 70 万人[①]。

（二）语言

柬埔寨语（旧称高棉语）为官方语言，英语、法语为通用语。

（三）民族、宗教

1. 民族

柬埔寨有 20 多个民族，其中高棉族是主体民族，占总人口的 80%，主要分布在湄公河流域和洞里萨湖周围的平原及沿海一带。高棉民族早在公元 2 世纪就已出现，比本地区的泰民族和越南民族早出现了几个世纪，其文化和宗教信仰受印度和爪哇影响很大。少数民族主要有占族、普农族、老族、泰族、斯丁族等。

2. 宗教

柬埔寨的宗教几乎和它的历史一样悠久，早在公元 1 世纪左右就出现了由印度传入的婆罗门教和大乘佛教，但由于各种原因，这两种宗教后来都相继衰落了。现今，柬埔寨国教是小乘佛教，其余有一定影响力的宗教包括伊斯兰教、天主教、原始宗教、婆罗门教等。

（1）小乘佛教。小乘佛教是公元 13 世纪从泰国传入柬埔寨的。13 世纪、14 世纪泰国先后兴起了素可泰王朝和阿瑜陀耶王朝，对柬埔寨威胁很大。13 世纪中叶，泰国与柬埔寨发生了激烈的战争。13 世纪末，素可泰王朝控制了柬埔寨西部地区 14 世纪以后，阿瑜陀耶王朝入侵，迫使柬埔寨迁都金边。小乘佛教伴随着这几次战争从泰国传入柬埔寨。由于当时柬埔寨面临着内忧外患的局面，内有阇耶跋摩七世大兴土木，人民痛苦不堪，外有泰国的侵略咄咄逼人，柬埔寨人

---

① 数据来源：中国外交部。

民很快就接受了崇尚俭朴、宣扬"生死轮回"、"自我解脱"的小乘佛教，小乘佛教也很快在饱经劳役、战火的柬埔寨民众中流传开来，最终成为柬埔寨的国教。

（2）伊斯兰教。伊斯兰教现在已是柬埔寨第二大宗教，教徒人数约占柬埔寨总人口的2%。在柬埔寨王国时期，官方称国内伊斯兰教徒为"伊斯兰高棉人"，土著柬埔寨人则把他们称为"占人"。事实上，柬埔寨伊斯兰教徒大部分是占族移民外，还有少部分是马来西亚移民。前者是公元17世纪左右被越南灭亡的占婆王国的遗民。当时柬埔寨毗邻占婆，两国关系密切，有不少信奉伊斯兰教的占人和阿拉伯商人的后裔流亡到柬埔寨。伊斯兰高棉人作为柬埔寨国民，与高棉人有同样的义务和权利。但宗教信仰使他们成为与外界来往不多、聚居一隅的公民。柬埔寨有100多座清真寺，全国性的伊斯兰教组织有柬埔寨中央伊斯兰教协会和柬埔寨穆斯林青年协会。

（3）天主教。早在16世纪中叶就有天主教传教士的足迹出现在了柬埔寨，但由于当时柬埔寨正在与邻国泰国交战，使得当时许多传教士折返回去，但他们在柬埔寨的后裔大都成了柬埔寨天主教的创始者。直到1660年，罗马才首次派遣使团进入柬埔寨传教，当时这个400人的天主教使团，主要由葡萄牙传教士的后裔及其外侨组成。虽然天主教传教士在柬埔寨不遗余力地奔波传教，但无奈高棉人大多笃信佛教，而且在风俗和生活习惯上都和西方人相差很大，天主教并没有在柬埔寨得到很好的传播。

（4）原始宗教。柬埔寨历史的早期时期，由于人们对自然的认识和改造能力极其有限，崇拜原始宗教，把自然界的各种事物，包括动物、山河、日月等当作神灵崇拜。随着时间的推移，柬埔寨的原始宗教并没有消失，而是仍然存在于生活在柬埔寨山区的居民中，而且柬埔寨的原始宗教和佛教是互相对立而又互不妨碍的。

四、国旗、国徽、国歌、国花、国鸟

柬埔寨历史上政权更迭频繁，国旗、国徽、国歌的版本众多。现用国旗是内战后在联合国的帮助下重建秩序后采用的、与以往不同的国旗；现用国徽象征着柬埔寨王权至高无上；现用国歌表达了人民对高棉的热爱；国花是象征国家农业的稻花；国鸟则是世界稀有鸟类——巨鹮。

（一）国旗

柬埔寨国旗（见附图15）呈长方形，长与宽之比为3∶2。由三个平行的横长方形相连构成，中间是红色宽面，上下均为蓝色长条。红色象征吉祥和喜庆，蓝色象征光明和自由。红色宽面中间绘有白色镶金边的吴哥庙，这是著名的佛教建筑，象征柬埔寨悠久的历史和古老的文化。

（二）国徽

柬埔寨国徽（见附图 16）是以王剑为中心线，两边对称的图案。菱形图案中的王剑由托盘托举，意为王权至高无上；两侧为由狮子守护着五层华盖，"五"在柬埔寨风俗里象征完美、吉祥；两边的棕榈树叶象征胜利；底部的饰带上用柬文写着"柬埔寨王国之国王"。整个图案象征柬埔寨王国在国王的领导下，是一个统一、完整、团结、幸福的国家。

（三）国歌

柬埔寨国歌是《吴哥王国》。歌词大意为：上苍保佑我们的国王，并赐予他幸福和荣光，把我们的灵魂和命运来主宰。祖先的基业代代相传，引领自豪古老的王国。庙宇在林中沉浸梦乡，回忆吴哥时代的辉煌，高棉民族如磐石般坚固顽强。柬埔寨的命运我相信，我们的王国久经考验。佛塔上传来悠扬颂曲，献给光荣神圣的佛教，让我们忠诚于我祖先的信仰。上苍不吝啬他的恩泽，赐予古老高棉的河山。

（四）国花

柬埔寨国花是稻花（见图 10-1），即稻子开的花，一般于夏季开放。一株稻穗开 200～300 朵稻花，一朵稻花会形成一粒稻谷。稻花没有花瓣，很难看到雄蕊和雌蕊，它们由稻花的内外颖保护。

图 10-1　稻花

图片来源：http://blog.sina.com.cn/s/blog_517ff2190101odjv.html.

（五）国鸟

巨鹮（见图 10-2）是柬埔寨的国鸟，非常胆怯，通常生活在远离人类的地方，曾经广泛分布在东南亚各国，吴哥城巴戎寺（Bayon）的壁画上也曾留下它的身影。然而近年来，由于森林砍伐导致的栖息地消失、偷猎等因素，巨鹮数量急剧减少，全世界仅剩约 345 只，90% 生活在柬埔寨。

图 10-2　巨鹮

图片来源：http://www.blueanimalbio.com/bird/guanxingmu/2.htm?jdfwkey=3ytco3.

五、首都

金边（Phnom Penh）是柬埔寨的首都，面积 376 平方公里，是柬埔寨最大的城市。地处洞里萨河与湄公河交汇处，人口约 200 万（2013 年），是柬埔寨政治、经济、文化和宗教中心。

六、政治体制

柬埔寨是君主立宪制王国，立法、行政、司法三权分立，国王是国家元首，国会为全国最高权力机构和立法机构。

（一）宪法

柬埔寨现行宪法于1993年9月21日经柬埔寨制宪会议通过，由西哈努克国王于同年9月24日签署生效。1999年3月4日，第二届国会通过宪法修正案，新宪法由原来的14章149条增至16章158条。宪法规定，柬埔寨的国体是君主立宪制，实行多党制和自由市场经济，立法、行政、司法三权分立。

（二）国家元首

国王是柬埔寨终身制国家元首。有权宣布大赦，在首相建议并征得国会主席同意后有权解散国会。国王因故不能理政或不在国内期间由参议院主席代理国家元首职务。王位不能世袭。国王去世、退休或退位后，由首相、佛教两派僧王、参议院和国会正副主席共9人组成的王位委员会在7日内从安东、诺罗敦和西索瓦三支王族后裔中遴选产生新国王。

（三）国会

国会是柬埔寨国家最高权力机构和立法机构，每届任期5年。国会的常设机构为国务委员会，下设9个专门委员会。国会议员2名由国王直接任命，2名由国会选举推荐，其余议员席位由选举产生，可以连选连任。首届国会成立于1993年。主要职能包括准国家预算、国家计划、国家借贷资金议案、国家金融合同；制定、修改和废除国家税收；准政府预算执行报告；批大赦法令；准或废除国际条约或国际协约。

七、经济状况

柬埔寨是传统农业国，工业基础薄弱。属世界上最不发达国家之一，贫困人口占总人口的26%。2013年以来，柬埔寨通过农业、制衣业和建筑业主导的工业、旅游业和外国直接投资三大领域的艰难拉动，保持了宏观经济较好的发展。

（一）经济发展成就

柬埔寨政府实行对外开放的自由市场经济，推行经济私有化和贸易自由化，把发展经济、消除贫困作为首要任务。洪森政府实施以优化行政管理为核心，加快农业建设和基础设施建设，发展私营经济和增加就业，提高素质和加强人力资源开发的"四角战略"，把农业、加工业、旅游业、基础设施建设及人才培训作为优先发展领域，推进行政、财经、军队和司法等改革，提高政府工作效率，改善投资环境，取得一定成效。2012年GDP约140.38亿美元，同比增长7.3%，人均 GDP 达到 987 美元；2013 年 GDP 约 151.9 亿美元，同比增长 7.6%，人均 GDP 达到 1036 美元①。

柬埔寨货币名称为瑞尔，也称利尔斯（见图 10 - 3）。

图 10 - 3　瑞尔

图片来源：http//zhidao. baidu. com/guestion/567202296. html.

汇率：1 人民币 = 652. 4978 柬埔寨瑞尔（2015 年 1 月 13 日）

（二）工农业与服务业

柬埔寨以农业发展为主，服务业发展也逐步跟上，但工业基础依然薄弱。

1. 工业

工业被视为推动柬埔寨国内经济发展的支柱之一，但基础薄弱，门类单调。柬埔寨自 1991 年底实行自由市场经济以来，国营企业普遍被国内外私商租赁经营。工业领域为 50 万名柬埔寨国民创造了就业机会。2012 年全年柬埔寨出口服装 46 亿美元，同比增长 8%，占当年出口比重的 83.7%，主要出口市场为美国、欧盟、加拿大、日本、韩国和中国。制衣业继续保持柬埔寨工业主导地位和出口创汇龙头地位，是柬埔寨重要的经济支柱。2012 年底全国共有 630 多家制衣厂，较 2011 年增加 150 家，同比增长 31.2%，雇用工人 35 万人，其中 91% 为女工②。

2. 农业

农业是柬埔寨经济第一大支柱产业，农业人口占总人口的 85%，占全国劳动人口的 78%。可耕地面积为 630 万公顷。

（1）种植业。柬埔寨盛产大米，由于自然条件优越，土地肥沃，终年适宜农作物生长，水稻可一年三熟，在国内外市场需求旺盛、大米价格年年攀升的条

---

① 数据来源：中华人民共和国驻柬埔寨王国大使馆经济商务参赞处。

② 数据来源：中国外交部。

件下，短期效益回报明显，水稻种植发展潜力巨大。2012 年，全国水稻种植面积为 297.1 万公顷，同比增加 20.4 万公顷。稻谷产量为 931 万吨，同比增长 6%，每公顷产量为 3.13 吨。除满足国内需求外，剩余 475 万吨稻谷，可加工成约 300 万吨大米供出口。柬埔寨政府高度重视稻谷生产和大米出口，政府首相洪森发起"2015 年百万吨大米出口计划"的号召，不但提升了本地农民的积极性，也让众多投资者更热衷于投入农业、利用先进的管理技术改良稻种、建立现代化碾米厂。2012 年和 2013 两年柬埔寨稻米连续获得"世界最优质稻米"称号。除了大米，柬埔寨还种植玉米、橡胶、胡椒等。2012 年，天然橡胶种植面积为 28 万公顷，产量为 6.45 万吨，同比分别增长 31% 和 26%[①]。

（2）渔业。柬埔寨政府把注意力集中在发展淡水渔业上，国内大约有 100 万人以捕鱼为生，渔业的生产、加工及销售为 230 万人创造了就业机会。2012 年柬埔寨水产总量达 65 万吨，其中淡水鱼产量占 75%，海水鱼产量占 15%。洞里萨湖淡水渔业资源居世界首位，总渔获量居世界第四位，是柬埔寨淡水渔业的支柱，年产量约 23.5 万吨，在渔业生产中占有最重要的地位。

3. 服务业

柬埔寨服务业发展迅速。银行、餐馆、酒店、交通运输、旅行社、商贸零售和批发逐步得到恢复和发展。旅游业是带动柬埔寨服务业发展的原动力。2009 年柬埔寨服务业产值占 GDP 的 37.8%，远高于工业产值，其中交通运输占 GDP 的 7.3%，零售和批发占 8.8%，酒店餐饮业占 3.8%，住宅投资占 6.3%，医疗和教育占 1.8%，金融保险及不动产占 1.4%，其他服务业占 8.3%。2010 年服务业产值占 GDP 的 38.3%。

（三）交通运输业

柬埔寨以公路和内河运输为主，主要交通线集中于中部平原地区以及洞里萨河流域，北部和南部山区交通闭塞。

1. 航空

柬埔寨主要航空公司有暹粒航空公司、吴哥航空公司。有金边—曼谷、金边—胡志明市、金边—万象、金边—吉隆坡、金边—新加坡五条国际航线。外方航空公司在柬埔寨的主要航线有金边—曼谷、金边—广州、金边—中国香港、暹粒—曼谷、金边—上海、金边—新加坡、金边—中国台北、金边—中国高雄、金边—胡志明市、金边—万象、金边—普吉等航线。有金边国际机场、暹粒吴哥国际机场、西哈努克国际市场三个国际机场；马德望、上丁等国内机场。

2. 水路

内河航运以湄公河、洞里萨湖为主，主要河港有金边、磅湛和磅清扬。雨季

---

① 数据来源：中国外交部。

4000 吨轮船可沿湄公河上溯至金边，旱季可通航 2000 吨货轮。西哈努克港为国际港口。

3. 铁路

全国有两条铁路：金边—波贝，全长 385 公里，可通曼谷；金边—西哈努克市，全长 270 公里，是交通运输的大动脉，但铁路年久失修，运输能力较低。

4. 公路

全国公路总长约 1.5 万公里。最主要的公路有四条：1 号公路（金边至越南胡志明市），4 号公路（金边至西哈努克港），5 号公路（金边经马德望至泰国边境），6 号公路（金边经磅同、暹粒至吴哥古迹）。

（四）对外贸易

柬埔寨于 2003 年 9 月加入世界贸易组织。2012 年，外贸总额达 136.3 亿美元，同比增长 19%。其中，出口 54.9 亿美元，同比增长 12.5%；进口 81.4 亿美元，同比增长 23%。2013 年，对外贸易总额为 158.8 亿美元，同比增长 18.5%。其中，出口 69 亿美元，同比增长 27.7%；进口 89.8 亿美元，同比增长 13%[①]。主要出口商品有服装、橡胶、大米和木薯等，其中服装和鞋类出口占出口总额的比例最大；主要进口商品有成衣原辅料、燃油、食品、化工、建材、汽车等。主要贸易伙伴为美国、欧盟、中国、日本、韩国、泰国、越南和马来西亚等。

八、对外政策

柬埔寨奉行独立、和平、永久中立和不结盟的外交政策，反对外国侵略和干涉，在"和平共处五项原则"基础上，同所有国家建立和发展友好关系。主张相互尊重国家主权，通过和平谈判解决与邻国的边界问题及国与国之间的争端。柬埔寨新政府成立后，确定了融入国际社会、争取外援发展经济的对外工作方针，加强同周边国家的睦邻友好合作，改善和发展与西方国家和国际机构关系，以争取国际经济援助。1999 年 4 月 30 日加入东盟。迄今，柬埔寨与 107 个国家建交，其中，62 个国家向柬埔寨派出大使，常驻金边使馆 28 家；柬埔寨向 22 个国家派出大使，开设 8 个领事馆，任命 3 个名誉领事。

第二节　柬埔寨的人文习俗

柬埔寨虽然以高棉族为主体民族，以高棉族信奉的小乘佛教为国教，但是由

---

① 数据来源：中华人民共和国驻柬埔寨王国大使馆经济商务参赞处。

于柬埔寨是一个多民族、多宗教并存的国家，因此风俗习惯也具有多样性的特点。

一、教育

柬埔寨的教育水平处于亚洲最低国家之列。20 世纪 70 年代，因长期战乱，柬埔寨的教育事业遭受严重破坏，在长期的战争结束后，柬埔寨的教育体系才逐渐恢复，政府开始重视教育，兴建了一些学校。据柬埔寨教育部统计，2013 年全国公私立基础教育学校有 14853 所，其中幼儿学校 5807 所（国营 3184 所，私营 403 所，社区幼儿园 2220 所），小学学校 7236 所，学生 207.4 万人；初中学校 1239 所，学生 53.9 万 6 人；高中学校 531 所，学生 26.6 万人。高等教育学校 105 所（国营 39 所，私营 66 所），在校大学生 25.4 万人[①]。

二、习俗礼仪

柬埔寨与其他以佛教为国教的东南亚国家有着相似的传统节日庆典、饮食习惯和礼仪禁忌的同时，也拥有一些自身独特的习俗礼仪。

（一）节日庆典

柬埔寨的节日庆典包括有纪念意义的、重要的国家节日和充满佛教文化气息的民族传统节日。

1. 重要的国家节日

柬埔寨重要的国家节日有独立日（也是建军日，11 月 9 日）、国庆日（6 月 24 日）、国王诞辰日（5 月 14 日）、"太皇"西哈努克生日（10 月 31 日）、立宪及国王重登基日（9 月 24 日）、巴黎和平协定纪念日（10 月 23 日）。

2. 民族传统节日

柬埔寨的民族传统节日多数与佛教文化有关，主要节日有送水节、佛历新年、御耕节。

（1）送水节。送水节也称龙舟节，是柬埔寨最盛大而隆重的传统节日，在 11 月 13~15 日举行。在雨季结束时，为感谢"水神"在雨季给人间带来了丰富的水源和天然的肥料，人们沿湄公河举行盛大的赛船活动，晚上游灯船和举行拜月等，表达对洞里萨湖、湄公河养育之恩的感谢。活动的中心在金边，国王、王后、官员坐在河边搭建的观礼台上观看比赛、欣赏夜景。

（2）佛历新年。柬埔寨以释迦牟尼的诞辰日（佛历 5 月 13 日）为纪元。新年第一天为守岁，第二天为辞岁，第三天为新岁。新年期间，全国各地的寺院都

---

① 数据来源：中国外交部。

要挂起佛教的五色旗和鳄鱼旗。

（3）御耕节。御耕节是柬埔寨的一个隆重的传统节日。仪式由政府农业部门主持，在特定的圣田举行，四周设有5个亭子，每个亭子里供一尊佛像。仪式十分隆重，模拟一年劳作的过程，国王和王后亲自驾临观看，文武官员和外国使节也身穿礼服参加。政府机关放假一天。

（二）饮食习俗

柬埔寨人大多以大米为主食，鱼、虾为主要副食品。饮食上偏爱辣、甜、酸的味道，有点接近于泰国，不过没有泰国菜那样强烈的酸辣味，比较偏甜，喜欢生辣椒、葱、蒜、姜等富有刺激性的食品，习惯将鱼酱和鱼露作为调料。特色名菜有熏鱼、滑蛋虾仁、菜扒虾丸、素菜、凉拌菜等。凉拌菜是在蔬菜里放入葱、姜、蒜、辣椒、椰汁等，酸咸适度，香辣可口，别有风味。

柬埔寨男子一般都爱抽烟，女子大多爱嚼槟榔，饮酒的人在柬埔寨很普遍。除和尚一日吃两餐外，一般都一日三餐。进餐时，一般不用桌椅，而是脚向后席地跪坐。用餐时不习惯使用筷子，而是用盘子、叉子、汤匙或用手抓饭。习惯将饭菜包在事先准备好的生菜叶里，蘸上佐料往嘴里送。

（三）社交礼仪

柬埔寨人注重礼节、礼貌。最常见的相见礼是合十礼，行礼时，指尖的高度视对方身份而定，如子女向父母，孙子、孙女向祖父母，学生向教师，应将合十的掌尖举到眼眉；政府官员下级向上级行礼时，应举到口部；地位相等者行礼时，应举到鼻尖。对国王、王室成员、僧侣还行下蹲或跪拜礼。社交场合也流行握手礼，但男女间仍以行合十礼为宜。

柬埔寨人姓在前，名在后。贵族与平民的姓名有所不同：贵族一般承继父姓，平民一般以父名为姓；贵族起名很有讲究，往往寓意深刻，平民名字多数是随便叫的，没有什么含义。柬埔寨人通常不称呼姓，只称呼名，并在名字前加一个冠词，以示性别、长幼、尊卑之别。如"召"意为孙儿；"阿"意为小孩；"达"意为爷爷；"宁"意为姑娘；"洛克"意为先生等。

（四）禁忌

柬埔寨人大多信奉佛教，受宗教的影响，养成了"过午不食、尊重鸟兽"的习俗。忌讳杀生，不多食动物肉。黄牛和水牛在柬埔寨被认为是受到守护动物的神灵保护的，不能伤害它们，一旦伤害便会遭到生病的报应。在探望柬埔寨僧侣时，忌把鞋子带入门内，若违犯此规矩，就被认为犯了罪孽，柬埔寨人称之为"拍蒲"。"星期六"被视为鬼魂妖魔喜欢的日子，是不吉利的，在这一天办事或外出均要小心。忌讳用左手传递东西或食物，认为左手是在厕所里使用的，是极不洁净的，右手才是洁净的。忌讳别人触摸他们的头部，认为头是人的神圣部位，不容随意触摸，否则便是对他们的极大不敬。忌讳孔雀或其形象的图案。忌讳白色，忌穿白色裤子和纱笼，认为白色是死亡的象征。忌讳把裤子悬挂在别人的头上方。

资料 10 – 1

柬埔寨婚俗

柬埔寨地处热带，男女发育较早，一般女子16岁左右，男子20岁左右结婚。而且流行早婚，否则会为世俗所轻视，而传统婚俗对女子的约束也甚为严格。女孩子到了结婚年龄，父母就要把她关在房间里，请僧侣来诵经祝福，到了规定日期才能出门，这期间被称为"蔽日期"，吃饭、睡觉、洗澡都只能在自己的房间里，不能见任何男子，即使是父亲和亲兄弟也不能例外。"蔽日期"的长短按照家庭的贫富程度不同而不同，可以是3个月、6个月或者一年。"蔽日期"结束前父母不会允许女儿找对象结婚，而女儿也不能吃鱼和肉，否则就将遭遇不幸。

柬埔寨婚俗还有一个亮点，就是少女必须学会吸烟。按照传统，当女孩长到六七岁时，父母就为她们准备好了烟斗，开始教她们吸烟。父母们认为，吸烟可以使孩子懂得人们日常生产、生活中苦辣酸甜的滋味，尤其是烈性烟能使人提神，在茫茫的森林中行路不管多远都不会迷路。

第三节　柬埔寨旅游业的发展

柬埔寨的旅游业是近十年才开始发展起来的新兴产业。柬埔寨有着悠久的历史和古老的文明，有被誉为"东方古代四大奇迹"之一的吴哥窟和多姿多彩的民族风情；然而这些名胜古迹和风景区在1953年独立到1970年初西哈努克统治时期，仅用来接待外国国家元首、重要代表团参观游览。这一时期柬埔寨旅游业处于未开发状态。1970～1991年《巴黎和平协议》签署的20多年里，连绵不断的战争使柬埔寨这个东南亚的鱼米之乡变成了世界上最不发达的国家之一。柬埔寨问题的和平解决带来了经济发展的契机，柬埔寨步入了重建家园的新时期。由于王国政府推行了经济改革和对外开放政策，加上国际社会的普遍关注和数额可观的捐助款项，柬埔寨国内经济状况逐渐好转，政局趋于稳定，外国游客带着各种不同的心态来到这个神秘的国度。在这种情况下，柬埔寨的旅游业才得以兴起和迅速发展。如今旅游业被认为是柬埔寨经济发展的第二大支柱产业。

一、主要旅游城市和旅游景点

柬埔寨的旅游城市主要有东南亚最大的淡水湖泊洞里萨湖所在的金边市，东方古代奇迹所在的暹粒市，以及著名的海滨城市西哈努克市。

（一）金边市

1. 概况

金边市是柬埔寨的首都，地处柬埔寨中部平原，位于湄公河、洞里萨河、巴萨河和前江的汇合处，这四条河流在城东联结成"K"字形，西方文献称之为"四臂湾"。金边市自 1434 年起成为柬埔寨首都，是一座从废墟中站起的城市，这座城市有着现代与落后的冲击，奢华与贫困的碰撞，美丽与混乱的交织，是东南亚最美丽的城市之一。

2. 主要旅游景点

金边市的旅游景点主要有塔山、独立纪念碑、国家博物馆、王宫、洞里萨湖。

（1）塔山。塔山是金边市的发祥地，相传 1373 年当地一名叫"奔"的女子在湄公河水中捡到一尊佛像，遂在此修庙，供奉佛像，香火日渐旺盛，发展成为繁华城镇，被命名为"百囊奔"，意为"奔夫人之山"，当地华人称为"金边"。塔山高约百米，塔顶供有"奔夫人"头像，终日香火不断。在塔顶可俯瞰金边全貌，系首都金边市的象征之一。

（2）独立纪念碑。独立纪念碑是为纪念 1953 年 11 月 9 日柬埔寨摆脱法国殖民统治完全获得独立而建造，1958 年 3 月落成。高 37 米，共 7 层，四周雕有小乘佛教文化象征七头龙 100 条，颇具高棉民族特色。每年独立节时，柬埔寨国王都在此举行隆重庆典。来访的外国领导人也多到这里献花圈。

（3）国家博物馆。国家博物馆 1920 年建造。馆内陈列有历代王朝的手工艺品、雕刻、佛像和珠宝等 5000 余件展品。

（4）王宫。王宫也称"四臂湾大王宫"，因位于上湄公河、洞里萨河、下湄公河和巴萨河四条河的交汇处而得名，系诺罗敦国王于 1866～1870 年建造。王宫为长方形，长 435 米，宽 402 米，外有城墙。王宫的建筑具有高棉传统建筑风格和宗教色彩，宫殿均有尖塔，代表繁荣，殿身涂以黄、白两色，黄色代表佛教，白色代表婆罗门教。王宫最初为木结构，后改建为水泥结构，但保持了原来风貌。

（5）洞里萨湖。洞里萨湖又名金边湖，位于柬埔寨北部，呈长形，位于柬埔寨的"心脏地带"，是东南亚最大的淡水湖泊。干季（12～4 月）湖水平均深度为 1 米，面积为 2700 平方千米；雨季因湄公河回流，水深可达 9 米，面积则扩展至 16000 平方千米。它从西北到东南，横穿柬埔寨，在金边市与贯穿柬埔寨的湄公河交汇。它像一块巨大、碧绿的翡翠，镶嵌在柬埔寨大地之上，为高棉民族的发展与繁荣提供了坚实的资源保障，是柬埔寨人民的"生命之湖"。

（二）暹粒市

1. 概况

暹粒市（Xian Li）是柬埔寨暹粒省的省府，位于金边市北方约 311 公里处，距离泰国边界只有 152 公里。近些年来，暹粒市的旅游业快速发展，得益于这里是世界七大奇迹之一——吴哥古迹的门户，暹粒市是参观吴哥古迹唯一的和重要的停留地，已有百年历史。

2. 主要旅游景点

暹粒市的主要旅游景点有吴哥窟、吴哥王城。

（1）吴哥窟。吴哥窟又称"小吴哥"（见图 10-4），东方四大奇迹之一，是吴哥古迹中保存得最完好的庙宇，以建筑宏伟与浮雕细致闻名于世，高棉古典建筑艺术的高峰，创立于 12 世纪中期，为供奉印度教毗湿奴神所建，13 世纪后期改为佛教寺庙。吴哥寺的建筑包括祭坛和回廊。祭坛层层上升，有三层，象征印度神话中位于世界中心的"须弥山"。寺庙外围环绕着古城河，象征着环绕"须弥山"

图 10-4 吴哥窟

图片来源：http：//www.huaxia369.com/music/News Detail.aspx？id=15730.

的"咸海"。一层回廊布满讲述故事的浮雕，二、三层浮雕的装饰气息更浓。

（2）吴哥王城。吴哥王城又称"大吴哥"（见图 10-5），它是吴哥王朝的首都，由吴哥王朝中兴君主杰耶跋摩七世（1181~1220 年在位）建成于 12 世纪

图 10-5 吴哥王城

图片来源：http：//www.mafengwo.cn/i/864488.html.

末，建筑风格先后受婆罗门教和佛教的影响，是吴哥王朝的都城。吴哥城规模宏大，呈正方形，由城墙和护城河保护，城墙周长 12 公里，高 8 米，整个城市有 5 道城门，护城河宽达 100 米。城内及四周有宫殿和庙宇百余处，依照佛教须弥圣山的概念建立起了壮观的巴戎寺，同时也是"高棉微笑"所在地。大吴哥城的范围内，还有空中宫殿、癫王坛、斗象台等著名建筑。

资料 10 - 2

吴哥古迹

吴哥为公元 9~15 世纪柬埔寨吴哥王朝的首都，于 9~12 世纪陆续建成，以宏伟的石结构建筑和精美的雕刻著称。15 世纪中叶，吴哥王朝因遭受泰国入侵而南迁，吴哥旧都逐渐荒芜，直至淹没于林海之中。19 世纪末被法国探险者重新发现。位于金边市西北约 314 公里。因多年战乱和自然侵袭，吴哥古迹破损严重。联合国教科文组织 1992 年将吴哥列为世界文化遗产，并成立了保护吴哥古迹国际协调委员会。现存古迹 600 余处，分布于方圆近 400 平方公里范围内，"大吴哥"和"小吴哥"是它的主要组成部分。

（三）西哈努克市

1. 概况

西哈努克市原名磅逊，位于柬埔寨西南的磅逊湾，距金边 232 公里，是柬埔寨唯一的海港城市，柬埔寨最繁忙的海岸港口，同时也是柬埔寨国内比较重要的旅游城市，有许多饭店及旅馆。西哈努克市是一个海滨度假胜地，远离闹市的喧嚣，最诱人之处在于白沙眩目、海水湛蓝的海滩。由北向南依次有胜利海滩、Lamherkay 海滩、Koh Pos 海滩、独立海滩、Sokha 海滩、好运海滩、Ochheuteal 海滩和 Otres 海滩。

2. 主要旅游景点

西哈努克市的主要旅游景点有胜利海滩、独立广场、云壤国家公园。

（1）胜利海滩。胜利海滩超过 2 公里长，被礁石和小山分成两段。其北段有大货船来来往往，是西哈努克市看日落的最好地方；南段又称"夏威夷海滩"、"国王海滩"。

（2）独立广场。独立广场是一个用于集会的广场，1985 年为了纪念国家独立和为国捐躯的人们建造了独立纪念碑，在柬埔寨是非常标志性的建筑。

（3）云壤国家公园。云壤国家公园离西哈努克城仅 13 公里。园内景色优美，树木成荫，湖水清澈，公园内路面十分洁净。每逢节日，湖上都举行划船比赛，特别热闹。

二、现代旅游业的发展

随着柬埔寨国内经济状况的好转，尤其是吴哥古迹被重新发现并对外开放后，柬埔寨旅游业呈现出良好的发展趋势。

（一）旅游收入可观，旅游业带动效应明显

旅游业是柬埔寨政府优先发展的领域之一。经过多年发展，旅游业已成为柬埔寨国民经济的支柱产业，其占 GDP 的比例超过 10%，由旅游业带动的相关产业的 GDP 贡献率接近 40%，远高于其他产业的产值，是亚洲地区旅游业占 GDP 百分比最高的国家之一。

2011 年，柬埔寨入境游客达 288 万人次，旅游业收入达 18 亿美元，同比增长 5.9%，占 GDP 的 12%，直接或间接创造了约 40 万个就业岗位。2012 年，接待外国游客达 350 万人次，同比增长 25%。柬埔寨前 10 位主要客源国包括越南、韩国、中国、日本、美国、法国、英国等，旅游收入达 22.1 亿美元，同比增长 11.1%，约占 GDP 的 14.2%，直接或间接创造了约 35 万个就业岗位[①]。2013 年共接待外国游客 421 万人次，同比增长 17.5%，旅游收入达 25.5 亿美元，同比增长 15.4%，占 GDP 的 15.5%，创造 62 万个就业岗位[②]。

（二）旅游基础设施建设加快

柬埔寨经过多年的努力，基本修复了因战乱破坏的公路网，但是柬埔寨公路交通建设还十分滞后。目前柬埔寨全国只有 2 条铁路，总长 655 公里。航空方面，目前柬埔寨的金边和暹粒已开通了到达中国大陆、中国香港、中国台湾、老挝、新加坡、越南、泰国等国家和地区的直飞航班。同时正加快推动金边和暹粒国际机场的扩建计划，加快戈公省和拉达那基里省等地区的机场建设。另外，柬埔寨的供电、供水以及通信等基础设施建设也逐步加快，对旅游业的发展产生一定推动作用。

（三）旅游业发展政策进一步完善

旅游业在柬埔寨国民经济中扮演着重要角色，柬埔寨政府将旅游业作为政府优先发展领域，并将其作为吸引外资的重点鼓励领域，给予在该领域投资相关的优惠政策。柬埔寨专门出台了《投资法》，规定多项优惠措施鼓励投资者，如税收优惠，如果投资者兴建酒店，利润所得税用于再投资则免征税。现在已有许多来自中国大陆、中国台湾的旅游者在柬埔寨投资兴建酒店。

为吸引更多的游客到柬埔寨，柬埔寨王国政府于 2000 年宣布对外开放领空，外国航空公司飞机可以直接从始发地飞往暹粒旅游区，让更多的游客更方便地参观吴哥窟古迹。为保护游客安全和提供更多的旅游服务，柬政府还于 2002 年正式组建了旅游警察部队，分布到全国各景点，为游客提供免费安全保障和排忧解难。2003 年实施"柬埔寨旅游年"，向世界各国敞开大门，使柬埔寨成为东南亚旅游线路中重要的一环。为了加大旅游促销力度，柬埔寨将暹粒省、西哈努克

---

① 伍鹏．柬埔寨旅游业发展现状与拓展中国客源市场的对策［J］．前沿，2014（5）。

② 数据来源：中华人民共和国驻柬埔寨王国大使馆经济商务参赞处。

港、首都金边市 3 个地区作为主要旅游促销点和重点旅游发展区域。此外,柬埔寨政府简化了机场的入境手续,在新加坡、泰国、中国香港、马来西亚、法国和澳大利亚等地设立了旅游办事处。

柬埔寨政府也十分重视沿海各省旅游业的发展,努力推动国内旅游链条延伸,开展了以"清洁、绿色"为主题的清洁旅游城市竞赛和"一名游客一棵树"等活动,制订了 2015 年实现"无废弃塑料袋海滩"的目标,积极宣传推介旅游项目,加强沿海区域管理法等相关法律法规的执行力度,禁止污染项目进入,改善旅游设施,成立旅游监督队伍,提高旅游质量。柬埔寨政府正在制定"暹粒吴哥和金边至西南沿海地区和东北生态旅游地区"的旅游产品多样化战略。

（四）中柬旅游合作加强

中柬两国旅游合作日益增加,两国领导人先后实现了互访。目前,金边和暹粒开通了到北京、上海、广州、昆明、重庆、成都、宁波、厦门等城市的直飞航线。为更好地开发旅游市场,旅游部制订了《2013 ~ 2018 年柬埔寨旅游市场战略》和《2013 ~ 2018 年柬埔寨吸引中国游客旅游战略》,旨在通过完善旅游市场各项设施和宣传作用,吸引中国游客等国际游客到柬埔寨旅游。2014 年 3 月底,柬埔寨单方面允许持普通护照的中国公民在抵达其入境口岸时,办理落地签证。中国公民持空白因私普通护照、联程机票即可前往柬埔寨旅行。

※本章小结

本章主要介绍了柬埔寨的基本国情、经济发展情况、人文习俗、主要旅游城市及著名旅游景点、中柬旅游关系等信息。随着吴哥古迹被法国探险者重新发现,柬埔寨逐渐重视对旅游资源的开发与保护,并把旅游业作为国家的创汇产业。了解柬埔寨的人文习俗、旅游发展情况对从事相关旅游工作有重要帮助。

★复习思考题

1. 柬埔寨与泰国的饮食习惯有哪些相似之处?
2. 柬埔寨有哪些著名旅游景点?

第十一章 文　莱

教学目标

　　了解文莱的基本概况

　　掌握文莱的人文习俗、著名的旅游城市和旅游景点

教学重点

　　文莱的礼仪习俗、著名旅游城市和旅游景点

教学难点

　　文莱的礼仪习俗

第一节 文莱的基本国情

文莱（Brunei），全名文莱达鲁萨兰国，又称文莱伊斯兰教君主国。自古以来，文莱由酋长统治，14世纪中叶伊斯兰教传入以后建立了"苏丹国"。1984年1月1日文莱正式宣布独立，国名定为"文莱达鲁萨兰国"。"达鲁萨兰"是伊斯兰宗教词语，意为"和平之地，安乐世界"。

一、自然条件

文莱与马来西亚接壤，气候炎热，雨水充沛，自然资源丰富。

（一）地理位置

文莱位于婆罗洲北岸，南中国海南岸，亚洲东南部，北濒中国南海，东、南、西三面与马来西亚的砂拉越州接壤，并被砂拉越州的林梦分隔为不相连的东西两部分。国土面积为5765平方公里，是世界上最小的国家之一，又被称为"袖珍之国"。海岸线长约162公里，有33个岛屿，沿海为平原，内陆多山地。东部地势较高，西部多沼泽地。

（二）气候

文莱属热带雨林气候，炎热多雨。年平均气温为28℃。没有明显的干湿季，只有雨季和旱季，几乎一年到头都会下雨。雨量最多的月份为11月至次年2月，而3~10月气候比较炎热、少雨。

（三）自然资源

文莱国土面积虽小，但自然资源丰富，以矿产资源为主，其他资源包括森林资源、渔业资源等。

（1）矿产资源。文莱的矿产资源品种比较单一，优势在于石油和天然气，石油产量在东南亚居第三位，天然气产量在世界排名第四位。已探明原油储量为14亿桶，天然气储量为3900亿立方米。其他矿产资源还有金、硫酸盐、宝石，以及少量铁、煤。

（2）森林资源。文莱境内3/4的土地上都覆盖着热带雨林，森林覆盖率高，其中绝大部分为从未开采过的原始丛林。全国有11个森林保护区，面积为2277平方公里，占国土面积的39%，86%的森林保护区为原始森林。拥有木材种类多达200余种，盛产贵重的柚木、铁木、紫檀、黑檀、白卯等热带林木，并有多种竹类①。

---

① 数据来源：东盟网。

（3）渔业资源。文莱面向南中国海，有 161 公里长的海岸线，海域面积为 38600 平方公里，领海有丰富的海洋生物。白拉奕河、都东河、文莱河和淡布伦河盛产鱼虾。

二、发展简史

文莱古称"渤泥"，自古为酋长统治。15 世纪伊斯兰教传入，建立苏丹国。16 世纪中叶，葡萄牙、西班牙、荷兰、英国等相继入侵这个国家。

（1）保护国时期。1888 年，文莱沦为英国的保护国。1941 年，文莱被日本占领，1946 年英国恢复对文莱的控制。1959 年，文莱与英国签订协定，规定国防、治安和外交事务由英国管理，其他事务由文莱苏丹政府管理。1971 年，文莱与英国重新签约，规定除外交事务和部分国防事务外，文莱恢复行使其他所有内部自治权。

（2）文莱独立。1978 年，文莱苏丹赴伦敦就主权独立问题同英国政府谈判，并缔结了友好合作条约。根据条约，英国于 1984 年 1 月 1 日放弃了其掌握的文莱外交和国防权力，文莱宣布完全独立。独立以后，苏丹政府大力推行"马来化、伊斯兰化和君主制"政策，巩固王室统治，重点扶持马来族等土著人的经济，在进行现代化建设的同时严格维护伊斯兰教义。

三、人口和居民

文莱是东南亚国家中人口最少的国家，但相较于小规模的人口来说，文莱的民族和宗教数量较多。

（一）人口数量

2013 年文莱人口约为 39.3 万，其中，马来人占 66.4%，华人占 11%，其他种族占 22.6%[①]。

（二）语言

马来语为国语，英语为通用，华语使用也较为广泛。

（三）民族、宗教

文莱的民族和宗教信仰比较多，主要信奉伊斯兰教，与马来西亚一样以伊斯兰教为国教。

1. 民族

文莱人口虽然不多，但有 20 多个大小民族，居民大致可分为原住民和非原住民两大类。

---

① 数据来源：中国外交部。

（1）原住民。原住民主要由马来人和达雅克人构成。

1）马来人。马来人是文莱的主体民族，约占全国人口的 2/3，最早于 13 ～
15 世纪自苏门答腊和马六甲等地迁徙而来。到 20 世纪初，为开采石油和发展种
植业，又有大批马来人迁入，他们主要来自邻近的砂拉越和沙巴地区。此外，移
居文莱的菲律宾比萨扬人、他加禄人；印度尼西亚的爪哇人、杜松人、伊班人等
也有不少融入马来人中。文莱王室属马来人。

2）达雅克人（土著居民）。文莱把所有土著居民统称为"达雅克人"，意为
"内地人"或"山里人"，它包含许多民族，主要有伊班人、卡达扬人、杜逊人等。
达雅克人与马来人同属南岛语系印度尼西亚语族，蒙古人种马来类型，为原始马来
人的后裔。他们操达雅克语，分为多种方言，但没有文字。大多数人至今仍信仰万
物有灵的拜物教，只有部分人改信伊斯兰教或基督教。达雅克人的有些部族现今尚
处在人类最古老的原始公社或氏族社会阶段，有的甚至仍处在游牧和渔猎时代。

（2）非原住民。文莱的非原住民包括华人、欧洲人、南亚人、东南亚人和南
非人。华人在文莱人口比例中居第二位，仅次于马来人，为非原住民中人口最多的
一个民族。根据史籍记载和考古发现，华人移居此地可上溯至 7 世纪的中国唐代。
其后在 9 世纪宋朝时，也有过大规模的移民潮。在近代，较大规模的移民潮发生在
19 世纪末，尤其是英国殖民统治文莱之后。当时，大批移居文莱的华人多以英
国臣民身份前往的（即以前定居在海峡殖民地或其他英属殖民地的华人）。

2. 宗教

文莱是宗教色彩和马来民族传统较浓厚的国家，伊斯兰教为国教，其他还有
佛教、基督教、道教等。

（1）伊斯兰教。早在 15 世纪初，伊斯兰教开始传入文莱，为居住在当地的
马来人所接受，并在此基础上建立起政教合一的文莱苏丹王国。1959 年文莱正
式把伊斯兰教定为国教，其在国家政治生活中占有重要地位，全国设有伊斯兰教
法院，处理宗教和民事诉讼。在进行现代化建设的同时必须保持伊斯兰教原则。
在文莱街头随处可以感受到人们对伊斯兰教的虔诚，很多汽车的车身上都写着伊
斯兰教的教义。

（2）其他宗教。文莱的华人多数信奉佛教，但也有少部分人信奉由中国东
南沿海传去的妈祖教；印度移民以信奉印度教为主，其次信奉佛教；欧洲移民及
部分达雅克人主要信奉基督教；当地土著民族——达雅克人普遍信奉万物有灵的
原始宗教。

四、国旗、国徽、国歌、国花、国鸟

文莱的国旗、国徽、国歌都象征着王室的至高无上；国花是极具传说色彩的

花卉——康定杜鹃；国鸟是深受民众喜爱的白腹海雕。

（一）国旗

文莱国旗（见附图17）呈横长方形，长与宽之比为2∶1。由黄、白、黑、红四色组成。黄色的旗地上横斜着黑、白宽条，中央绘有红色的国徽。1906年，当文莱还是英国的保护国时，就制作了文莱第一面国旗——呈长方形的黄色旗帜，旗帜上的黄色代表苏丹至高无上。后来为了纪念两位有功的亲王，文莱决定在国旗上加了黑、白两条斜条。1959年文莱实现自治时制定了第一部宪法，宪法规定把文莱的国徽图案绘制在国旗中央。1984年1月1日，文莱宣布完全独立，国旗沿用至今。

（二）国徽

文莱国徽（见附图18）中心图案为一轮上弯的新月，象征文莱是信奉伊斯兰教的国家。新月中心，一根棕榈树干伸展枝叶，与月牙尖连接起来象征和平。双翼上端一顶华盖和一面三角旗则代表苏丹至高无上的权威。新月中央的金色马来文字写着"永远在真主指引下"，表示了文莱人对真主的虔敬。两侧有两只支撑着的手臂，既表示占文莱人口多数的马来人向真主的祈求，又表示文莱臣民对苏丹的拥戴。国徽底部一条红色饰带上书写着"和平之城——文莱"。

（三）国歌

文莱的国歌为《真主保佑文莱》，由两位青年于文莱独立前40年左右创作，于1951年正式被采用，确定为文莱国歌。歌词大意：上帝保佑文莱，苏丹陛下万岁！依仗着公道和权威，领导人民把国家保卫；祝愿国家繁荣，苏丹安泰，至高无上的神保佑苏丹国文莱！

图11-1　康定杜鹃

图片来源：http：//www.chxk.com/2012/jgmt_0321/115637_4.html.

（四）国花

文莱的国花是康定杜鹃（见图11-1），源自黄帝之时，有"杜鹃啼血"之说，后来传到文莱，据说传到的第一天，文莱上空出现紫霞，国王因此将其定为国花。

图11-2　白腹海雕

图片来源：http：//image.baidu.com/.

（五）国鸟

文莱的国鸟是白腹海雕（见图11-2），是一种中型猛禽，头、颈及下体白色，上体、两翼灰褐色，飞羽黑褐色，翼下覆羽白色，尾部靠基部2/3为暗灰色，其余呈白色。栖息于海岸、水边树上或岩石上。在高空中翱翔或滑翔时甚为优雅，飞行时两翼呈同一角度，振翅缓慢有力。

五、首都

文莱的首都为斯里巴加湾市，原名文莱市，1970 年 10 月 4 日改称现名，意为"和平的市镇"。面积为 100.36 平方公里，位于文莱湾西南岸，东经 114°55″，北纬 4°52″，距文莱河入海口 14.48 公里。最初这里只是文莱河入海处的一片沼泽地，后来马来人陆续来此定居，形成了几十个水上村落，从 17 世纪起即成为文莱首都。

六、政治体制

文莱的政治体制依赖于国家的成文宪法和马来伊斯兰君主制的传统，是君主专制政体，苏丹为国家元首，内阁是国家的最高行政机构。

（一）宪法

文莱于 1959 年 9 月 29 日颁布第一部宪法。1971 年和 1984 年曾进行重大修改。宪法规定，苏丹为国家元首和宗教领袖，拥有全部最高行政权力和颁布法律的权力。设宗教委员会、继承与册封委员会、枢密院、立法院和内阁部长会议协助苏丹理政。2004 年 9 月，立法院第一届会议审议并通过宪法修正案，内容涉及司法、宗教、民俗等多个方面，共 13 项内容，包括赋予苏丹无须经立法院同意而自行颁布紧急法令的权力；制定选举法令，让人民参选从政；增加立法院议员人数；伊斯兰教仍为国教，但人民有宗教信仰自由；仍以马来语作为官方语言，英语可作为法庭办案语言等。

（二）国家元首

文莱是一个君主专制国家，苏丹是文莱的国家元首，拥有全部最高行政权力和颁布法律的权力，同时也是宗教领袖。

（三）议会

文莱 1959 年颁布的首部成文宪法规定设立立法会，由其实施审议立法的权力，并定期举行文莱议会选举，议长、议员直接由苏丹任命。1962 年曾举行选举。1970 年取消选举，议员改由苏丹任命。1984 年 2 月，苏丹宣布终止立法会，立法以苏丹圣训方式颁布。2004 年 7 月，苏丹宣布重开立法会，9 月，立法会恢复运作。

（四）行政机构

内阁是国家的最高行政机构，由首相、国防部长、外交部长、文化青年体育部长和财政大臣、律政交通部长、教育卫生部长和建设发展部长等组成。

七、经济状况

文莱历史上曾是东南亚一个贫穷落后的农业小国，从 20 世纪初发现石油到六七十年代大量开采石油，文莱的经济结构发生了根本性的变化，石油和天然气开采业成为经济的支柱产业，是典型的石油经济国家。

（一）经济发展成就

文莱是世界上最富有的国家之一，石油、天然气的生产和销售为文莱政府带来丰厚的外汇收入，加之国家人口少，文莱国民经济得到迅速发展。石油和天然气的生产和出口约占 GDP 的 67% 和出口总收入的 96%。注重石油和天然气下游产品开发和港口扩建等基础设施建设，积极吸引外资，促进经济向多元化方向发展。经过多年努力，文莱非油气产业占 GDP 的比重逐渐上升，建筑业发展较快，成为仅次于油气工业的重要产业。服装业也取得较大发展，已成为继油气业之后的第二大出口收入来源。2012 年文莱 GDP 为 151 亿美元，增长率为 0.9%；人均 GDP 为 3.8 万美元[1]。

文莱的货币名称为文莱元（见图 11-3）。

图 11-3　文莱元

图片来源：http：//blog. sima. com. cn/s/blog_ 552f3d130101dgle. html.

汇率：1 人民币 = 0.2137 文莱元（2014 年 12 月 16 日）

资料 10-1

文莱突破单一经济模式

近年来，文莱政府力求改变过于依赖石油和天然气的单一经济模式，在向渔业、农业、运输业、旅游业和金融服务业等多元化经济模式转变中取得了一定效果。根据文莱政府制定的"2012~2016 年旅游业发展蓝图"，文莱旅游业收入 2016 年预计将突破 3.5 亿文莱元（约 17.8 亿元人民币），旅游业

---

① 数据来源：中华人民共和国驻文莱达鲁萨兰国大使馆经济商务参赞处。

将成为石油天然气以外新的经济增长点。按照这个规划,2016 年文莱将吸引游客 41.7 万人次,比 2011 年增加近 72%;旅游业收入也将在 2011 年 1.55 亿文莱元(约合 7.9 亿元人民币)的基础上增加 126%。文莱旅游业的发展将主打自然环境、民俗文化和宗教传承 3 张牌。根据规划,发展旅游业将为社会创造 2000 个工作机会。

(二)工农业与服务业

文莱以工业为主,农业基础薄弱,服务业在推行经济多元化之后被逐渐重视。

1. 工业

文莱工业以石油、天然气开采和提炼为主,建筑业是新兴的第二大产业,其他还有食品加工、家具制造、陶瓷、水泥、纺织等。

2. 农业

文莱农业基础薄弱,随着 20 世纪 70 年代油气和公共服务业的发展,很多人弃农转业,传统农业受到冲击,现仅种植少量水稻、橡胶、胡椒和椰子、木瓜等热带水果,农业在 GDP 中仅占 1% 左右。2010 年以来文莱大力扶持以养鸡业为主的家禽饲养业,鸡肉已 90% 能自给,鸡蛋实现完全自给[①]。2011 年农业产值为 1.05 亿美元,仅占 GDP 的 0.5%。截至 2011 年,文莱国内稻米自给率不足 3%。

3. 服务业

服务业被列为文莱推行经济多元化的重点领域之一。由于文莱积极参与国际合作,其服务业与外界的交流与合作层层深入,并发展迅猛。自文莱实施经济多元化战略以来,由于采取一系列得力措施,文莱服务业占 GDP 的比重不断提高。根据文莱首相署文莱经济计划和发展局资料,2005 年第二季度,批发零售业增长 16.1%、餐饮酒店业增长 6.6%、运输及通信业增长 14%。2007 年,文莱建筑业和服务业的总产值占 GDP 的 30% 左右。除此之外,文莱服务业中的运输及通信、银行保险等行业也有较高增长。

(三)交通运输业

文莱交通系统发达,对外以航空和水路交通为主,对内以公路交通为主。

1. 航空

首都斯里巴加湾市有国际机场,建于 1974 年,系文莱唯一民用机场。国家航空公司为"文莱皇家航空公司"(Royal Brunei Airlines, RBA),拥有 10 架

---

① 数据来源:中华人民共和国外交部。

客机，开辟了 18 条国际航线，每周有多个航班直达东盟、澳大利亚、中东、欧洲、日本等国家和地区。2011 年客运量 201 万人次，货运量 28125 吨，空运邮件量 279 吨。

2. 水路

水运是文莱重要的运输渠道。穆阿拉深水港是主要港口，此外还有斯里巴加湾市港、白拉弈港等。另有诗里亚港和卢穆港等，主要供出口石油和液化天然气使用。与新加坡、马来西亚、中国香港、泰国、菲律宾、印度尼西亚和中国台湾之间有定期货运航班。2011 年共有各类注册船只 273 艘，各港口共装卸货物 101.8 万吨。

3. 公路

文莱公路四通八达，路况优良，截至 2011 年底，总长为 3127.4 公里。主要居民点都有现代化道路网连通，是世界上拥有私家车比例最高的国家之一，平均每 1.5 人拥有 1 辆汽车。居民出行主要依赖私家车，出租车及公共汽车等公共交通服务极少。

（四）对外贸易

文莱主要出口原油、石油产品和液化天然气，进口机器和运输设备、工业品、食物、药品等。主要贸易对象为日本、东盟国家、韩国、澳大利亚、中国等。按不变价格统计，2010 年文莱进出口总额为 120.1 亿美元，同比增长 15.6%。其中出口 95.1 亿美元，同比增长 22.2%；进口 25 亿美元，同比下降 4.1%。2011 年对外贸易总额为 156 亿美元，同比增长 10.4%。其中出口 127 亿美元，同比增长 29.1%；进口 29 亿美元，同比增长 10.4%。石油、天然气仍是出口大户，其中石油出口 64 亿美元，同比增长 30.2%；天然气出口 57 亿美元[1]。

八、对外政策

文莱奉行不结盟和同各国友好的外交政策。主张国家无论大小、强弱，都应相互尊重。1984 年 2 月 24 日加入联合国，重视发挥联合国成员国的作用。1984 年 1 月 7 日成为东盟第六个成员国，与东盟各国关系密切。视东盟为外交基石，主张通过东盟实现地区稳定、繁荣与团结。2006 年 7 月至 2009 年 7 月任中国—东盟关系协调国。系亚太经济合作组织（APEC）和亚欧会议（ASEM）成员，重视维护地区和平、安全与稳定，对区域经济合作持积极态度，主张各国实行贸易、投资自由化和开展经济技术合作。认为 2010 年以来国际形势的变化对国际

① 马静，马金案. 文莱：2011～2012 年回顾与展望［J］. 东南亚纵横，2012（3）.

关系产生了深刻影响，联合国和地区组织应在维护和平、保持稳定和促进发展中发挥作用。支持联合国改革，希望通过改革加强联合国的地位和作用，提高联合国的效率和活力，认为安理会改革应多倾听中小发展中国家的声音，增加发展中国家的代表性。重视同中国、美国、日本等大国的关系。积极发展同伊斯兰国家的关系，是伊斯兰会议组织成员国。系英联邦和不结盟运动等国际组织成员国。1993 年 12 月 9 日加入关贸总协定，1994 年 4 月 15 日成为世界贸易组织成员国。文莱现已与 160 多个国家建立外交关系，在 40 多个国家和组织设有使领馆、高级专员署和常驻机构。

第二节　文莱的人文习俗

文莱是一个政教合一的国家，伊斯兰宗教色彩和马来民族传统均较为浓厚，形成了注重和谐、委婉、谦恭的马来文化和风俗习惯。

一、教育

文莱政府十分重视教育，教育福利制度好，整体教育水平高，教学体系完善，国民受教育意识强，9 岁以上人口识字率为 93.7%。

（一）教育体系

文莱教育体系完善，采取"7－3－2－2"的教育体制，即小学 7 年，初中 3 年，高中 2 年和大学预科 2 年。在文莱，初等教育分为三级：学前、初小和高小，学习年限共 7 年，学前教育（1 年）于 1979 年归入小学教育，并成为义务教育的一部分，学生 5 岁入学。

（二）课程设置

文莱小学教育的目的是让学生打好读、写、算的基本功，为学生以后的个人发展创造条件、提供机会。学前班的课程有马来语、英语、算术、品德、伊斯兰教基础、体育、音乐及个人和社会发展等。初小的课程有马来语、英语、数学、伊斯兰教知识、体育、手工美术和公民课。高小则在此基础上增设科学、历史和地理。在完成了 7 年的小学教育之后，学生要通过小学证书考试，才能升上初中。中学后的教育和培训主要由文莱大学、文莱理工学院、拉希达护理学校、古兰经学校和一些职业技术学校与培训中心负责。

（三）教育福利

国家为公民和永久性居民提供 12 年的免费教育；经批准到国外留学的学生也可享受免费的高等教育。

资料 10 - 2

文莱社会福利

文莱居民分为三个级别，即文莱公民、文莱永久居民和文莱普通居民，分别享受不同的社会福利。文莱公民的身份证为黄色，享受公立学校的免费教育，住房上享受免费的公房或得到高额的住房补助自建房屋。医疗上享受几乎免费的治疗。文莱永久居民身份证为红色，除了不能申请文莱护照（只能得到文莱旅行证），其他方面享受的社会福利也不比文莱公民差多少。教育、住房、医疗上的福利与文莱公民几乎一样。文莱普通居民一般是那些在文莱工作的外国人。为文莱国家部门工作的文莱普通居民都会得到一张绿色的身份证，拥有这张绿色身份证同样可以享受免费的医疗（仅限于常见病），但不能享受其他社会福利。

对于文莱的社会福利一般人会有一些误区。教育免费是指在公立学校上学免费，如果想得到更好的教育前往私立学校学习，政府是不给予任何补助的。免费出国上大学每月还拿生活补助不是面对所有学生的，而是文莱的精英学生，每年只有不到 5% 的高中毕业生能享受到这项福利。拿到政府分给的免费房屋需要等待很长时间，多数情况下文莱人都会向政府低价购买一块地自建房屋。最低生活保障每人每月也只有约合不到两千元人民币，刚好够生活。高福利只是解决了人们生活的后顾之忧，但想过更好的生活还得靠自己的辛勤劳动。

二、习俗礼仪

文莱是宗教色彩和马来民族传统较浓厚的国家，有着与马来西亚相似的传统节日庆典和饮食、风俗习惯。

（一）节日庆典

文莱的节日庆典大部分是宗教活动，以纪念历史上重要的事件。

1. 重要的国家节日

文莱重要的国家节日有国庆节（2 月 23 日）、文莱皇家武装部队庆祝日（5 月 31 日）、穆罕默德先知诞辰日（6 月 15 日）、苏丹陛下华诞（7 月 15 日）、元旦节（1 月 1 日）。

2. 民族传统节日

文莱是一个各民族和睦相处的国家，无论是哪个民族的传统节日都会有其他民族的人共同庆祝，节日气氛十分浓郁。民族传统节日主要有华人春节、戒斋月、开斋节，传统节日多与伊斯兰文化有关。

（1）华人春节。依照中国农历，大年初一文莱全国放假一天。所有华人都身着中式服装，举着气球，穿梭在红色的贺新春的标语广告之间，街上还有舞狮和龙灯表演。

（2）戒斋月。文莱人多数信奉伊斯兰教，受伊斯兰文化影响，文莱有戒斋月。每年回历九月是穆斯林的戒斋月，为期30天。所有穆斯林在日出之后，不吃饭，不喝水，有的甚至连口水也不容许吞进肚子里去，直到日落，日落后则可自由吃喝。

（3）开斋节。开斋节是文莱最盛大的节日，每年的日期根据日历有所变化。节日期间，穆斯林家家户户都准备馓子、"油香"、"课课"、"花花"等富有民族风味和特色的传统食品，同时还要宰羊、鸡、兔等家畜，做凉粉、烩菜等，互送亲友邻居，互相拜节问候。

（二）饮食习俗

文莱以米饭和面食为主食，以牛肉、羊肉、鸡肉、鸡内脏、蛋类等为副食。饮食口味与马来西亚十分相似，比马来西亚口味还要偏重些，喜欢辣味菜肴，常用咖喱、胡椒、辣椒、虾酱等做调料。菜肴制作上偏爱炸、烤、煎、爆、炒等烹调方法，讲究菜肴的香、酥、脆，注重量小质高。川菜、清真菜最受文莱人的欢迎。文莱人还酷爱甜食，经常用糯米粉、椰蓉、椰酱、芋头与水果等热带作物做成各式甜点招待客人和自己食用。特色饮食有椰浆饭、文莱烤鱼、叻沙、沙爹肉串、西米饭、马来糕点等。

文莱穆斯林不吃猪肉，不吃自死动物的肉和血。文莱禁止饮酒，也禁止公开出售酒类，但可以饮果酒和葡萄酒。在饮料方面，喜饮咖啡、可可和红茶。

（三）社交礼仪

文莱的马来人很注重待人接物的礼节，与客人相见时，一般都以握手为礼，然后把右手向自己胸前轻轻一扶。文莱的年轻人见到老人后，要把双手朝胸前作抱状，身体朝前弯下和鞠躬。在称呼对方时，一般男性名字前面尊称"阿旺"（Awang），朝圣过的男子通常在名字前加"阿旺·哈吉"（Awang Haji）。女性一般在名字前加尊称"达扬"（Dayang），朝圣过的通常称"达扬·哈贾"（Dayang Hajjah）。皇室成员及与皇室有亲戚关系的人的名字前加"本基兰"（Pengiran），非皇室成员的达官显要和有功人士被苏丹赐"佩欣"（Pehin）或"达图"（Dato）等封号，他们的夫人则称"达丁"（Datin）。

家里有客人来访，不论认识与否，是朋友或是仇人，只要对方向自己请安问好，都要笑脸相迎并给予热情的款待。在他们看来，给对方好脸色是对客人的施舍。客人来访不能问对方想吃点什么，有吃的尽管拿出来，对方不吃不要勉强，吃了不能问对方喜欢不喜欢。客人告辞时，还要向客人表示感谢，并邀下次再来。在待客过程中万不得已要使用左手时，必须先礼貌地向对方道一声"对不起"。到别人家做客，进门前要脱鞋以示尊重和清洁。

（四）禁忌

左手被认为是不洁的，在接送物品时要用右手。在指人或物时，不能用食指，而要把四指并拢轻握成拳，大拇指紧贴在食指上；在正式场合下，不要跷二郎腿或两脚交叉。不少马来人不愿与异性握手，所以，除非他（她）们先伸出手来，不要主动与他（她）们握手。不要用手去摸他人的头部，此举被认为将带来灾祸。在公共场合，不能边走边吃东西，否则会被认为是不礼貌的。斋月期间，穆斯林从日出后到日落前不吃食物，非穆斯林不宜在他们面前吃任何食物。不能随地乱吐痰、吸烟，违者必须受到严厉惩罚。文莱的穆斯林忌食猪肉，不准饮酒，不准吃自死动物的肉和血。赠送给马来人的礼物和纪念品不应有人物或动物图案。参观清真寺或到马来人家做客时，进门前要脱鞋示尊重和清洁，女性要包头巾、穿长裤；男士不可穿浴袍、短裤或宽松的 T 恤。不要从正在做祷告的教徒前走过，非穆斯林不能踩清真寺内做祷告用的地毯。

第三节　文莱旅游业的发展

文莱经济结构较为单一，政府为了改变过分依赖油气资源的单一经济结构，大力推行多元化经济，并把旅游业作为新的经济增长点。

一、主要旅游城市和旅游景点

文莱以"东方威尼斯"、"和平之乡"的美誉逐渐被世人瞩目，天然的富足、浓郁的伊斯兰风情、独特的旅游资源把文莱构建成了 21 世纪的"天方夜谭"。其主要旅游城市是斯里巴加湾。

（一）斯里巴加湾

1. 概况

斯里巴加湾是文莱首都，最初只是文莱河入海处的一片沼泽地，后来马来人陆续来此定居，形成了沿河分布的几十个水上村落，故有"东方威尼斯"的美称。现今斯里巴加湾市分为旧城区和新城区两个部分。旧城区为"水村"，建在水上，水下是一排排木桩，桩上搭建木屋，也有街巷之分，许多住房刷上了颜色鲜艳的油漆，风格独特。全市有 3 万人居住在水上，政府为改善水上居民的生活，建设了水上学校、水上医院和商场等。新城区则更趋于现代化城市。文莱主要旅游景点都集中在首都斯里巴加湾。

2. 主要旅游景点

文莱首都斯里巴加湾的主要旅游景点有文莱博物馆、奥玛尔·阿里·赛福鼎清真寺、水上村、水晶公园、苏丹纪念馆、努洛伊曼皇宫。

（1）文莱博物馆。文莱博物馆坐落于距斯里巴加湾市约6.5公里的哥打巴都路，拥有文莱的各种历史资料。例如大量的经书、文件、手抄资料等，还有大量的古物如陶器、精致的古代艺术玻璃饰品，珍贵且拥有纪念及历史性的地毯等，其他可在博物馆内观赏到的包括银、铜制品，婆罗洲人种志展示及油田、钻油台模型及资料。

（2）奥玛尔·阿里·赛福鼎清真寺。奥玛尔·阿里·赛福鼎清真寺位于斯里巴加湾市中心，是文莱首都斯里巴加湾市的象征，是东南亚最美丽的清真寺之一。坐落于一座人工湖边，拥有精心设计维护的花园，是一座规模庞大、独具风格的清真寺。这座清真寺是文莱的象征，也是文莱主要旅游目的地之一。清真寺建于1958年，以纪念苏丹奥玛尔·阿里·赛福鼎建国17年来的功绩，属于现代伊斯兰建筑的代表。清真寺的拱顶在斯里巴加湾市内各处户外都能看见，据说所有的拱顶是由330万片金片镶成的，如果把这些金片铺成平面，足有520平方米之大。

（3）水上村。水上村（见图11-4）位于斯里巴加湾市区，居住将近4万人。整个村子的所有建筑都是通过桩子打在文莱河的河床上。从远处看，整个村子就像浮在水面之上一样。村落有木质通道可以通行。游客可以体会文莱普通人的生活。

图11-4 水上村

图片来源：http://www.mafengwo.cn/poi/6467366.html.

（4）水晶公园。水晶公园是一座现代化的大型豪华游乐场，于1994年正式开放，公园里有众多现代化的游乐设施，集美丽的自然景色和花样繁多的游乐项目为一体，堪称全东南亚最大的游乐场，建造时耗巨资约13亿文莱元。

（5）苏丹纪念馆。苏丹纪念馆位于斯里巴加湾市中心，建成于1992年。这座纪念馆是世界上最大的私人住宿，为配合苏丹登基25周年纪念建造。纪念馆内有2200个房间，包括清真寺、直升机停机坪、3公里的地下道以及有冷气的马房等。整个皇宫可以居住2000名客人，宴会厅可以容纳400人。馆内所收集的无价皇家纪念品包括镶有宝石的王冠、华丽的传统御用战车、复制的登基大殿。二楼还展示着各国送给现任苏丹王的纪念品。

（6）努洛伊曼皇宫。努洛伊曼皇宫（见图11-5）是世界上最大的皇宫，是文莱苏丹的住所。据说在努洛伊曼皇宫里，有 1700 多个房间，是举行国宴的地方。如果想参观皇宫要在文莱的国庆日（2 月 23 日）或在斋戒月要结束后的开斋节前往，此时开放 3 天，还可以趁此机会排队进去和苏丹握手。

图 11 - 5　努洛伊曼皇宫

图片来源：http：//www. home mon. ca/album/photo. php？id =2495.

（二）其他旅游景点

文莱的其他旅游景点还有淡布隆国家公园。淡布隆国家公园是文莱的第一个国家公园，位于文莱淡布隆县，拥有典型的热带雨林植被。国家公园与周边的马来西亚雨林国家公园相仿，受人类活动影响较小。森林徒步和雨林植物观赏是主要的亮点。

二、现代旅游业的发展

虽然旅游业不是文莱的主要产业，但现代旅游业的发展依然得到重视，并取得了良好的发展。

（一）旅游业得到政府重视

近年来，旅游业成为文莱除油气业外又一大力发展的产业。文莱政府采取多项鼓励措施吸引海外游客，重点是吸引东亚和东南亚地区游客。2005 年，文莱成立了文莱旅游管理委员会，以促进旅游业的发展，提高旅游服务效率。2006 文莱举办了"文莱旅游观光年"，使到文莱旅游的海外游客加快增长。2006 年有近 5000 人直接受聘于旅游行业活动，为文莱社会带来 3.1 亿文莱元的直接经济收益，对 GDP 的贡献率为 1.8%。2014 年，文莱政府采取积极措施，制定旅游发展规划，通过开展一系列海外促销活动促进旅游业发展。计划在未来的数年内耗资上亿文莱元来提升旅游业的设施及服务。旅游业作为一个快速发展的新兴产业得到了文莱政府和市民的认可，极大地促进了王国的经济多样化，也为文莱市民提供了更多的就业机会。

（二）旅游客源市场不断扩大

文莱以文化、遗产、自然风景吸引了世界各地的游客，2009 年文莱接待国际游客 15.7 万人次，2013 年接待国际游客上升到 21 万人次。中国已成为继马来西亚之后文莱的第二大旅游客源国，每年赴文莱旅游的中国游客数字都有大幅度的增长。2010 年赴文旅游的中国游客达 22000 人次，2012 年到文莱观光旅游的中国大陆游客平均每月超过 2500 人次①。

（三）中文旅游合作关系密切

中国与文莱是近邻，历史上两国之间有着长期友好交往的经历。2000 年两国签署了《中国公民自费赴文旅游实施方案的谅解备忘录》，文莱成为中国公民自费出国旅游目的地国之一。2002 年 1 月，文莱皇家航空公司开通了斯里巴加湾至上海航线。2003 年 7 月起，中国对持普通护照来华旅游、经商的文莱公民给予免签证 15 天的待遇。2005 年 6 月，两国就互免持外交、公务护照人员签证的换文协定生效。2004 年、2005 年分别成立中国—文莱友好协会和文莱—中国友好协会。2006 年 4 月，中国—东盟博览会推介会在文莱举行，中国与文莱两国提出加强旅游业合作，双方重点加强旅游市场开发、旅游线路开辟、旅游产品推介、客源组织等方面的合作。2006 年 9 月中文又签署了《中华人民共和国政府和文莱达鲁萨兰国苏丹陛下政府旅游合作谅解备忘录》。

资料 11 -3

文莱重视发展高品质旅游业

根据文莱工业与初级资源部旅游局最新统计数据显示，2013 年 1 ~ 9 月，外国前往文莱的游客达 19.6686 万人，其中空港抵达游客为 17.2484 万人，乘游轮 2.4202 万人。根据国际业界同行评价，文莱旅游资源丰富且质量较高。超过 90% 的来文游客都对文莱文化和自然景点饶有兴趣，其中 51% 的游客参观过王室陈列馆，20% 到访过文莱博物馆，马来科技博物馆为 9%，油气探索馆为 7%，水村文化旅游馆为 6%，淡布隆乌鲁国家公园为 4% 等。上述景点均是文莱 2011 ~ 2015 年旅游发展规划中的重点项目。根据该计划，文莱旅游重点为自然、文化和伊斯兰风情旅游。为发展文莱旅游，文莱工业与初级资源部确定了 7 大发展动力、13 个领域和 69 个项目。7 大动力包括户外、文化和伊斯兰旅游、健康、海上、教育、商业等；69 个项目包括升级现有博物馆、导游培训等②。

---

① 数据来源：中国外交部。
② 资料来源：中华人民共和国驻文莱达鲁萨兰国大使馆经济商务参赞处。

※本章小结

本章主要介绍了文莱的基本国情、经济发展情况、人文习俗、主要旅游城市及著名旅游景点、中文旅游关系等信息。随着政府对旅游业的重视，旅游成为文莱除油气业外又一创汇产业。文莱将旅游业发展目光重点投向中国，中文旅游合作前景可观。

★复习思考题

1. 文莱内部交通有什么特点？
2. 旅游业在文莱经济中的地位如何？
3. 文莱和马来西亚在语言、宗教和民族构成上有何异同？

第十二章　印度尼西亚

教学目标

　　了解印度尼西亚的基本概况

　　掌握印度尼西亚的人文习俗、著名的旅游城市和旅游景点

教学重点

　　印度尼西亚的礼仪习俗、著名旅游城市和旅游景点

教学难点

　　印度尼西亚的禁忌与习俗

第一节　印度尼西亚的基本国情

印度尼西亚（Indonesia），全称印度尼西亚共和国，别名"因德坭坑"。由上万个岛屿组成，是全世界最大的群岛国家，被称为"千岛之国"。同时是世界第四人口大国。由于赤道横穿印度尼西亚群岛，因此印度尼西亚也被称为"赤道上的翡翠"。

一、自然条件

印度尼西亚地处亚洲东南部，地跨赤道，气候炎热。正是这一气候条件决定了印度尼西亚丰富的自然资源。

（一）地理位置

印尼位于亚洲东南部，地跨赤道（12°S~7°N），与巴布亚新几内亚、东帝汶、马来西亚接壤，与泰国、新加坡、菲律宾、澳大利亚等国隔海相望，海岸线长3.5万公里。其70%以上的领土位于南半球，是南半球最大的亚洲国家。经度跨越96°E~140°E，东西长度在5500公里以上，是除中国之外领土最广阔的亚洲国家。印度尼西亚由太平洋和印度洋之间17508个大小岛屿组成，其中约6000个岛屿有人居住。印度尼西亚处在环太平洋地震带中，是一个多地震的国家。同时，也是一个多火山的国家，火山有400多座，其中活火山有77座。

（二）气候

印度尼西亚是典型的热带雨林气候，年平均温度为25~27℃，无四季分别。北部受北半球季风影响，7~9月降水量丰富，南部受南半球季风影响，12月、1月、2月降水量丰富，年降水量为1600~2200毫米。

（三）自然资源

印度尼西亚是个自然资源丰富的国家，素有"热带宝岛"之称。其中矿产资源、林业资源和渔业资源相当丰富，为国家经济的持续发展提供了有利条件。

（1）矿产资源。印度尼西亚的石油、天然气和锡的储量在世界上占有重要地位。根据印度尼西亚能源矿产部2013年的统计，印度尼西亚煤炭资源储量约为580亿吨，已探明储量193亿吨，其中54亿吨为商业可开采储量。由于还有很多地区尚未探明储量，印度尼西亚政府估计煤炭资源总储量将达900亿吨以上。

（2）林业资源。印度尼西亚全国的森林面积为1.2亿公顷，其中永久林区1.12亿公顷，可转换林区810万公顷，森林覆盖率为67.8%，盛产各种热带名贵的树种，如铁木、檀木、乌木和柚木等均驰名世界①。

（3）渔业资源。印度尼西亚海域广阔，且有一个适合各种鱼类生长的热带气候。印度尼西亚的渔业资源极为丰富，苏门答腊岛东岸的巴干西亚比亚是世界著名的大渔场。可捕捞的品种有金枪鱼、鲤鱼、鱿鱼、贝壳类和其他鱼类，以及虾、海藻等。

二、发展简史

（一）封建时期

公元3~7世纪印度尼西亚建立了一些分散的封建王国。13世纪末至14世纪初，在爪哇建立了印度尼西亚历史上最强大的麻喏巴歇封建帝国。15世纪，葡萄牙、西班牙和英国先后侵入。

（二）荷兰殖民统治时期（16世纪末至1942年）

16世纪西方殖民者纷纷来到东南亚地区。1511年7月1日，A. de. 阿尔布凯克率领葡萄牙舰队侵入印度尼西亚。1596年，荷兰商人组织第一支殖民先遣队闯入印度尼西亚。1602年，荷兰政府批准成立具有政府职权的联合东印度公司（以下简称"公司"）。1619年，公司占领雅加达（改名为巴达维亚）后，就以它为基地，开始了长达350多年的对印度尼西亚和亚洲其他国家的殖民掠夺。在公司统治时期（1602~1799年），印度尼西亚各族人民展开轰轰烈烈的反抗斗争，其中规模较大、历时较长的反抗有杜鲁诺佐约的抗荷武装斗争（1674~1679年）、苏拉巴蒂起义、基·托坡领导的万丹人民起义（1750~1755年）。印度尼西亚人民持续不断的武装斗争延缓了印度尼西亚殖民化的进程，加速了公司垮台。1800年荷兰"巴达维亚共和国"接管印度尼西亚殖民地。

（三）日本占领时期（1942~1945年）

1942年3月，日本军队侵占印度尼西亚，荷兰殖民当局投降。日本侵略者一方面对印度尼西亚进行疯狂掠夺和搜刮；同时，为了拉拢有影响的民族主义者作为政治工具，就把苏加诺和哈达从流放地接回。在日本占领期间，多数印度尼西亚资产阶级民族主义者基本上采取与日本占领当局合作的立场，同时利用合法身份进行大量民族主义宣传工作。印度尼西亚共产党和一些民族主义抗日派在困难的条件下坚持抗日斗争。从1943年起，艾地等人领导印度尼西亚独立运动党，在爪哇、苏门答腊等地举行起义。随着战局的失利，日本侵略者又玩弄政治阴谋，1945年春，准许印度尼西亚筹备独立。6月1日，苏加诺在独立筹备调查会（后改为独立筹备会）上发表有关"建国五项原则"的演说。

---

① 数据来源：新华网。

（四）印度尼西亚独立与印度尼西亚共和国（1945年至今）

1945年8月15日，日本无条件投降，印度尼西亚人民发动"八月革命"，8月17日，宣布独立，成立印度尼西亚共和国；8月18日，独立筹备会通过宪法，苏加诺、M. 哈达当选为正、副总统；9月，确立总统内阁制；11月，改行议会内阁制，地主资产阶级夺取了政权。同年9月，英军在印度尼西亚登陆，荷兰也企图卷土重来。荷兰殖民者在1947年和1948年先后发动两次殖民战争。印度尼西亚人民展开英勇的捍卫民族独立的斗争。在帝国主义压力下，印度尼西亚资产阶级政府先后被迫签订《林芽椰蒂协定》（1947）和《伦维尔休战协定》（1948），1949年11月，哈达政府与荷兰在海牙签订《圆桌会议协定》。印度尼西亚各族人民反对和抵制保留荷兰特权的联邦制，强烈要求统一。1950年8月15日，苏加诺正式宣布成立统一的印度尼西亚共和国，同年成为联合国第60个成员国。

三、人口和居民

印度尼西亚是东南亚国家中面积最大、人口最多的国家，是东南亚名副其实的大国。印度尼西亚语为官方语言，由于民族众多，民族语言十分丰富。

（一）人口数量

2013年印度尼西亚总人口达2.48亿人，是世界第四人口大国。2014年印度尼西亚政府公布印度尼西亚有300多个民族，其中爪哇族占45%；巽他族占14%；马都拉族占7.5%；华人占5%。此外还有米南卡保人、巴厘人等100多个民族的居民[①]。

（二）语言

印度尼西亚的官方语言为印度尼西亚语。民族语言有200多种。

（三）民族、宗教

印度尼西亚是一个多元民族与多元文化的国家，宗教自由与多元主义是印度尼西亚建国以来长期奉行的政治原则。

1. 民族

印度尼西亚有300多个民族，其中爪哇族占人口总数的45%；巽他族占14%；马都拉族占7.5%；马来族占7.5%；华人约占人口总数的5%（印度尼西亚政府2014年统计数据）。

（1）爪哇族。爪哇族是印度尼西亚的最大族群，分布于爪哇岛中部、东部以及印度尼西亚西部部分沿海地区，历史悠久，文化发达。历史上曾创建麻喏巴

---

① 数据来源：新华网。

歇和马打蓝等著名封建王朝，留下了丰富的文化遗产。伊斯兰教传入印度尼西亚后，大多数爪哇人改信伊斯兰教，但仍有不少人继续保持对印度教和"万物有灵"的部分信仰。爪哇人大部分居住在农村，种植水稻、旱稻、玉米、杂粮和经济作物。沿海居民则从事捕鱼业。居住在城市的主要是从事工商活动的人、政府公务员和企业职工。爪哇人喜欢皮影戏、舞蹈和音乐，文化修养一般比较高。

（2）巽他族。巽他族是印度尼西亚的第二大民族，起先巽他人主要聚居在西爪哇省、万丹省、雅加达和中爪哇省西部，现今主要分布于爪哇岛西部。受到爪哇人的影响，巽他人在相貌、语言和文化等方面与爪哇族相近，爱好音乐和皮影戏。巽他人中大部分是穆斯林，伊斯兰文化特点明显，但社会等级制度较弱。

（3）马都拉族。马都拉族主要分布在爪哇岛东北方的马都拉岛以及东爪哇地区，大多数信奉伊斯兰教，有着独特的民族文化斗牛和赛牛。

2. 宗教

印度尼西亚是一个信仰多宗教的国家，官方承认的宗教有伊斯兰教、基督教、天主教、佛教和印度教。国民中约88%信奉伊斯兰教；5%信奉基督教新教；3%信奉天主教；2%信奉印度教；1%信奉佛教。是世界上穆斯林人口最多的国家。

（1）伊斯兰教。印度尼西亚的伊斯兰教分为两种教派，一派称"阿邦安"（Abangan），即名义上的"爪哇穆斯林"；另一派称"散蒂利"（Santri），这派教徒严格地遵从伊斯兰教教义。在政治上前者主张建立世俗国家，后者中有的人主张建立伊斯兰教国家，或至少建立伊斯兰教占重要地位的国家。但印度尼西亚的历届政府都反对把印度尼西亚建成伊斯兰教国。印度尼西亚宪法明确规定印度尼西亚实行政教分离的制度。尽管在争取民族独立运动过程中，伊斯兰教发挥了积极的作用，然而战后，印度尼西亚政府和领导人对待伊斯兰教，既有支持其发展的一面，同时也不愿意看到它的狂热和极端的发展。信仰伊斯兰教的印度尼西亚教徒分布很广，现在爪哇岛的爪哇族、巽他族中的绝大多数都是虔诚的伊斯兰教徒。

（2）印度教。印度教是印度尼西亚法律承认的五大宗教之一。公元初，由于印度文化的影响，建立在印度婆罗门教基础之上的印度教逐渐流行于爪哇岛、苏门答腊岛等岛屿。伊斯兰教传入后逐渐取代印度教，成为印度尼西亚人的主要宗教信仰。目前印度尼西亚的印度教主要集中在巴厘岛。巴厘岛原有的文化与外来的印度教文化相结合，形成具有地方特色的"巴厘印度教"。"巴厘印度教"的历法规定：一年为310天，全年分为30周，每周有不同的节日。

（3）佛教。佛教在印度尼西亚传播很早，公元100～200年，首批来自印度的佛教徒抵达印度尼西亚，传播小乘佛教和大乘佛教。佛教的传入也与华人的文化传统有密切的关系。宋、元以来，中国国内盛行的"佛教、道教和儒教"三教文化随着中国和印度尼西亚通商往来和移民等各种渠道传入印度尼西亚，因而印度尼西亚信奉佛教的主要是华侨和华人。公元 672 年印度尼西亚的巨港成为东南亚各国研究佛教的中心。公元 850 年，婆罗浮屠塔的建立标志着印度尼西亚佛教进入了鼎盛时期。印度尼西亚独立后承认佛教为印度尼西亚的合法宗教之一。

四、国旗、国徽、国歌、国花、国鸟

印尼的国旗构成元素比较简单，国徽的构成元素比较复杂，但都体现出了印度尼西亚人民对独立、自由的渴望。印度尼西亚国歌唱出了人民对祖国的热爱；国花是印度尼西亚盛产的花卉——毛莱莉；国鸟——雄鹰则体现出印度尼西亚人民坚毅的民族精神。

（一）国旗

印度尼西亚国旗（印度尼西亚语：Sang Merah Putih）别称"荣耀红白"（见附图 19），是一面由红白两色横带组成的旗帜，长宽比例为 3∶2。这面旗帜是基于 13 世纪满者伯夷的旗帜设计的。1945 年 8 月 17 日首次升起，此后没有更改过。旗帜的设计很简单，是两条一样宽的横带，上面的那横带是红色的；下面的横带是白色的。红色象征勇敢和正义，还象征印度尼西亚独立以后的繁荣昌盛；白色象征自由、公正、纯洁，还表达了印度尼西亚人民反对侵略、爱好和平的美好愿望。

（二）国徽

印度尼西亚国徽（见附图 20）是一只金色的昂首展翅的印度教神鹰，象征印度尼西亚人民的光荣和胜利。神鹰尾部有八根羽毛，表示"8 月"，双翅上各有 17 根羽毛，表示"17 日"，用于纪念 8 月 17 印度尼西亚独立日。神鹰胸前有一枚盾徽，盾面上有 5 幅图案：正中的金色五角星是伊斯兰教的象征，印度尼西亚大多数国民都信奉伊斯兰教；金色水牛头展现人民主权，绿色椿树坚实刚劲，如同民族主义在印度尼西亚人民心中根深蒂固，棉桃和稻穗织出一片繁荣昌盛，金链环紧紧相扣，象征国内各种族一律平等。一条黑色横线横贯盾徽，表示赤道穿过印度尼西亚领土。神鹰双爪下的白色饰带上用古印度尼西亚文书写着印度尼西亚格言"殊途同归"。

（三）国歌

印度尼西亚国歌《伟大的印度尼西亚》，创作于 1928 年，由威吉·鲁多尔夫·苏普拉特曼作词、作曲。

（四）国花

印度尼西亚的国花是毛茉莉（见图12-1）。印度尼西亚的爪哇岛是香花及香料植物的盛产地。早在16、17世纪的时候，荷兰人占领了爪哇，他们到处拓展殖民地，几乎支配了整个世界的香料贸易市场，于是在爪哇岛大量栽培香花植物，而毛茉莉中选，成了大家乐于栽种的香花植物。跟其他香花植物比起来，毛茉莉花朵洁白、馨香，香气犹如茉莉花，幽雅迷人，

图 12-1　毛茉莉

图片来源：http：//www. doudang. com/
view/ink/150588764.

且花期最长，于冬、春少花季节开放，所以被印度尼西亚人推选为代表国家的国花。

（五）国鸟

印度尼西亚的国鸟是雄鹰（见图12-2）。

五、首都

印度尼西亚首都雅加达（Jakarta），又名"椰城"，位于爪哇岛西北部沿海，面积为740.28平方公里，是东南亚第一大城市、世界著名的海港，同时是一座历史悠久的名城。如今的雅加达是一座国际化大都市，获得了2018年亚运会的举办权。

图 12-2　雄鹰

图片来源：http：//www. 199. com/
EditText - view. action？ textId =629745.

六、政治体制

印度尼西亚是一个总统制共和国，实行总统内阁制，总统为国家元首，国会是国家立法机构。

（一）宪法

印度尼西亚是一个总统制共和国，现行宪法为《1945年宪法》，规定"建国五基"（又称"潘查希拉"，即信仰神道、人道主义、民族主义、民主和社会公正）为立国基础，人民协商会议为最高权力机构，总统为国家元首、政府首脑和武装部队最高统帅。从1999年10月至今，人民协商会议对宪法进行了三次修改，主要包括规定总统和副总统只能连选连任一次、每任5年，减少总统权力，强化议会职能等。

（二）国家元首

总统为印度尼西亚国家元首。总统由全民直选产生，任期5年，可以连任一

次。在印度尼西亚，总统有直接领导内阁、单独颁布政令和宣布国家紧急状态法令，对外宣战或媾和等权力。

（三）国会

印度尼西亚国会全称人民代表会议，是国家立法机构，但非国家最高权力机关（印度尼西亚的国家最高权力机关是人民协商会议），行使除起草和修改宪法、制定国家大政方针之外的一般立法权。国会无权解除总统职务，总统也不能宣布解散国会；但如果总统违反宪法或人民协商会议决议，国会有权建议人民协商会议追究总统责任。国会共有议员500名，均兼任人民协商会议成员，任期5年，其中，462名经选举产生，另外38名为军警代表，由武装部队司令推荐，总统任命。

七、经济状况

（一）经济发展成就

1968 年以来，特别是 20 世纪 80 年代调整经济结构和产品结构后，印度尼西亚经济发展取得一定成就。第一个"25 年长期建设计划中"，GDP 年均增长6%，通货膨胀率控制在 10% 以内。1994 年 4 月进入第二个"25 年长期建设计划"，即经济起飞阶段。政府进一步放宽投资限制，吸引外资，并采取措施大力扶持中小企业、发展旅游、增加出口。1997 年受东南亚金融危机重创，为摆脱经济困境，政府向国际货币基金组织（IMF）求援。1999 年经济开始缓慢复苏，2003 年底按计划结束国际货币基金组织（IMF）的经济监管。2004 年后，积极采取措施吸引外资、发展基础设施建设、整顿金融体系、扶持中小企业发展，取得积极成效。2008 年，面对国际金融危机，印度尼西亚政府应对得当，经济仍保持较快增长。从 2009 年开始，印度尼西亚各项经济建设快速发展，开始进入了中等收入国家之列。2014 年 1 月 10 日，印度尼西亚 GDP 约达 8241.86 万亿盾（约 6760.8 亿美元），并成为全世界第 15 大经济体。印尼力争在 2025 年跻身世界经济十强，2050 年进入全球前六名。

印度尼西亚货币名称为卢比（Rupiah），又称印度尼西亚盾（见图 12-3）。

图 12-3 印尼卢比

图片来源：http：//zhidao. baidu. com/guestion/261994941722938125. html.

汇率：1 人民币 =2038. 2350 印尼卢比（2015 年 1 月 8 日）

（二）工农业与服务业

印度尼西亚以农业发展为主，工业发展为辅，并重点发展服务业。

1. 工业

印度尼西亚的工业化水平相对不高，发展方向是加强外向型的制造业。制造业有30多个不同种类的部门，主要有纺织、电子、木材加工、钢铁、机械、汽车、纸浆、纸张、化工、橡胶加工、皮革、制鞋、食品、饮料等。其中纺织、电子、木材加工、钢铁、机械、汽车是出口创汇的重要门类。印度尼西亚最大的钢铁企业为国有克拉卡陶钢铁公司，年产量约300万吨。2013年，印度尼西亚工业占GDP比重为46.04%，其中，采矿业占11.44%，制造业占23.59%，电气水供应业占0.83%，建筑业占10.18%。

2. 农业

印度尼西亚是一个农业大国，全国耕地面积约为8000万公顷，2013年，第一产业农、林、牧、渔业占GDP比重为15.04%[①]。

（1）种植业。粮食作物是印度尼西亚种植业的基础部门。稻米是主粮，杂粮有玉米、木薯、豆类等。印度尼西亚是东南亚最大的豆类生产国，但单产较低。印度尼西亚是世界上仅次于巴西的第二大热带作物生产国。经济作物大多在种植园种植，不但品种多，而且有些作物产量在世界上名列前茅。印度尼西亚的胡椒、金鸡纳霜、木棉和藤的产量居世界首位。天然橡胶、椰子产量居世界第二位。产量居世界前列的还有棕榈油、咖啡、香料等。印度尼西亚是"水果王国"，盛产香蕉、芒果、菠萝、木瓜、榴莲、山竹等各种热带水果。

（2）渔业。作为世界上最大的群岛国家，印度尼西亚海岸线为8.1万公里，渔业资源丰富，海洋鱼类多达7000种，政府估计潜在捕捞量超过800万吨/年，已开发的海洋渔业产量占总渔业产量的77.7%，专属经济区的渔业资源还未充分开发。

（3）林业。印度尼西亚森林覆盖率为54.25%，达1亿公顷，是世界第三大热带森林国家，全国有3000万人依靠林业维持生计；胶合板、纸浆、纸张出口在印度尼西亚的出口产品中占很大份额，其中藤条出口占世界80%～90%的份额。

3. 服务业

2013年，印度尼西亚政府把服务贸易列入政府中期发展重点目标。2013年，印度尼西亚服务业占GDP的比重为38.60%，其中贸易、住宿、餐饮业占13.90%；运输通信业占6.66%；金融房地产商业服务业占7.26%；其他服务业占10.78%。

（三）交通运输业

印度尼西亚是群岛国家，与邻国直接接壤较少，交通基础设施建设发展相对

---

① 数据来源：中国驻印度尼西亚大使馆经济商务参赞处。

滞后，与外界互联互通主要通过海路、航空等方式。

1. 航空

印度尼西亚全国有 179 个航空港，其中达到国际标准的有 23 个。开有国际航班、国内航班、朝觐航班、先锋航班等。航空公司主要有 Garuda 航空公司、Merpati 航空公司、Lion 航空公司、Sriwijaya 航空公司。政府的空运业发展方案包括当前主要机场的维护、改进和扩建以及新机场的建设和旧机场的替代，具体项目包括棉兰机场、龙目机场建设项目。为满足日益增长的航空运输需求，印度尼西亚交通运输部计划在 2030 年之前新建 14 个机场。

2. 水路

印度尼西亚水路运输较发达，水运系统包括岛际运输、传统运输、远洋运输、特别船运。印度尼西亚全国有水运航道 21579 公里，其中苏门答腊 5471 公里；爪哇马都拉 820 公里；加里曼丹 10460 公里。印度尼西亚有各类港口约 670 个，其中主要港口 25 个。雅加达丹绒不碌港是全国最大的国际港，年吞吐量约 250 万个标准箱，泗水的丹戎佩拉港为第二大港，年吞吐量为 204 万个标准箱。

政府发展规划主要集中在境内水运航线和港口的建设方面，包括加里曼丹地区的河运交通建设项目、建设一系列渡口码头和湖泊码头。在海运方面，印度尼西亚政府希望尽快扩大其港口的货物处理能力，使其与国家的整体经济相匹配，解决由于装卸能力不足导致的货物滞留问题。未来数年内将开发 25 个国际码头项目，为解决资金问题，印度尼西亚政府正在逐步放宽对港口的控制，并计划允许私人机构通过"BOT 方式"建设和管理港口。

3. 铁路

印度尼西亚铁路所有权为国家所有，由印度尼西亚国有资产管理公司经营，大规模运输任务都由铁路承担。印度尼西亚全国铁路总长 6458 公里，窄轨铁路长 5961 公里，爪哇岛和苏门答腊岛铁路运输比较发达，其中爪哇岛铁路长 4684 公里，占全国铁路总长的 73.6%。根据规划，印度尼西亚将在爪哇地区发展南部铁路以及贯通南北的铁路线，并逐渐建设双向铁轨，在加里曼丹和苏拉威西地区将进行铁路运输的调研及准备工作，在雅加达、泗水、锡江和万鸦佬地区考虑建设城市轨道交通。

4. 公路

印度尼西亚全国公路网在 1989～1993 年已经形成，陆路运输比较发达的地区是爪哇岛、苏门答腊岛、苏拉威西岛、巴厘岛等。2014 年公路全长 34 万公里，但公路质量不高，高速公路建设停滞不前。截至 2013 年底，高速公路总里程不到 1000 公里。印度尼西亚将把高速公路建设列为重点工程之一，计划以爪哇岛和苏门答腊岛为主，在全国建成总里程 5405 公里的高速路网。

（四）对外贸易

外贸在印度尼西亚国民经济中占重要地位，政府采取一系列措施鼓励和推动非油气产品出口，简化出口手续，降低关税。主要出口产品有石油、天然气、纺织品和成衣、木材、藤制品、手工艺品、鞋、铜、煤、纸浆和纸制品、电器、棕榈油、橡胶等。主要进口产品有机械运输设备、化工产品、汽车及零配件、发电设备、钢铁、塑料及塑料制品、棉花等。主要贸易伙伴为中国、日本、新加坡、美国。

八、对外政策

印度尼西亚奉行独立自主、不结盟的积极外交政策，主张平等、相互尊重和大国平衡原则，积极参与国际和地区事务。主张改组联合国，扩大安理会。反对美国等西方国家把经济与人权、环境等挂钩。促进南南合作和南北对话，积极参与亚太经济合作。重视与东盟成员国的友好合作关系，积极发展同美、日、俄及欧洲各国的关系。关注中东、南联盟、朝鲜半岛局势等国际问题。

瓦希德内阁成立后，在继承前任外交方针基础上，外交风格更加开放，广泛寻求西方国家理解和支持，同时强调加强亚洲国家间合作，提出成立由中国、印度、印度尼西亚、日本、新加坡组成的"五国新经济框架"构想。

第二节　印度尼西亚的人文习俗

印度尼西亚是一个多民族、多宗教的国家，世界三大宗教伊斯兰教、基督教和佛教在这里都有较多的信奉者，民间还盛行拜物教。由于其历史上曾受到印度、中国、阿拉伯等多种文化的影响，加之大小岛屿的分布范围比较广，居民交流不便，各地文化习俗较多，差异较大。

一、教育

印度尼西亚的教育历史可分为三个时期，第一个时期是公元 100～1522 年，佛教与伊斯兰教的宗教学校占统治地位。第二个时期是 1522～1945 年，葡萄牙、西班牙、荷兰、英国及日本等国先后入侵，使教育殖民地化。第三个时期是 1945 年印度尼西亚共和国成立以后，改变殖民地性质的教育，建立新型的印度尼西亚的教育制度。

（一）教育体系

印度尼西亚独立后进行了教育改革，借鉴美国式的教育制度。印度尼西亚各类学校的学制是：学前教育即幼儿园 2 年；初等教育即小学 6 年（学生的年龄为

7～12 岁）；中等教育分为初中和初中中技（学生的年龄为 13～15 岁）以及高中和高中中技（学生的年龄为 16～18 岁），学制均为 3 年；高等教育即高等院校，学制 5 年（学生的年龄为 19～23 岁）。所以印尼的学制可以概括为"6、3、3、5"制，从小学到大学共 17 年。大学毕业生毕业后还可考入研究生班。

（二）教育机构

印度尼西亚的学校分为国立和私立两类。国立学校由政府主办，多数为中小学，幼儿园和高等院校较少，办学质量较高。私立学校主要由政党、社团、私营企业和基金会创办，中小学较少，幼儿园和高等院校较多，办学质量一般较差，接受政府文教部和创办单位的双重领导。

（三）大学教育

独立以来，印度尼西亚的高等院校也获得了不断发展。2010 年，印度尼西亚国立高等院校已发展到 49 所，私立高等院校 950 所。主要的国立大学有设在雅加达的印度尼西亚大学、设在万隆的班查查兰大学、设在日惹的加查马达大学、设在泗水的艾尔朗卡大学、设在登巴萨的勿达雅纳大学以及设在乌戎潘当的哈沙努丁大学等。这些大学都是综合性的文理科大学。此外，较为闻名的学院有万隆的万隆工学院、雅加达附近的印度尼西亚工学院以及茂物的农学院等。主要的私立大学有雅加达的印度尼西亚基督教大学、万隆的天主教大学、伊斯兰大学等，这些大学也是综合性的文理科大学。

二、习俗礼仪

印度尼西亚民族的多样性决定了印度尼西亚丰富的节日庆典。在印度尼西亚，人们有着独特的饮食习惯以及生活和工作上的礼仪禁忌。

（一）节日庆典

印度尼西亚的节日庆典非常多，大致可分为两类：重要的国家节日和民族传统节日。

1. 重要的国家节日

印尼重要的国家节日有元旦节（1 月 1 日）、国际劳动节（5 月 1 日）、建国五基诞生日（6 月 1 日）、国庆节（独立日，8 月 17 日）、全国体育节（9 月 9日）、建军节（10 月 5 日）、青年宣誓节（10 月 28 日）、全国野生动植物保护日（11 月 5 日）及英雄节（11 月 10 日）。

2. 民族传统节日

印度尼西亚的民族传统节日主要有开斋节、静居日、古尔邦节、卫塞节。多数传统节日与宗教文化有着密不可分的关系。

（1）开斋节。开斋节是印度尼西亚最重要的节日。每年回历 9 月，全国伊斯兰教徒都要实行白天斋戒禁食，斋月后第一天便是开斋节（日期在公历2、3月间）。开斋节前一天，伊斯兰教徒要进行慈善捐赠活动。外出工作的人都要赶在开斋节前返回老家与亲人团聚。开斋节前一天的晚上是个不眠之夜，各清真寺整夜念长经，诵经声通过高音喇叭传到四面八方。开斋节那天，家家户户打扫得干干净净，门前挂着用嫩椰叶制作的装饰物。人们都身着盛装，互相拜访，有的机关团体还搞团拜，气氛热烈，一片喜庆景象。

（2）静居日。静居日又称静心节，是巴厘岛印度教徒的新年，时间在巴厘历十月初一。这是个庆祝方式非常独特的节日。节日前几天，人们便开始忙碌起来，男人们打扫庭院，制作节日用的形似魔鬼、雄狮、巨龙等的木偶，女人则赶做新衣及节日祭祀用的菜肴、糕点。节日前一天是个欢庆日，人们兴高采烈，喜气洋洋，身穿艳丽的民族服装去参加欢庆活动。上午，人们载歌载舞，鼓乐齐鸣；下午，男人们敲锣打鼓，抬着3~4米高的大型木偶绕村、绕家游行，女人们也头顶祭品走在队伍里，场面异常热烈。这种游行不只是为了娱乐，更重要的是求来年风调雨顺，人寿年丰。游行有时会进行到深夜。节日那天，巴厘岛则出现另一番完全不同的景象：街上除值勤警察、警车、救护车、旅游车辆外，没有任何其他行人车辆，所有店铺都大门紧闭，停止营业。入夜后，家家都不点灯，整个巴厘岛一片漆黑，没有一丝亮光，所有娱乐场所都停止活动，没有一点响声。人们整天闭门不出，不生火，不做饭，不欢乐也不悲伤，只是静静地思过，净化自己的灵魂，以求内心的安宁，并进而将它融于自然界的宁静之中，达到真正的"空"和"静"，以便在新的一年里一切从零开始，按神的启示和意志去生活。

（3）古尔邦节。古尔邦节也是伊斯兰教的主要节日之一。按伊斯兰教规定，伊斯兰教历12月10日为古尔邦节。每逢此日，穆斯林沐浴盛装，举行庆祝活动。

（4）卫塞节。卫塞节是印度尼西亚佛教纪念佛教主悟道的日子。每逢这一节日，来自全国各地的佛教徒云集到中爪哇省的婆罗浮屠、门都特等寺院举行盛大的庆祝活动。

（二）饮食习俗

印度尼西亚地处热带，不产小麦，居民的主食是大米、玉米或薯类，尤其是大米最为普遍。大米除煮熟外，印度尼西亚人喜欢用香蕉叶或棕榈叶把大米或糯米包成菱形蒸熟而吃，称为"克杜巴"。此外，印度尼西亚人也喜欢吃面食，如各种面条、面包等。

印度尼西亚是一个盛产香料的国家，与大多数东南亚国家的菜肴相似，印度尼西亚制作菜肴喜欢放各种香料，如胡椒、丁香、豆蔻、咖喱，同时会加以辣椒、葱、姜、蒜等，口味较重。因此印度尼西亚菜的特点是辛辣、味香。

由于印度尼西亚人绝大部分信仰伊斯兰教，所以绝大部分居民不吃猪肉，而是吃牛羊肉和鱼虾之类。印度尼西亚人喜欢吃"沙爹"、"登登"、"咖喱"等。"沙爹"是牛羊肉串，制作方式很讲究，先把鲜嫩的牛羊肉切成小块，然后浸泡在香料等的调料里，再用细竹条串起来，用炭火烤，边烤边把调料汁在肉串上滴洒，使肉串散发出阵阵的香味，烤熟后蘸辣椒花生酱一起吃，味道鲜美可口。"登登"是牛肉干，制作方式也很考究，先把鲜嫩的牛肉切成薄片，再涂上掺有香料的酱油，略放些糖，然后晒干。吃的时候用油炸，味道也很美。

（三）社交礼仪

印度尼西亚人态度和善，容易接近，与别人见面时，习惯握手为礼。印度尼西亚的商人特别注重互送名片，初次相识，客人就应把自己的名片送给主人，如果你不送名片，那将会受到他的长时间冷遇。印度尼西亚人喜欢客人到他们的家中做客访问，而且在一天中任何一个时间去拜访他们，都是受欢迎的，拜访商人时要带上礼物。一般商务访问要穿西服，打领带，穿长裤。访问政府办公厅必须事先须约，准时赴约。

在与印度尼西亚人交往时以下四点需要注意：一是称呼其全名时，不必特意强调民族差异；二是通常不宜询问印度尼西亚人的姓名；三是印度尼西亚男子有互称兄弟的习惯；四是跟有身份的人打交道，最好以其正式头衔相称。

（四）禁忌

在印度尼西亚人家里，当你看到长相可爱的小孩，切忌摸小孩的头，如果你抚摸他的头，对方一定翻脸相向。交谈时忌讳谈政治、宗教等话题，和别人谈话或进别人家里不能戴太阳镜。参观庙宇或清真寺，不能穿短裤、无袖服、背心或裸露的衣服。进入任何神圣的地方，一定要脱鞋。在巴厘岛，进入寺庙必须在腰间束腰带。在印度尼西亚，禁止裸体太阳浴，进行裸体太阳浴是非法的。印度尼西亚人忌讳夜间吹口哨，认为它会招来游荡的幽灵或使人挨打。印度尼西亚人大多数信奉伊斯兰教，所以不可以用左手拿东西给他们。忌讳吃猪肉食品，忌饮烈性酒，不爱吃海参，也不吃带骨、带汁的菜和鱼肚等。

资料 12-1

印尼礼仪习俗特点

印度尼西亚人礼仪习俗总的特点可以用这样几句话来概括：

印尼是个千岛国，百姓崇拜敬养蛇；

伊斯兰教为国教，信仰忌讳特别多；

民族种类很复杂，大小共有一百个；

探亲访友有讲究，未曾进屋鞋先脱；

相识先要送名片，不然必会受冷落。

第三节 印度尼西亚旅游业的发展

印度尼西亚旅游业起步较晚，20 世纪 70 年代中期以来发展迅速。如今旅游业已成为印尼国民经济的一项支柱产业。

一、主要旅游城市和旅游景点

印度尼西亚的自然旅游资源与人文旅游资源都相当丰富。巴厘岛是极负盛名的旅游度假天堂，此外雅加达、日惹、万隆、泗水也是印度尼西亚著名的旅游胜地。

（一）雅加达

印度尼西亚首都雅加达（Jakarta）是东南亚第一大城市，世界著名的海港，印度尼西亚三大旅游城市之一。主要旅游景点有雅加达独立广场、印度尼西亚缩影公园、民族纪念碑、中央博物馆。

1. 概况

雅加达位于爪哇岛西部北岸，在芝里翁河口，靠近雅加达湾。市内绿树成荫，街道两旁遍植常绿树种，既能看到清真寺遗迹，也能看到现代的高楼大厦和绚丽夜景，是个现代与传统相融合的城市。

2. 主要旅游景点

（1）雅加达独立广场。独立广场位于雅加达中区，又称莫迪卡广场（"Merdeka"为"独立"之意），有着天安门广场的地位与规模。四周街道宽阔整齐，花草树木点缀其间，绿意盎然。

（2）印度尼西亚缩影公园。印度尼西亚缩影公园位于雅加达市区以东约 26 公里处，1975 年建成。公园里有印度尼西亚各地的民房、湖泊、公园、纪念塔、购物中心、露天剧场、缆车、火车、水上脚踏车等各种实物的模型，相当于印度尼西亚的缩影。公园中央设有巨型印度尼西亚群岛模型图，四周园地划分为 27 个区，代表印度尼西亚的 27 个省区，如中爪哇区、巴厘区、雅加达区等。每个区内有当地传统特色的建筑物，并种植当地特有的植物。游客还可乘小船游览"印度尼西亚各岛"。印度尼西亚缩影公园内建有博物馆、图书馆、影像中心、少年宫和儿童乐园，青少年可定期到公园学习传统音乐和舞蹈。其中最醒目的一座建筑物是"金蜗牛全景式电影院"，每天定时放映"美丽的印度尼西亚"等全景电影。

（3）民族纪念碑。民族纪念碑是雅加达市的象征，位于市中心的独立广场公园中央。1959 年印度尼西亚第一任总统苏加诺下令修建，1968 年竣工。这座石碑高 137 米，顶端有一个用 35 公斤黄金制成的火炬雕塑，象征着印度尼西亚的独立精神。碑身上的浮雕，反映出印度尼西亚人民反抗荷兰殖民统治的英勇事迹。纪念碑旁还有喷泉、水池以及民族女英雄的雕像。

（4）中央博物馆。中央博物馆位于市中心独立广场西边的独立西街，建成于 1868 年，是印度尼西亚规模最大、收藏最丰富的博物馆。博物馆是一座欧式的白色建筑。馆前草坪石墩上立有一座铜象，为 1871 年暹罗国王拉玛五世来访时所赠，故博物馆又称"大象博物馆"或"象屋"。博物馆中设有金银饰物室、青铜器室、货币室、古物展览室、史前展览室、木器展览室、民俗展览室、东印度公司陈列室等，其中包括 30 万年前的爪哇猿人头骨化石、三四千年前中国青铜时代的鼎和鬲、中国古代的陶瓷器和古币、爪哇岛上的象首人身佛像、苏门答腊岛独特的房屋模型以及皮影戏、木偶戏道具等。

（二）日惹

日惹是印度尼西亚的著名旅游胜地，有世界闻名的巨大艺术建筑婆罗浮屠，有精美的印度教古庙普兰巴南日惹风光神庙，有被称为"大城"的古城遗址以及王家陵墓等景点。

1. 概况

日惹，位于印度尼西亚爪哇岛中南部地区，南临印度洋，面积为 3169 平方公里。是印度尼西亚重要的文化、教育中心，展示爪哇传统文化的窗口，也是著名的旅游胜地。因为它悠久的传统与历史，被誉为"爪哇中心之中心"、"爪哇的灵魂城市"、"爪哇文化摇篮"。

2. 主要旅游景点

（1）婆罗浮屠。婆罗浮屠（见图 12 - 4）于公元 750 ~ 850 年，由当时统治爪哇岛的夏连特拉王朝统治者兴建，是世界上面积最大的佛教建筑遗迹，与中国的长城、印度的泰婆罗浮屠姬陵、柬埔寨的吴哥窟并称为"古代东方四大奇迹"，是世界文化遗产。曾经因为火山爆发，使这个佛塔群下沉并掩盖于茂密的热带丛林中近千年，直到 19 世纪初才被清理出来。

图 12 - 4　婆罗浮屠

图片来源：http：//ging. blog. sina. com. cn/1935584094/
735eab5eab5eab5e32000cbs. html.

（2）日惹大城遗址。日惹大城遗址曾经是古代伊斯兰"Mataram 王国"的首都。王国的第一任国王的墓也在其中。在独立之前，曾经是日惹的经济中心区域，有一个很大的集市，也有不少富足商人居住，现在仍然可以从这些遗址看到曾经古代王国的繁荣兴盛以及爪哇特有的建筑风格。

（3）莫拉比火山。莫拉比火山是世界上最活跃的活火山之一，火山口终年烟雾缭绕，好像随时准备着下一次的喷发。最近一次喷发是2006年。

（三）万隆

万隆是西爪哇省首府，是印度尼西亚第三大城市。主要旅游景点有万隆地理博物馆、Isola别墅。

1. 概况

万隆位于爪哇岛西部火山群峰环抱的高原盆地中，城市海拔719米。市区面积为80多平方公里，是爪哇岛重要的文化与工业中心之一。被旅行家们称为"东方巴黎"。

2. 主要旅游景点

（1）万隆地理博物馆。万隆地理博物馆收藏有25万多块岩石，6万多块化石。博物馆有三大展厅：印度尼西亚的地理、生命的历史以及人类生活中的地理知识。博物馆建筑本身就是装饰艺术派风格，于1928年由一名荷兰建筑师设计建造。

（2）Isola别墅。Isola别墅是1932年为一名意大利的集百万富翁所修建的别墅，位于万隆北部，视野很不错。有两个花园的别墅集印度和欧洲的建筑风格于一体，之后曾经被当作酒店，现在是印度尼西亚教育大学的行政楼。

（四）泗水

1. 概况

泗水是婆罗摩火山的门户，印度尼西亚东爪哇省省会、印度尼西亚第二大城市，同时也是印度尼西亚工业化程度最高的城市，面积为326平方公里。中世纪即为爪哇岛对外贸易的重要港口。交通设施完善，电车轨道铺遍全城。

2. 主要旅游景点

（1）泗水独立纪念碑。泗水独立纪念碑是纪念打响印度尼西亚独立战争第一枪的泗水战役的纪念碑，对印度尼西亚人而言，是当之无愧的泗水地标。纪念碑下有一小博物馆，介绍了泗水战役的经过。

（2）泗水动物园。泗水动物园距离市中心3公里。园里住着3500只动物，有多种濒临灭绝的受保护珍禽异兽。可以参观难得一见的史前动物恐龙印尼大蜥蜴、四不像、天堂鸟、白老虎等稀有动物。是东南亚数一数二的动物园。

（3）三宝麟博物馆。三宝麟博物馆是建于1858年的荷兰殖民风格建筑。现已成为历史遗址，并作为烟草博物馆与三宝麟（香烟品牌）香烟制造厂。博物馆里设有咖啡馆、精品店以及艺廊。建筑的西边依然保留着家族府邸。

（五）巴厘岛

巴厘岛是一个海滨旅游度假天堂，主要景点包括努沙杜瓦沙滩、海神庙、金巴兰、库塔海滩、爱咏河等。

1. 概况

巴厘岛距印度尼西亚首都雅加达1000多公里，面积约为5630平方公里，是著名的旅游胜地、度假天堂，印度尼西亚旅游不二之选。在巴厘岛的空气中弥漫着天堂之美，气味中无须漂浮着"天堂"二字，却时刻让人感觉到"人间天堂"的存在，在岛上可以尽享阳光、海浪、沙滩、微风、冲浪之娱乐活动。

2. 主要的旅游景点

（1）库塔海滩。库塔海滩号称巴厘岛上最美丽的海岸，海滩平坦，沙粒洁白、细腻，是个玩冲浪、滑板的乐园。过去只是巴塘至布吉伯宁苏拉之间的一个小村子，现在已经成为繁华的旅游胜地。海滩附近有热闹的商业街，各色巴厘传统手工艺品、绚丽民族服装展示，还有大型百货商店能买到各类商品。除了日光浴和水上活动，落日美景也能让人陶醉。到了晚上，库塔的海边餐厅，有烛光、美酒和星星为伴，就着清凉的海风，品尝生猛美味的海鲜，不啻人间天堂。用餐完毕，还可在餐厅附近方圆1公里内逛街，有色彩丰富的巴厘岛传统手工艺品、著名的巴迪服饰。

（2）努沙杜瓦海滩。努沙杜瓦海滩位于南巴厘岛，属于BUKIT半岛的一部分。是巴厘岛三大海滩中人最少、最清静的海滩，以洁净、宁静的环境以及清澈见底的海水而闻名。除了美丽的海滩，还有豪华的饭店，是典型的富人度假区。

（3）爱咏河。爱咏河是巴厘岛最热门的漂流地点。河岸高峻，植被繁茂，大部分河段水流平缓，可以安心饱览美景，几十处激流河滩又为漂流过程增添了几分惊险刺激。如果遇到风趣的舵手，整个漂流就会更加妙趣横生。

二、现代旅游业的发展

印度尼西亚旅游业起步晚但发展快，旅游业的快速发展，不仅为国民经济建设带来了大量的外汇收入，促进了相关产业的发展，尤其是为商业、酒店业以及旅游商品的生产带来了生机，而且解决了大批社会闲散人员的就业问题。

（一）游客数量逐年增多，外汇收入逐年增加

印度尼西亚旅游业起步较晚，但20世纪70年代中期以来发展迅速，外国游客和旅游外汇收入与年递增。2006年外国游客达500万人次，外汇收入45亿美元。2007年外国游客人数创十年新高，达550万人次，给印度尼西亚带来53亿美元的外汇收入。2008年印度尼西亚入境游客总数达643万人次，比2007年增

加 13.24%，虽然没有达到"2008 印尼观光年"所预定的 700 万人次指标，但却取得了 75 亿美元的外汇收入，同比增长 41.5%，增加了 22 亿美元，创了历史新高。2009 年入境游客总数仍达 640 万人次，旅游外汇收入 64 亿美元，证明阻碍印度尼西亚旅游业增长因素的全球经济不景气、爆炸案及地震等并没有影响印度尼西亚的旅游业。印度尼西亚文化旅游部提高了 2010 年度接待外国游客的指标，从 2009 年的 650 万人次提高到 700 万人次，外汇收入 70 亿美元。据印度尼西亚中央统计局公布的数据，2010 年到印度尼西亚旅游的外国游客达 700.2 万人次，较 2009 年增幅 10.74%，旅游外汇收入 76 亿美元，较 2009 年增长 20.63%。2011 年印度尼西亚成功吸纳外国游客 765 万人，旅游外汇收入 85 亿美元，旅游收入增长率达 8.5%，居国家外汇收入的第五位。2012 年印度尼西亚接待外国游客数量 800 万人，旅游外汇收入达 90.7 亿美元，同比上升 6.03%。2013 年印度尼西亚共接待外国游客 860 万人次，实现外汇收入 98 亿美元，与 2012 年相比，实现了较快增长。

（二）基础设施逐步完善

印度尼西亚政府最近几年加大对旅游业的投资，主要用于兴建旅游宾馆。印度尼西亚爪哇省省府棉兰市两座新的五星级酒店——万豪酒店和巴厘岛瑞士大酒店于 2009 年投入使用，使得这座充满活力的会展之城可提供的五星级酒店房间数达到 1410 间；四星级酒店房间数量达到 1702 间。印度尼西亚全国目前共有 623 家国际标准的宾馆酒店，其中，29 家为五星级，51 家为四星级，客房总数 57389 间。

（三）旅游就业人数增加，旅游服务质量提高

印度尼西亚已在全国建立 35 所旅游学院、60 所旅游中等专科学校以及 30 多个旅游和饭店员工培训中心，旨在为旅游部门输送合格的人才，提高服务质量，旅游业在 2011 年已成为印度尼西亚的第五大经济支柱产业，全国有 800 万人在旅游部门就业，其中 55% 就业于宾馆酒店。

（四）与邻国旅游合作日益密切

印度尼西亚重点加强与东盟邻国的旅游业合作，吸引更多泰国、菲律宾、越南游客到印度尼西亚旅游，东盟九国到印度尼西亚旅游的人数由 2010 年的 250 万提高到 2011 年的 320 万，增长 30%。

（1）与新加坡、马来西亚、泰国的合作。印度尼西亚同新加坡和马来西亚达成协议，共同投资 5.7 亿美元，将三国沿海地区开发成国际旅游度假胜地，建成"东方加勒比旅游区"。印度尼西亚还与泰国和马来西亚的旅游机构协商，建立具有协调功能的常设旅游联盟机构，以加强三国旅游业之间的相互合作和共同开发。

（2）与缅甸的合作。为了促进印缅两国旅游业合作，两国于 2009 年 6 月底在缅甸仰光举行贸易和旅游业研讨会，该研讨会旨在探讨进一步促进两国之间贸易商业联系，加强旅游业交流与合作的可能性。双方商定，将共同推进巴厘岛—额布里海滩—维桑海滩旅游线路，促使印度尼西亚日惹和缅甸帕敢这两个佛教圣地成为友好城市，开通两国直航，以及促进其他合作方式等。印度尼西亚与缅甸签订了旅游合作协定，帮助缅甸培训高层次旅游管理人才和服务人员，进而推动两国的旅游合作。

（3）与越南的合作。每年到印度尼西亚的越南游客 2.5 万人，而到越南的印度尼西亚游客 4 万人。印度尼西亚人对越南的风土人情了解很多，但是很多越南市民，尤其是学生并不了解印度尼西亚。2010 年印度尼西亚和越南以庆祝双边建交 33 周年为契机，加强旅游推介。此外，印度尼西亚 2009 年初与迪拜的开发商毅马（Emaar）签订了一份项目协议，在龙目岛的南部修建一个投资额达 6 亿美元的度假村。

（4）与中国的合作。中印两国在旅游等领域的交流与合作不断发展。1991 年 1 月签署航运协定，开辟直飞航线；1992 年 1 月签署《新闻合作谅解备忘录》，新华社在雅加达开设分社，人民日报向印度尼西亚派驻记者。1994 年 7 月签订《旅游合作谅解备忘录》，启动互派留学生项目。1997 年两国成立科技合作联委会，迄今已举行两次会议。自 2000 年两国政府签订《旅游合作谅解备忘录》以来，两国已经就备忘录中的合作内容开展合作。双方鼓励两国旅游机构和旅游企业开展交往和业务联系，中国—东盟博览会成为两国旅游交往的重要平台。中国和印度尼西亚两国旅游部门积极参加和充分利用中国—东盟博览会的平台，通过设立旅游专题馆的形式互相推介各自的旅游产品。2001 年 11 月重新签署《文化合作协定》。2001 年印度尼西亚正式成为中国公民自费出境旅游目的地国。两国民航部门 2004 年 12 月就扩大航权安排达成协议。2005 年，两国相互免除持外交与公务护照人员签证，印度尼西亚政府宣布给予中国公民落地签证待遇。2010 年印度尼西亚旅华人数达 57.34 万人次，中国公民首站赴印度尼西亚人数达 46.88 万人次。2013 年 10 月，国家主席习近平访问印度尼西亚期间，中国国家旅游局与印度尼西亚旅创部签署了《中国—印尼旅游合作谅解备忘录》，为推动两国旅游合作奠定了新的基础。

※本章小结

本章主要介绍了印度尼西亚的政治制度、经济发展情况、人文习俗、主要旅游城市及著名旅游景点等信息。印度尼西亚以拥有"古代东方四大奇迹"之一的婆罗浮屠和著名度假天堂——巴厘岛而闻名。随着印度尼西亚对中国游客旅游政策的开放，中国已成为印度尼西亚旅游的重要客源国。掌握上述知识对于从事相关旅游工作的人员来说是必不可少的。

★ **复习思考题**

1. 与印度尼西亚人交往时有哪些注意事项？

2. 印度尼西亚巴厘岛的旅游资源有何特点？

3. 查资料，了解印度尼西亚除了与邻国建立旅游合作外，还与哪些国家建立了旅游合作。

附 图

附图 1 越南国旗
图片来源：http：//baike. haosou. com/doc/4b08901 – 4821100. html.

附图 2 越南国徽
图片来源：http：//www. gxtour. cn/view – news. osp？ keyno = 1916.

附图 3 　泰国国旗

图片来源：http：//www. ivsky. com/tupian/geguo_ guogi_ v/733/pic_ 46051. html.

附图 4 　泰国国徽

图片来源：http：//www. zjwh. net/bbs/read. phd？ tid = 141905.

附图 5 　新加坡国旗

图片来源：htp. //www. zcool. com. cn/gfx/ZODIZNDA = . html.

附图 6　新加坡国徽

图片来源：http：//bulohujiang. com/menu/8648/item/561108.

附图 7　菲律宾国旗

图片来源：http：//tupian. baike. com/a3_ 84_ 67_ 01300000209541123684674061020. jpg. html.

附图 8　菲律宾国徽

图片来源：http：//tupian. baike. com/a2_ 33_ 54_ 01300001183359130535540497583_ jpg. html.

附图9 缅甸新国旗

图片来源：http：//www. sj33. cn/sc/logo/ggsy/flag/201403/37758. html.

附图10 缅甸新国徽

图片来源：http：//www. 360doc. com/content/14/0712/18/2730734_ 393930084. shtml.

附图11 老挝国旗

图片来源：http：//www. iautos. cn/zt/yayun. asp.

附图 12　老挝国徽

图片来源：http：//baike. sogou. com/h6720. htm.

附图 13　马来西亚国旗

图片来源：http：//baike. baidu. com.

附图 14　马来西亚国徽

图片来源：http：//www. qiaoju. com/country/w. html.

附图15　柬埔寨国旗

图片来源：http：//image. baidu. com/.

附图16　柬埔寨国徽

图片来源：http：//image. baidu. com/.

附图17　文莱国旗

图片来源：http：//image. baidu. com/.

附图 18　文莱国徽

图片来源：http：//country. huanqiu. com/emblem/index/bid/19/tid/10/type/1.

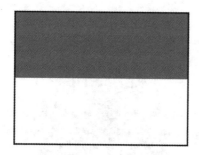

附图 19　印度尼西亚国旗

图片来源：http：//image. baidu. com/.

附图 20　印度尼西亚国徽

图片来源：http：//image. baidu. com/.

参考文献

［1］王兴斌．中国旅游客源国/地区概况（第四版）［M］．北京：旅游教育出版社，2007．

［2］黄明亮，吴习文．中国旅游客源国（地区）概况［M］．北京：科学出版社，2007．

［3］何丽芳．中国旅游客源国概况［M］．长沙：湖南大学出版社，2010．

［4］杨载田．旅游客源国概论（第二版）［M］．北京：科学出版社，2013．

［5］史阳．全球视野中的菲律宾伊斯兰化历史进程［M］．东南亚研究，2006（2）．

［6］覃丽芳.2012 年越南工业发展回顾［M］．创新，2013（3）．

［7］王春华．泰国的饮食习俗［M］．东方食疗与保健，2006（1）．

［8］宋国涛．不可不知的东盟十国［M］．北京：中国财富出版社，2013．

［9］宋秀梅．东盟国家概况［M］．云南：云南大学出版社，2009．

［10］刘稚．东南亚概论［M］．云南：云南大学出版社，2007．

［11］杨武．东盟文化与艺术研究［M］．黑龙江：哈尔滨工程大学出版社，2007．

［12］伍鹏．柬埔寨旅游业发展现状与拓展中国客源市场的对策［M］．前沿，2014（5）．

［13］马静，马金案．文莱：2011～2012 年回顾与展望［M］．东南亚纵横，2012（3）．

后 记

　　本书是广西高等学校特色专业（旅游管理）及课程一体化建设项目（项目批准号：GXTSZY276）的成果。作为年轻教师，这次写作对我们来说既是机遇，又是挑战。为了写好这本教材，我们花费了大量的时间查阅了许多的文献资料，不断修订大纲，在编写的过程中，力求内容翔实，信息最新，通俗易懂。

　　本书的出版，首先要衷心地感谢广西民族师范学院经济与管理系韦福安主任，韦主任给予了我们这次宝贵的写作机会，在繁忙的工作之余总是不断地鼓励我们，并为我们提供了许多宝贵的意见和建议。同时，感谢王鹏飞副主任、羊绍全副主任在系部教学工作方面给予我们的照顾，使我们能够腾出更多的时间编写书稿。此外，还要特别感谢董金义、陈俊安两位老师在本书编写的过程中提出的宝贵意见和给予的无私帮助。

编者

2015 年 1 月